설명하지 않고
설득하는 법

PITCH ANYTHING

설명하지 않고 설득하는 법

뇌과학이 밝혀낸
마음을 사로잡는
6단계 법칙

오렌 클라프 지음

박준형 옮김

빌리버튼 ^{billybutton}

차
례

— 1장 —

설득의 기술

01   설득은 재능이 아닌 기술이다   11

02   당신의 설득이 실패하는 이유   20

03   크록 브레인을 극복하라   23

04   설득을 완성하는 STRONG 기술   37

2장

프레임으로 승부하라

01   구걸은 설득이 아니다   47

02   승리의 열쇠, 프레임   51

03   권력 프레임   59

04   보상 프레임   70

05   떼인 돈 받아드립니다   77

06   시간 프레임   90

07   흥미 프레임   94

08   보상 프레임: 돈은 흔하지만 나는 유일하다   109

09   언제든 거침없이 떠나라   115

3장

유리한 위치를 선점하라

01   머리 꼭대기에 앉은 프랑스 웨이터   125

02   알파인가 베타인가   135

03   권력의 피라미드를 뒤집어라   151

4장

마음을 사로잡는 발표의 기술

01	발표의 4단계	167
02	1단계: 자기소개 및 위대한 아이디어 제시	170
03	2단계: 예산 및 비법 소스 공개	188
04	3단계: 거래 제안	214
05	4단계: 뜨거운 인지를 위한 프레임 쌓기	216

5장

절박함을 티내지 말라

01	막다른 길에 서다	259
02	절대 절박해지지 말라	268
03	마지막 기회	275

6장

10억 달러짜리 승부

01 거인들의 싸움   285

02 다시 전쟁터로 돌아가다   290

03 라이벌의 등장   295

04 승리를 가져올 설득의 전략   308

05 결전의 시간   315

06 예상된 반격   333

07 심판의 시간   337

7장

이제 시작하라

01 프레임은 왜 중요한가   345

02 연습하고 또 연습하라   352

1장

설득의 기술

"

설득의 이면에 숨겨진 중요한 사실 하나를 짧게 설명해 보겠다. 우리가 타인을 설득하는 방식과 상대가 우리의 설득을 받아들이는 방식 사이에는 근본적인 괴리가 존재한다. 이 때문에 우리의 설득력이 빛을 발해야 하는 중요한 순간에도 우리는 열 번 중 아홉 번은 설득에 실패하게 된다. 가장 중요한 메시지는 놀라우리만큼 전달될 가능성이 낮다.

이런 문제점을 극복하고, 설득에 성공하여 원하는 것을 얻기 위해서는 이러한 괴리가 생기는 이유를 이해해야 한다. 이 책은 바로 그 방법에 관한 이야기이다.

"

01

설득은 재능이 아닌 기술이다

나는 남을 '설득'하며 먹고사는 사람이다. 정확히는 기업의 성장이나 주식 공모를 바라는 기업들을 위하여 투자자를 설득한다. 그리고 나는 이 일을 꽤나 잘한다. 지금까지 돈이 필요한 기업들을 위하여 상당한 돈을 끌어모았다. 메리어트, 허쉬, 씨티그룹을 비롯하여 유명 기업들을 위해 수백만 달러를 조달했으며, 일주일에 얻어내는 투자금만 200만 달러 정도다. 겉으로 보면, 내가 성공한 이유는 간단하다. 돈 많은 투자자들에게 월스트리트의 유명 은행이 참여하는 돈벌이가 되는 거래를 제안한 덕분이다. 다른 사람들도 똑같은 일을 하는데, 그럼에도 나는 남들보다 훨씬 더 많은 투자를 얻어내고 있다. 다른 이들도 같은 시장에서 경쟁하고, 비슷한 거래를 제시한다. 그들 역시 똑같은 사실과 수치를 내세운다. 그럼에도 불구하고, 내 실적은 내가 꾸준히 최고의 성과를 내 왔음을 보여준다. 우리의 차이가 단순히 운 때문은 아니다. 내가 재능이 뛰어나서도 아니다. 심지어 나는 판매 경험도 없다. 다만 방법이 좋을 뿐이다.

설득이 성공할지 아닐지는 노력의 정도가 아니라, 기술의 완성도에 따라 결정된다. 기술이 좋으면, 더 많은 돈을 얻을 수 있다. 기술이 아주 좋으면 훨씬 더 많은 돈을 얻을 수 있다. 이 책에는 투자자에게 아이디어를 홍보할 때, 고객들에게 다른 경쟁자를 제치고 선택받기 위하여 프레젠테이션을 할 때, 심지어 상사에게 연봉을 더 달라고 협상할 때도 도움이 되는 다섯 가지 방법이 담겨있다.

'우주의 지배자'를 설득하다

나는 수년 동안 야후, 구글, 퀄컴의 창업자를 비롯하여 우리 시대의 유명 기업인을 설득하여 거래를 성사시켰다. 하지만 설득에 관하여 이야기하면서 작가 톰 울프Tom Wolfe가 '우주의 지배자'라고 묘사할 법한 인물을 설득해낸 이야기를 빼놓을 수는 없을 것 같다.

'조나단'(절대 조니나 존으로 줄여 부르지 않는다.)이라는 이름의 이 투자 은행가는 상당한 자본을 다룬다. 그는 한 해 동안 600~800건의 제안을 검토하고(구체적으로는 하루에만 3~4번의 회의에 참석한다.) 휴대전화로 받은 메일 몇 개 분량의 정보만으로도 수백만 달러의 투자 결정을 내린다. 당연히 중요한 거래 상대였다.(정확한 이름은 밝힐 수 없다. 혹시라도 이름을 밝혔다가는 이 사람이 모든 관련자를 대상으로 즉시 소송을 제기할 테니 말이다.)

조나단을 더욱 잘 이해하기 위해서는 세 가지 사실을 알아야 한다. 첫째, 그는 머릿속으로 수익률 곡선을 계산해낼 수 있을 정도의 수학 천재였다. 표 계산 프로그램도 필요하지 않았다. 발표를 들으면서 즉시 자료를 분석할 수 있었기 때문이다. 둘째, 1만 건도 넘는 거래를 지켜봤기 때문에, 숨겨진 작은 결점도 즉시 찾아냈다. 셋째, 말이 거칠면서도, 위트가 넘치고, 카리스마가 상당했다. 그래서 그가 자신의 주장을 피력하면, 설득력이 상당했다. 반대로 조나단을 설득할 가능성은 적었다. 하지만 벤처 캐피털 시장에서 제대로 인정을 받으려면 조나단과의 거래를 성사시켜야 했다. 그래서 나 역시 몇 년 전에 조나단과 그의 투자 팀에게 프레젠테이션을 진행한 경험이 있다. 그들의 평판을 고려했을 때, 그들이 투자한다면 아직 마음을 결정하지 못한

다른 투자자들을 끌어들일 수 있음을 알고 있었다. "조나단이 투자한 건이라면 나도 투자하겠어."라는 식이었다. 하지만 조나단은 자신의 영향력을 알고 있었고, 호락호락하게 투자를 결정할 사람이 아니었다.

프레젠테이션이 진행되었고, 그는 매우 까다로웠다. 어쩌면 그는 그저 재미로 그랬는지도 모르겠다. 아니면 그저 기분이 나빴는지도 모르겠다. 확실한 건 그가 프레젠테이션 자체를 쥐락펴락하고 싶어 했다는 것이다. 하지만 이 사실을 몰랐던 나는 늘 그렇듯이 프레임을 짜는 것부터 시작했다.(맥락과 연관성의 프레임을 만드는 작업이다. 당신도 곧 알게 되겠지만 프레임을 만드는 사람이 대화를 주도한다.) 내가 무엇에 대해 이야기할지를 설명하자마자, 조나단은 프레임을 해체하면서 저항했다. 구체적인 대화 내용은 다음과 같았다.

내가 "내년에는 1천만 달러의 매출을 예상하고 있습니다."라고 말했을 때, 그는 중간에 말을 자르고는 "지어낸 예상 매출액에 신경 쓰는 사람이 어디 있다고. 비용이 얼마나 드는지나 말하시오."라면서 프레임을 바꾸었다.

1분 후 나는 "우리의 마법의 소스는 이러저러한 기술로 생산됩니다."라고 말했다. 그러자 그는 "그건 마법의 소스가 아니고 그냥 케첩이에요."라고 답했다. 나는 뭐라고 대응해야 할지 몰라서 아무 말 없이 이야기를 계속했다.

"포춘 50대 기업이 우리의 가장 큰 고객입니다."

그가 끼어들었다.

"프레젠테이션을 9분이나 들었어요. 그래서 요점이 뭡니까?"

조나단은 설득을 정말 어렵게 만들고 있었다. 프레임을 짜고, 이야기를 들려주고, 흥미를 자극한 후, 성과를 제안하고, 혹 포인트hookpoint를 강조한 후 거래를 성사시켜야 하는 내 설득의 기술(나는 이를 STRONG 방식이라고 부른다. 여기에 대해서는 곧 설명할 것이다.)을 적용하기가 어려웠다.

12분이 지났을 때, 내 인생 최고의 프레젠테이션이 되기를 바랐던 기회는 최악의 프레젠테이션이 될 징조를 보이고 있었다.

독자들이 내 입장이었다면 어떨까? 프레젠테이션을 시작하고 12분이 지났지만, 마법의 소스는 케첩이라고 폄하당했고, 예상 매출액은 지어낸 숫자라는 비난을 받았다. 남은 9분 동안 설득력 있는 주장을 펼쳐야 했다.

나는 투자자를 설득하려는 발표자가 맞닥뜨리는 가장 심각한 어려움에 직면하고 있었다. 나는 주제에 관하여 폭넓은 지식을 갖추고 있었고, 요점을 정확하게 전달했다. 심지어 열정도 보였다. 발표의 구조도 훌륭했다. 모든 노력과 과정을 제대로 진행했는데, 설득력이 없는 것이다. 절차가 훌륭하다고 설득이 잘되는 것은 아니기 때문이다. 설득에 성공하려면 사람들의 주목을 얻고, 유지해야 한다. 그래서 프레임을 통제하고, 흥미를 자극하는 요소로 감정을 주도해야 하며, 분명하게 훅 포인트를 짚어야 한다(마지막 두 가지에 대해서는 곧 상세하게 설명하겠다).

나는 계속 프레젠테이션에 끼어드는 조나단 앞에서 설득의 단계를 머릿속으로 짚어보았다. 그리고 침을 꿀꺽 삼키고, 내 초조함이 겉으로 드러나 보이지 않기를 바랐다. 그리고 다시 나의 세 가지 목적에 집중하여 프레젠테이션을 시작했다. 나의 의지는 단호했다. 조나단이 프레임을 해체하면, 나는 다시 프레임을 짰다. 조나단이 흥미를 잃는 것처럼 보이면 나는 호기심을 자극하는 정보를 던졌다. 짧으면서도 호기심을 자극하는 도발적인 정보를 활용하면 되는데, 이러한 정보를 흥미를 자극하는 핑ping이라고 부른다. 예를 들어서, "NFL 쿼터백도 투자했다."라는 문구를 흥미를 자극하는 핑으로 사용할 수 있다. 드디어 나는 듣는 사람이 감정적으로 동요하게 만드는 프레젠테이션의 훅 포인트로 조나단을 끌어들였다. 이 상태가 되면, 내가 듣는 사람에게 정보를 전달하는 것이 아니라 듣는 사람이 더 많은 정보를 묻기 시작한다. 훅 포인트가 만들어지면, 듣는 사람은 '나도 해 볼까?' 하는 흥미를 느끼게 되고, 곧 더 나아가 '하겠다.'라는 의지를 갖게 된다.

21분이 거의 다 되었을 때, 나의 프레젠테이션은 끝났다. 나는 조나단이 감동받았음을 알고 있었다. 그는 앞으로 몸을 기울이면서 속삭였다.

"거래는 잠시 잊어요. 방금 대체 뭘 어떻게 한 겁니까? 이렇게 훌륭하게 남을 설득하는 사람은 나 말고는 못 봤소."

나는 감정을 보이지 않으면서 말했다.

"내가 사용한 방법은 신경경제학neurofinance이라는 겁니다. 뇌가 작동하는 방식을 연구하는 신경과학과 경제학을 결합한 것이죠. 나는 이 신경경제학을 한 단계 더 발전시켜서 다섯 가지 단계로 나누었습니다."

조나단은 멘사 수준의 뛰어난 지적 능력을 가지고 있었지만, 신경과학의 개념에는 크게 흥미를 느끼지 못했다. 독자들도 같은 생각일지 모르겠지만, 조나단은 설득이 재능의 문제라고 믿었다. 하지만 내 21분 간의 프레젠테이션이 끝난 후 그의 생각은 바뀌었다. 나의 설득력은 분명히 학습을 통해 얻은 기술이었다. 나는 조나단처럼 타고난 설득의 귀재가 아니었다.

"매번 그런 식으로 사람들을 설득합니까?" 그가 물었다.

"네, 뇌가 새로운 정보를 흡수하는 방식에 대한 연구를 기반으로 한 기술이죠. 이 방법으로 상당한 자금을 모금해왔습니다."

조나단은 허풍에 익숙했다. 그는 하루 평균 3~4회의 프레젠테이션을 들었기 때문에 상대의 말이 '허풍'인지 아닌지 예리하게 감지했다. 그래서 그는 "그 신경 어쩌고 하는 것에 얼마나 시간을 들입니까?" 하고 물었다. 아마 그는 내가 20시간, 아니면 기껏해야 50시간 정도라고 답할 줄 알았던 것 같다.

"1만 시간이 넘습니다."

나의 답을 듣고 그는 충격을 받았다.

그는 재미있다는 듯이 살짝 미소를 띤 얼굴로 나를 바라보았다. 조나단은 지금까지의 심드렁했던 태도를 모두 버리고 이렇게 말했다.

"우리 팀에 들어오는 게 어때요? 우리 거래를 위해 사람들을 설득해요. 돈을 갈퀴로 긁어모을 것 같군요."

내 생애 가장 뿌듯한 순간이었다. 잡지의 표지를 장식하는 조나단 같은 사람의 호감을 샀을 뿐만 아니라, 파트너십을 제안받은 것이었다. 게다가 나를 매우 높이 평가하지 않았는가. 큰돈이 오가는 상황에서도 내 설득의 기술이 먹힌다는 증거였다.

하지만 나는 조나단의 제안을 거절했다. 그는 함께 일하기 어렵기로 유명해서 아무리 많은 돈을 준다고 하더라도 그와 일하기는 쉽지 않았다. 다만, 그의 반응은 투자 기업에 나의 접근 방식을 적용해보아야겠다는 자극이 되었다. 그래서 나는 베벌리힐스Beverly Hills에 있는 가이저 홀딩스Geyser Holdings에 합류했다. 가이저 홀딩스는 독자들에게는 낯선 이름이겠지만 벤처 기업으로는 가장 높은 수익을 올리고 있었다. 당시에는 경제가 냉각기였지만(이후에는 불황으로 접어들었다) 이후 4년간 내가 가이저 홀딩스를 위해서 끌어모은 돈은 4억 달러에 달한다. 나의 방식이 당신의 성공을 위한 청사진이 될 것이다.

곧 알게 되겠지만, 나의 프레젠테이션 방식은 누군가를 설득해야 하는 상황이라면 언제든지 적용할 수 있다. 당신의 직업이 무엇이든, 내가 말하는 설득의 기술은 당신이 하는 일에서도 아주 잘 들어맞을 것이다.

02

당신의 설득이
실패하는 이유

효과적인 설득의 기술을 배우기 좋은 시기가 있다면 바로 지금이다. 투자금은 부족하고, 경쟁은 더욱 치열하다. 운이 좋을 때에도 고객은 문자, 이메일, 전화 때문에 제대로 집중하지 못한다. 운이 나쁠 때는 고객에게 접근하는 것조차 불가능하다. 자신의 아이디어를 설득시키기 위해 프레젠테이션을 진행한 경험이 10분이라도 있는 사람이라면, 듣는 사람의 주의를 집중시키는 데 성공해야 상대가 자신의 아이디어에 동의할 가능성이 높아짐을 알 것이다.

그런데 대체 이 조언이 무슨 의미가 있다는 말인가? "듣는 사람이 계속 집중하게 하라"라는 말은 "테니스를 잘 치려면 공이 왔을 때 가장 **빠른** 속도로 잘 때려야 한다."라는 말이나 마찬가지 아닌가? 두말하면 잔소리라는 말이다.

문제는 어떻게 청중의 주의를 집중시키느냐이다. 즉, 주의를 집중시키는 방법을 찾아내야 한다. 제품, 서비스, 아이디어 등 무엇인가를 팔아야 한다면, 제대로 된 프레젠테이션은 프로젝트를 살리고, 잘못된 프레젠테이션은 프로젝트를 죽인다는 사실을 알고 있을 것이다. 또한 의심 많은 청중을 집중시키기가 얼마나 어려운지도 알고 있을 것이다. 그들은 한순간 집중하다가도 다음 순간 전화를 받느라 딴청을 피운다. 하지만 우리가 무엇인가를 필요로 한다면, 반드시 설득을 해야 하기에 이런 무시를 이겨내야 한다. 사람들이 설득에 쓰는 시간은 일생의 1%도 되지 않을 것이다. 하지만 설득은 인생에서 매우 중요한 순간이다. 돈을 모금할 때에도, 복잡한 아이디어를 홍보할 때에도 설득이 필요하다. 하지만 우리 대부분은 여전히 설득에 서툴다.

그 첫 번째 이유는 자신이 스스로에게 최악의 감독이기 때문이다. 우리는 우리가 말하는 주제에 대해서 너무 잘 알고 있어서, 상대가 우리의 말을 들으며 어떤 경험을 하게 되는지 이해하지 못한다. 그래서 우리는 상대를 압도하려 든다. 하지만 설득에 실패하는 가장 큰 이유는 우리의 잘못 때문이 아니다. 앞으로 살펴보겠지만, 우리 뇌에는 타인을 설득하는 데에 맞지 않는 진화상의 약점이 있다. 말하자면 뇌 구조 자체에 오류가 있는 것이다. 그래서 다른 사람을 설득하는 데 성공하려면 이 오류를 이해하고, 나아가 잘 다루는 법을 배워야 한다.

03

크록 브레인을
극복하라

인간의 뇌가 발달해온 짧은 역사를 살펴보면 다음 문제에 대한 답을 얻을 수 있다.

1. 어떻게 뇌 속에 설득에 맞지 않는 약점이 존재하게 되었는가?

2. 설득은 왜 생각보다 어려운가?

3. 물리학, 수학, 의학처럼 설득도 학습해야 하는 이유는 무엇인가?

그림 1은 인간의 뇌를 나타낸 것이다. 하지만 먼저 뇌과학이 발전해온 역사를 잠깐 살펴보자. 최근 신경과학이 발전하면서

우리는 인간의 뇌가 세 개의 분리된 단계를 통해 발달했음을 알게 되었다.

첫 번째는 오래전에 생겨난 뇌, 그러니까 파충류 수준의 뇌 crocodile brain이다. 우리는 이 부분을 크록 브레인croc brain이라고 부른다. 크록 브레인은 머리에 들어오는 메시지를 처음으로 걸러내고, 생존을 위한 투쟁-도피 반응을 담당한다. 강력하고 원초적인 감정을 만들어내는 역할도 한다. 하지만 의사결정 측면에서 살펴보면, 추론 능력이 원시적인 수준이다. 용량이 크지 않아서, 주로 생존의 문제에 개입한다. 내가 말하는 크록 브레인은 바로 이러한 원시적인 뇌이다. 그다음은 중뇌이다. 중뇌는 대상의 의미와 사회적 상황을 판단한다. 마지막으로는 대뇌피질이다. 문제 해결 능력과 관련이 있으며, 복잡한 문제에 대해 생각하고 이성을 통해 답을 찾는다.

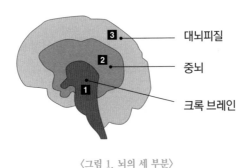

〈그림 1. 뇌의 세 부분〉

메시지와 접수의
괴리

분자생물학자인 크레이그 스머커Craig Smucker는 우리가 아이디어, 제품, 거래를 비롯해 어떤 대상을 선택하도록 설득할 때는 뇌의 가장 고차원적인 부분인 대뇌피질이 활동한다고 설명했다. 아이디어를 만들고, 언어로 바꾸고, 설명하는 것은 대뇌피질의 활동이다. 당연한 일이다.

따로, 또 함께 작동하는 뇌의 세 부위

뇌의 세 부위가 어떻게 활동하는지를 직접 확인할 수 있다.

주차가 되어 있는 당신의 차로 다가가고 있는데, 차 앞에서 누군가 당신에게 고함을 지르고 있다. 당신은 일단 공포에 사로잡혀 반사적으로 행동할 것이다. 이때에는 생존에 개입하는 크록 브레인이 작동한다.

그다음으로, 당신은 고함을 지르고 있는 사람을 확인하고, 사회적인 맥락을 바탕으로 상황을 이해하려고 노력할 것이다. 당신의 중뇌는 소리를 지르는 사람이 친한 동료인지, 화가 난 주차장 직원인지, 아니면 그보다 더 심각한 경우인지를 이해하려고 노력한다.

마지막으로 문제를 해결하는 대뇌피질이 상황을 이해하려고 할 것이다. 예를 들어서, '괜찮아. 그냥 어떤 사람이 거리를 건너는 친구를 불렀던 것뿐이야.'라는 식으로 말이다.

우리의 사고 과정은 정확하게 인간의 진화 과정과 일치한다. 먼저 생존 본능이 작동하고, 그다음 사회적인 관계를 파악하며, 마지막으로 문제를 해결한다.

그런데 설득은 추상적인 개념을 설명하는 활동이다. 설득이 우리 뇌에서 가장 현대적인 문제 해결 부분에 의하여 구상되는 것은 놀랍지 않다.

그런데 그다음부터는 나의 추측, 어쩌면 당신의 추측과도 어긋나기 시작한다. 설득을 위한 아이디어를 생각해 내는 능력이 대뇌피질에 있다면, 듣는 사람이 설득의 내용을 처리하는 능력도 같은 위치에 있어야 할 것이다. 하지만 아니다.

현대적인 대뇌피질이 만들고 전달하는 메시지는 상대의 원시적인 크록 브레인으로 수신되고 처리된다.

어쩌면 독자들은 10년 전의 나와 비슷한 생각을 가지고 있을지도 모른다. 나는 당시 '인간의 뇌는 컴퓨터와 같다.'라는 생각에 빠져 있었다. 컴퓨터에서 그렇듯, 내가 엑셀 파일을 전송하면, 받는 사람도 엑셀로 파일을 읽어야 할 것이 아닌가. 나는 인간의 뇌가 이렇게 작동한다고 생각했다. 그래서 내가 나의 똑똑한 대뇌피질로 메시지를 작성하여 전송하면(설명하면), 상대도 자신의 대뇌피질로 메시지를 열 것이라 생각했다.

하지만 내가 주장하는 메시지가 상대방의 뇌 속 논리를 담당하는 부위에 도달하기 위해서는 먼저 생존 필터인 크록 브레인을 거쳐야 한다. 그런데 인간의 진화 방식 때문에 설득의 말이 이 필터를 통과하기는 매우 어렵다.

그래서 내가 생각해낸 아이디어는 사람들에게 전달되기는커녕, 크록 브레인에서 튕겨져 나와 반대, 발표를 방해하는 행위, 관심 부족이라는 벽에 부딪쳐 산산이 부서졌다.

그래도 성공하면, 당신의 말은 듣는 사람의 대뇌피질에 도달한다. 상대가 "좋아요, 같이 일하죠."라고 말한다면, 그 순간 그의 뇌는 논리를 담당하는 가장 고차원적인 부위에서 정보를 처리하고 있는 것이다. 하지만 상대방이 당신의 말을 처음 받아들이는 두뇌 부위는 여기가 아니다.

좀 더 자세히 설명하겠다. 인간은 다른 종에 비하여 연약하고, 느리기 때문에 온 세상의 잠재적인 위험을 모두 살피면서 수백만 년을 생존했다. 당시 인간에게 안전한 상황은 거의 없었기에 우리는 좀 과할 정도로 주변을 경계하는 법을 배우게 되었다.

이 경향이 지금까지도 이어져, 우리는 새로운 것을 맞닥뜨리면 무의식적으로 경계 태세에 들어간다. 우리가 우리에게 무언가를 바라는 사람의 프레젠테이션을 들을 때도 같은 현상이 발생한다.

> 인간은 설득에 서툴게 설계되었다.
> 우리의 뇌가 그러한 방식으로 진화했기 때문이다.

당신은 대뇌피질이 만들어낸 아이디어를 설명하는데, 상대는 이를 크록 브레인으로 받아들이는 것이다. 이는 매우 심각한 문제이다.

이것이 바로 앞에서 말한 진화적 오류이다. 뇌의 하단으로부터 상단까지의 거리는 물리적으로 단 5cm밖에 되지 않는다. 하지만 이 두 부분 사이에 가로놓인 시간은 수백만 년에 달한다. 정확히 말하자면 대뇌피질이 발달하기까지는 5백만 년이 걸렸다. 왜일까? 당신이 대뇌피질에게 익숙한 개념인 '잠재적인 수익', '프로젝트의 시너지', '투자 수익' 등을 이야기하는 동안, 책상 맞은편에 앉아서 듣고 있는 사람의 뇌는 대뇌가 만들어낸 아이디어에 반응하지 않기 때문이다. 그 대신 듣는 사람의 크록 브레인은 해야 할 일을 한다. 현재 유입되고 있는 아이디어가 당장 생존을 위협하는지를 판단하고, 그렇지 않다면 결과를 생각하지 않고 무시한다.

크롱 브레인의 작동 원리

당신이 아이디어를 제안할 때, 맞은편에 앉아 있는 사람의 크롱 브레인은 이야기를 한 귀로 흘리며 '흠, 좋은 아이디어 맞나?'라는 생각을 한다. 당신의 말을 듣는 동안 크롱 브레인은 '위급한 상황도 아닌데, 어떻게 하면 저 얘기를 무시하고 시간을 최대한 덜 쓸 수 있을까?' 를 궁리한다고 해도 과언이 아니다.

크롱 브레인이 정보를 거르는 법은 매우 근시안적이다. 위급하지 않은 것은 모두 쓸모 없는 '스팸'으로 치부한다.

크롱 브레인이 정보를 걸러내는 시스템을 들여다보면 다음의 상황이 벌어지는 것을 확인할 수 있다.

· 위험하지 않다면, 무시하라.

· 새롭거나 흥미롭지 않다면 무시하라.

· 새로운 것이라면 가능한 한 빠르게 요약하고, 상세한 내용은 잊

어라.

· 문제를 해결하는 대뇌피질에 아무 정보도 전달하지 마라. 평상시
와는 다른, 전혀 뜻밖의 상황이 아니라면 말이다.

이것이 바로 우리 뇌의 기본적인 작용 방식이자 절차이다. 설득이
어려운 것은 당연하다.

물론 최초의 필터링 이후, 당신이 전달한 메시지 중 일부는 재
빨리 중뇌에 도달하고, 곧 대뇌피질에 도착한다. 이런 작용이
전혀 이루어지지 않는다면 비즈니스 회의는 아무런 쓸모도 없
을 것이다. 하지만 대뇌피질에 도달한 당신의 메시지는 이미 상
당히 왜곡된 후이다.

우선, 크록 브레인의 집중력과 용량의 한계로 인해 당신의 메
시지의 90%는 중뇌와 대뇌피질에 도착하기 전에 이미 버려진
다. 크록 브레인은 상세 정보를 처리하는 데 능숙하지 않으며, 구
체적인 구체적인 데이터 중 크고 명확한 정보만을 통과시킨다.

둘째, 크록 브레인이 새롭고 흥미롭다고 판단하지 않는다면,
당신의 메시지는 무시당할 것이다.

셋째, 당신의 프레젠테이션이 복잡하고, 추상적인 말로 이루

어져 있으며 시각적인 자극이 부족하다면, 상대에게 이는 위협으로 느껴질 것이다. 듣는 사람이 자신이 공격받을지도 모른다는 공포를 느낀다는 뜻이 아니다. 당신이 하는 자극도 맥락도 없는 말을 이해하려면 머리를 엄청나게 써야 할 것이라는 판단을 내린다는 뜻이다. 이는 꽤나 큰 위협이다. 왜냐하면 그의 뇌에는 생존의 요구, 일상의 문제, 현재의 업무 문제로 바쁜 상황에서 당신이 그에게 어필하려 하는 낯선 정보까지 쉽게 처리할 수 있을 정도의 용량이 없기 때문이다. 이런 상황에서는 당신의 뇌 속에 일종의 차단기가 내려간다. 당신은 그 상태로 프레젠테이션을 진행해야 한다. 그러면 어떤 결과로 이어질까? 상대의 인지 능력을 낭비시킬지도 모르는 당신의 말에 신경독소가 부착된다. 이는 마치 택배의 반송장과 같아서, 메시지를 뇌의 편도체로 보내 그곳에서 메시지를 처리하고, 폐기하게 만든다.

 그런데 메시지가 뇌의 편도체에 도달하게 만들어서는 안 된다. 편도체는 뇌의 공포 회로망이기 때문이다. 편도체는 메시지를 더 빠른 심장 박동, 땀, 가빠지는 호흡, 긴장 고조와 같은 신체적인 반응으로 전환한다. 그래서 듣는 사람이 프레젠테이션을 더 듣고 싶지 않게 만든다.

설득의 메세지는 뇌의 현대적이고 똑똑한 부분인 대뇌피질에서 발송된다. 하지만 상대는 이를 5백만 년이나 된 낡고 둔한 크록 브레인을 통해 듣는다.

어떤 상황에서든 이 때문에 문제가 발생한다.

다시 말하지만, 이는 우리의 생존을 위한 설계이기는 하다. 예를 들어 사자가 당신을 쫓고 있다면, 이 사실을 대단히 발달한 대뇌피질까지 전달할 필요가 없다.(이러면 문제를 해결하는 데 상당히 오래 걸릴 테니 말이다.) 편도체의 위험 스위치가 곧바로 켜지면서, 두 번 생각할 시간도 없이 뇌의 다른 부분에 알림을 울리고, 몸 전체로 화학 물질과 전기 신호로 이루어진 메시지를 전달해 즉시 도망치게 한다. 인간은 이제 야생에 살고 있지 않지만, 인간의 두뇌는 여전히 이러한 방식으로 작동한다.

최근 연구는 모두 같은 결론을 시사한다. 모든 설득은 일단 크록 브레인을 통과하는데, 이렇게 크록 브레인에 들어오는 10개의 메시지 중 9개는 아래와 같이 무척 단순하게 처리된다.

· 지루하다: 무시한다
· 위험하다: 싸우거나 도망친다

· 복잡하다: 대폭 요약하고 크게 생략된 상태로 전달한다

    오랫동안 우리는 누군가를 설득하는 방법을 완전히 잘못 알고 있었다. 분명, 우리에게는 새로운 설득의 기술이 필요하다.

듣는 사람의 주의를 사로잡기 위한 규칙

프레젠테이션을 끝낸 후 두 가지 질문을 던져보자.

    1. 내 말이 통했을까?
    2. 내 메시지가 제대로 접수되었을까?

    우리는 아이디어가 훌륭하고, 프레젠테이션에서 더듬거리지 않고, 침착한 태도를 보였다면 청중이 우리가 원하는 대로 행동할 것이라고 추측한다. 하지만 설득은 이런 방식으로 이루어지지 않음이 밝혀졌다. 그러니 당신이 말하는 메시지는 반드시 두 가지 요건을 충족시켜야 한다. 우선 상대의 위협 스위치를 켜지 않아야 한다. 그러면서도 뭔가 긍정적이고, 예상 밖이며, 아주 특별한 메시지로 인식되어야 한다. 기분 좋은 신선함을 주어야

한다는 것이다.

위협을 감지하는 센서를 피하기란 무척이나 어렵다. 신선한 메시지를 만들어내는 것도 매우 어렵다. 하지만 설득의 성공률을 높일 방법은 이것뿐이다. 크록 브레인이 원하는 것은 단순하고, 명백하며, 위협이 되지 않고, 무엇보다 흥미롭고 신선한 것이기 때문이다. 그러니 당신도 이런 식으로 상대와 소통해야 한다. 그러지 않으면 당신은 절대 상대의 주목을 받지 못할 것이다.

크록 브레인은 까탈스럽다. 주요 관심사라고는 생존뿐이며, 최대한 에너지를 아끼려 한다. 많은 일을 하려 하지 않고, 작동할 때도 연비가 크다. 결정을 내리기 위해 구체적인 증거를 요구하는데, 명백한 증거를 제시하지 않으면 행동하지 않는다. 약간의 차이로는 절대 크록 브레인의 흥미를 자극할 수 없다. 그런데 우리가 설득해야 하는 대상은 바로 크록 브레인이다.

상대의 마음을 움직이기 위한 첫 번째 관문인 크록 브레인은 새로운 프로젝트에 많은 시간을 할애할 수 없다. 인간의 생존이라는 중요하고 복잡한 문제를 담당하고 있기 때문에, 사소하거나 상세한 정보에 휘둘려서는 안 된다. 그래서 분명한 설명을 좋아하고, 명확한 두 가지 선택지 중 하나만 선택하고 싶어 한다. 짧은 시간 내에 요점을 알려주기를 바라며, 프레젠테이션 중에 쉽게 잠든다. 크록 브레인이 계속 집중하게 하려면 강렬한 요약이 필요하다.

하지만 새로운 아이디어에 진정으로 흥미를 갖게 된다면, 반드시 받아들인다. 그렇지 않은 경우에는 포기한다. 두 번 다시 생각하지 않고, 다음 문제로 넘어가 버린다.

잔혹한 현실이지만, 당신의 말을 듣는 사람의 첫 반응을 결정하는 크록 브레인은 이런 식으로 작동한다.

- **웬만하면 무시한다.**
- **큰 그림에만 주목한다.** (전혀 다르고 훌륭하게 차별화된 옵션 중에서 선택하기를 바란다.)
- **감정적이다.** 보고 듣는 것에 대하여 감정적으로 반응한다. 게다가 대부분의 경우 그 반응은 공포이다.
- 새로운 것을 좋아하는 짧은 집중력으로 **가끔 집중한다.**
- **구체적인 사실을 요구한다.** 검증된 증거를 찾으며 추상적인 개념을 좋아하지 않는다.

이렇게 크록 브레인에 대처하기 위한 법칙을 배웠을 때, 나는 큰 깨달음을 얻었다.

첫째, 타인을 설득할 때 겪은 근본적인 문제가 일어나는 이유를 드디어 이해하게 되었다. 우리는 복잡한 정보와 추상적인 개념으로 가득 찬 대뇌피질로 매우 간단명료하고 직접적이며 위협적이지 않은 아이디어를 원하는 크록 브레인을 설득하려 애쓰고 있었던 것이다.

둘째, 나는 설득이 잘되었을 때, 상대를 집중하게 만드는 다섯 가지 규칙을 무심코 지켰다는 것을 깨달았다. 나는 크록 브레인이 안전하다고 느끼도록 만들었다. 명확하고 시각적이며 참신한 정보가 담긴 짧은 시각 자료를 제시했고, 크게 애쓰지 않았다. 또한 나는 내가 집중을 위한 규칙을 따르지 않았을 때 보통 실패한다는 것을 알고 있었다.

왜 설득을 하는 데 있어 이러한 규칙들이 중요할까? 물론 이 규칙들이 그리 중요하지 않을 때도 있다. 만약 구글 안드로이드 폰, 3D 텔레비전, 또는 슈퍼카를 사라고 설득한다면, 듣는 사람의 뇌가 기쁨과 보상의 메시지를 보내는 도파민으로 가득 차게 되어, 고리타분한 방법으로 설득을 하더라도 효과를 발휘할 것이다. 하지만 사람들이 거부할 수 없을 정도로 매력적인 제품은 많지 않다. 그래서 당신은 뇌를 작동시키기 위한 규칙들을 지켜야 한다. 이 규칙을 지키는 방법에 대한 설명이 바로 이 책의 핵심이다.

04

설득을 완성하는
STRONG 기술

큰 깨달음을 얻은 이후, 나는 대뇌피질과 크록 브레인이 세상을 보는 방식 사이의 간극을 메워야 한다는 사실을 분명하게 깨달았다. 다시 말해 내 설득이 통하기를 바란다면, 나의 대뇌피질이 만들어낸 복잡한 아이디어를 쉬운 언어로 풀어서 설득을 듣는 사람의 크록 브레인이 쉽게 받아들이고 집중할 수 있는 방식으로 제시할 수 있어야 한다.

나는 수없이 많은 노력 끝에 마침내 효과적인 설득의 공식을 만들어냈다. 지금부터 여러분에게 그 공식을 알려주겠다.

앞으로 설명하겠지만, 일단 설득을 위한 프레임을 설정하고,

당신의 위대한 아이디어를 쉽게 이해할 수 있는 맥락에 넣는 것에서 시작된다. 그러고 나서 프레임이 확립되면, 설득할 대상보다 높은 사회적 지위를 확보해야 한다. 그래야만 설득을 위한 탄탄한 무대를 확보할 수 있다. 그다음으로는 흥미와 새로움으로 가득 찬 메시지를 만들어야 한다.

이러한 과정을 쉽게 기억할 수 있도록 각 단계의 앞 글자를 따서 하나의 단어로 만들었다.

설득을 성공시키는 STRONG 공식

S: 프레임을 설정한다 Set the frame

T: 이야기를 들려준다 Tell the story

R: 흥미를 자극한다 Reveal the intrigue

O: 보상을 제시한다 Offer the prize

N: 훅 포인트를 만든다 Nail the hookpoint

G: 거래를 달성한다 Get the deal

나는 베어 스턴스, 보잉, 디즈니, 혼다, 링크드인, 텍사스 인스트루먼츠Texas Instruments, 야마하 경영진과의 거듭된 협상에서

이 공식을 사용해 왔다. 나는 누군가를 설득할 때마다 크록 브레인의 작동 방식에 대해 더 많이 알게 되었고, 우리가 누군가를 설득하다 실수할 가능성이 있는 부분이 다섯 군데 있다는 것을 알게 되었다. 앞서 말한 STRONG 공식의 각 단계는 실수할 경우 치명적인 결과로 이어질 수 있는 지점이기도 하다. 듣는 사람의 크록 브레인이 지루해하거나, 혼란스러워지거나, 위협을 받게 되면 당신의 설득은 위기에 빠진다.

지금부터는 이러한 문제를 피하고 상대를 설득하는 완벽한 방법을 설명할 것이다. 이것이 바로 크록 브레인의 완전한 지지를 얻고 당신의 성공 가능성을 극적으로 높이는 방법이다.

2장

프레임으로 승부하라

2001년 7월, 나는 베벌리 힐스의 중심에 우뚝 솟은 건물 앞에 섰다. 이곳은 할리우드와 금융 시장의 협상이 이루어지는 장소였다.

그곳에서 나는 10억 달러에 가까운 자산을 쥐락펴락하는 어떤 남자의 사무실로 향했다. 이 정도 거물을 설득하는 것은 드문 일이었다. 하지만 긴장 속에서 미팅을 준비하는 사람은 내가 아니라 나의 동료인 톰 데이비스였다. 톰은 기업금융의 아이콘이자, 수십억 달러의 자산을 가진 벨즈버그 삼 형제 중 한 명인 빌 벨즈버그Bill Belzberg에게 자신의 기업을 소개할 예정이었다.

경제 뉴스를 자주 듣는 사람이라면, 벨즈버그 형제에 대해 들어봤을지도 모른다. 그들은 1980년대에 기업 사냥꾼으로 두각을 나타냈다. 이들 형제 중 한 명을 이사회실에서 만난다는 것만으로도 금융 분야에서 두각을 드러내고 있다고 판단할 수 있었다. 1시간 후, 어떤 결과를 얻을 수 있을지 기대가 컸다.

톰은 31세로 카리스마 있고, 사람들이 좋아하는 경영인이었다. 훌륭한 기업을 가지고 있었지만, 그 기업을 성장시킬 돈이 없었다. 톰은 돈을 벌기 위해, 벨즈버그에게 깊은 인상을 남겨야 한다는 불가능한 일에 도전하고 있었다.

나는 내심 쾌재를 불렀다. 구미가 당겼다. 톰이 연습하는 것을 보니, 본능적으로 상대를 설득하는 법을 알고 있는 사람이었다.

그는 벨즈버그의 로비에서 기다리며 자신만만하게 말했다.

"내 준비에 빈틈이라곤 없어요. 게다가 저는 어떤 상황에서도 흔들리지 않는 사람이고요. 반드시 최고의 게임을 치를 거예요."

"지켜보죠. 긴장만 하지 말아요." 나는 그렇게만 말했다

곧 우리는 회의실로 이동했다. 30분을 넘게 기다리고 나서야 이중으로 된 문이 열렸다. 빌 벨즈버그는 마치 술집에라도 들어오듯 성큼성큼 걸어 들어왔다. 69세의 키가 크고 깡마른 체격이었다. 빌은 톰에게 시작하라고 손짓했다. 톰은 나를 쳐다보았고, 나는 고개를 끄덕였다. 그런데 벨즈버그는 그 자리에 꼿꼿이 서서 톰이 입을 열자마자 말을 끊었다.

"두 가지만 알려줘요. 한 달 지출은 얼마이고, 당신 연봉은 얼마요?"

톰이 바라던 질문이 아니었다. 그의 계획과는 달랐다. 톰은 빌의 말에 당황하면서 지출 자료를 찾기 위하여 가방을 뒤지고 있었다. 그의 티타늄 같던 자신감과 대담함은 어디로 갔을까? 그는 서류를 떨어뜨렸고, 심지어 말까지 더듬었다. 완전히 길을 잃은 듯했다.

벨즈버그의 말은 고작 10단어 정도였다. 고작 10단어의 말이 거래의 운명을 좌우할 수 있다. 왜일까? 다음의 비유를 생각하면, 이해에 도움이 될 것이다.

잠시 우리 모두를 둘러싸고 있는, 잠재의식의 깊은 곳에서 소리 없이 전달되는, 일종의 강력한 에너지 장이 있다고 상상해보라. 이 보이지 않는 에너지 방어막은 갑작스럽게 침투하는 타인의 생각과 관점으로부터 우리의 의식을 보호하기 위해 유전적으로 고안된 장치이다.

그런데 이러한 에너지 방어막이 제압당하면, 우리는 무너진다. 정신적 방어는 실패하고, 우리는 다른 사람의 생각과 욕망, 명령의 대상이 된다. 상대는 자신의 의지를 우리에게 강요할 수 있게 된다.

이것이 우리가 세상을 바라보는 방식을 형성하는 정신적 구조, 즉 내가 **프레임**이라 부르는 것을 이해하는 가장 좋은 방법이다. 이제 톰의 프레임이 빌 벨즈버그의 권력 프레임과 부딪쳐 무너져 버렸을 때 무슨 일이 일어났는지 이해할 수 있을 것이다.

당신이 일종의 창문과 같은 프레임을 통해 세상을 바라본다고 상상해보자. 이 프레임을 이리저리 옮기면, 당신이 마주하는 소리와 이미지는 두뇌에 의해 당신의 지능, 가치, 윤리와 일치하는 방식으로 해석된다. 이것이 바로 **관점**이다.

다른 사람은 당신과 같은 것을 바라보면서, 다른 프레임을 사용할 수 있다. 그러면 그가 듣고 보는 것은 당신의 것과 조금, 또는 아주 많이 다를 수 있다.

그리고 일반적으로 이것을 시각이라고 한다. 나 역시 당신과 다르게 사물을 인식하고 해석할 수도 있다. 이러한 시각의 차이는 좋은 것이다. 다른 시각은 다양한 아이디어와 가치를 만들어준다.

그런데 우리가 프레임을 통해 세상을 해석할 때, 또 다른 일도 벌어진다. 우리의 뇌는 감각이 전달하는 정보를 처리하면서, 계속해서 이어지는 질문에 반응한다. 저것은 위험한가? 저것을 먹어야 할까 아니면 저것과 짝짓기를 해야 할까? 바로 이때 크록 브레인이 작동하는 것이다. 크록 브레인은 프레임을 감지하고, 위협으로부터 우리를 보호하고, 공격적인 생각과 정보를 피하기 위해 지배력과 공격성을 활용해 뛰어난 능력을 발휘한다.

비즈니스 세계에는 수많은 사람들이 있다. 이들 모두는 사회적인 만남에서 각자의 프레임을 적용한다. 비즈니스 환경에서 두 명 이상의 사람들이 모여 소통할 때마다 각자의 프레임이 서로 맞닿지만, 물론 협력적이거나 우호적인 방식은 아니다. 프레임들은 서로를 이기려 한다. 프레임은 우리의 생존 본능에 뿌리를 두고 있으며, 상대의 프레임을 압도하려고 한다.

프레임은 우선 충돌한다. 이는 선의의 경쟁이 아니다. 한 쪽의 죽음으로 끝나는 데스 매치다. 프레임은 결합하지도, 섞이지도 않는다. 서로 충돌하고, 강한 프레임이 약한 프레임을 흡수한다. 그래서 충돌 후에는 하나의 프레임만이 살아남고, 다른 프레임은 승리한 프레임에 종속된다. 이것은 당신의 모든 비즈니스 미팅, 통화, 일대일 소통의 수면 아래에서 벌어지는 일이다.

당신의 프레임이 상대의 프레임과 접촉하는 순간, 두 개의 프레임은 충돌하고, 전투를 벌이고, 서로를 제압하기 위하여 노력한다. 당신의 프레임이 승리하면, 당신은 프레임 통제의 기쁨을 누리게 된다. 상대가 당신의 아이디어를 받아들이고 따르게 되는 것이다. 그러나 당신의 프레임이 패배한다면, 당신은 상대에게 휘둘릴 것이며, 상대가 자비를 베풀지 않는 한 당신은 성공할 수 없을 것이다.

그러니 프레임의 힘을 자유자재로 다루고 적용하는 법을 배우는 것이 가장 중요하다.

01

구걸은
설득이 아니다

프레임 기반 접근법의 장점 중 하나는 기술이나 전략, 화려한 언변이 크게 필요하지 않다는 것이다. 이제 곧 알게 되겠지만, 사실 이 방법은 말을 적게 할수록 더 효과적이다.

영업 기술은 프레임 충돌에서 패배하여 낮은 입지에서 비즈니스를 이어나가느라 어려움을 겪는 사람들을 위하여 개발되었다. 문제는 이러한 기술이 대부분 효과가 없고 오히려 불쾌감을 준다는 것이다.

수십 년 동안 빠른 구매 결정을 유도하고 홍보하는 책과 세미나는 수없이 많았다. 이러한 프로그램을 홍보하는 사람들은 수

년 전에 이들의 방법이 얼마나 비효율적인지를 깨닫고, 대수의 법칙으로 이 방법을 설명하기로 했다. 그들이 하는 말이란 대개 이렇다.

"우리의 영업 기술을 이용해 100번 전화를 하면, 두 번을 판매할 수 있습니다."

즉, 다른 모든 사람들보다 훨씬 더 열심히 일하면 2%의 성공률을 얻을 수 있다는 것이다. 하지만 이런 걸 성공이라고 할 수 있을까?

소위 영업의 달인들이 놓치고 있는 것은 사회적 프레임을 통제하지 못하면, 이미 패배가 결정된다는 것이다. 이럴 때 할 수 있는 일이라고는 빠르게 말하고, 스핀 셀링(Situation 상황 질문, Problem 문제 질문, Implication 시사 질문, Need Pay-off 해결 질문의 절차에 따라서 영업을 진행하고 성과를 향상시키는 기법_역자 주)에 의존하고, 시험 삼아 제품에 대한 감상을 묻고, 당신이 절박하다는 신호를 줄 뿐인 비효율적이고 성가신 전략을 쓰며 고군분투하다가 실패하는 것뿐이다.

영업 기술의 신봉자들은 대수의 법칙에 대해 떠들며 더 오래, 더 열심히 일하라고 요구한다. 이들은 영업이란 단지 숫자 싸움일 뿐이라고 주장하며 새로운 사업을 따내기 위해 초인적인 노력으로 당신의 약한 지위를 보완하라고 강요한다. 하지만 당신의 삶 대부분을 이런 짓에 낭비하라니, 이건 선을 넘은 요구 아닌가?

프레임 기반 비즈니스는 이와 반대되는 방식으로 접근한다. 게임이 시작되기도 전에 자신에게 유리한 입지를 쌓아서 사회적인 역학을 활용하도록 한다.

설득이 실패한 이유를 돌이켜보면, 대개 거래의 조건이 구매자에게 맞지 않았다는 결론에 도달한다. 어쩌면 그날따라 일이 안 풀려 말을 제대로 못했을지도 모른다. 잠재적인 구매자가 내가 제시한 것보다 더 좋은 것을 발견했을지도 모른다. 하지만 현실에서 설득이 실패하는 이유는 그것보다 덜 명확할 때가 많다. 그래서 설득이 시작되기도 전에 프레임 통제의 승패가 갈린다.

프레임을 지배하게 되면 구매자와 합의할 수 있는 입지를 얻게 된다. 또한 얻을 수 있는 것만 겨우 얻어가는 것이 아니라 어떤 거래나 주문, 프로젝트를 선택할지 결정할 수 있는 입지를 얻게 된다.

불가능하다고 생각하는가? 나는 매일 이렇게 일한다. 단순히 고객에게 더 좋은 서비스를 제공하고 싶다는 마음만으로 이런 마법 같은 일이 가능해진다. 계속해서 새로운 건을 따내기 위해 미친듯이 질주하는 영업 방식으로는 이런 성공을 이룰 수 없다.

이 책에서는 수십 건의 비생산적인 영업 전화와 프레젠테이션을 통해 스스로를 채찍질하는 대신, 프레임의 통제를 얻고 유지하는 방법을 설명하려고 한다. 이 방식을 쓰면 다섯 건의 영업을 성공하고, 심지어 그 중 마음에 들지 않는 두 건 정도는 당신 쪽에서 거절할 수도 있을 것이다. 이 새로운 대수의 법칙에 마음이 끌리는가? 이것이 내가 여태까지 써왔던, 그리고 지금도 쓰고 있는 방식이다.

02

승리의 열쇠,
프레임

간단히 살펴보자. 프레임은 당신의 힘, 권위, 정보, 지위를 하나로 묶는 수단이다.

1. 모든 사람들은 의도적이든 그렇지 않든 프레임을 사용한다.
2. 모든 사회적 만남은 서로 다른 프레임의 충돌이다.
3. 프레임들은 같은 시간과 장소에서 오랫동안 공존하지 않는다. 이들은 서로 충돌하고, 둘 중 하나가 다른 하나를 통제하게 된다.
4. 오직 하나의 프레임만이 살아남는다. 다른 프레임들은 깨지고 흡수된다. 더 강한 프레임은 항상 더 약한 프레임을 흡수한다.

5. 승리한 프레임은 사회적 상호작용을 지배한다. 이것을 프레임의 통제라고 한다.

프레임 작동의 원리: 경찰의 프레임

이제 지배적인 프레임의 예, 즉 프레임 통제의 교과서적인 예를 소개하려고 한다.

당신이 탁 트인 고속도로를 따라 운전하고 있다고 상상해 보자. 석양을 향해 시속 130km로 1차선을 달릴 때 느껴지는 빠른 속도만큼이나 날씨와 풍경도 매력적이다. 완벽한 순간이었다. 백미러에 번쩍이는 불빛이 보일 때까지는 그랬다. 경찰이었다. 귀를 찢는 사이렌과 경광등의 어지러운 색깔이 당신의 크록 브레인에 위험이 임박했음을 알려준다. '젠장, 갑자기 경찰은 어디에서 나타난 거야? 나는 얼마나 빠르게 달리고 있었지?' 기본적이고 원초적인 감정인 공포를 느끼기 전에, 이런저런 생각들이 대뇌피질을 스쳐 갈 것이다. 그다음에는 크록 브레인이 당신의 행동을 통제한다. 이제 당신은 차를 세웠다. 면허증과 등록증에 손을 뻗고 있는데, 백미러로 경찰관이 다가오는 것이 보인다.

이 사례에서 볼 수 있듯이 프레임은 특정 관점과 그에 따른 모든 정보를 하나로 묶어 인간의 의사소통을 단순하게 만든다.

당신이 창문을 내린다. 이 순간, 경찰의 프레임과 당신의 프레임, 두 개의 프레임이 충돌하려고 한다.

당신은 서둘러서 프레임을 만든다. 어떤 프레임을 만들어야 할까? 그저 다른 차들과 속도를 맞췄다고 대답할까? 아니면 제한 속도가 더 높은 걸로 착각했다고 할까?

그러다가 당신은 '착한 사람'의 프레임을 선택하기로 한다.

"경관님, 원래 저는 얌전하게 운전합니다. 이번만 봐주시면 안 될까요?"

하지만 경찰의 프레임은 무적이며, 도덕적, 사회적, 정치적으로도 강하다. 게다가 속도 측정기라는 강력한 증거도 가지고 있다. 당신은 어색하게 미소를 지으면서 면허증과 등록증을 건네준다. 그는 잠시 멈춰 서서 당신을 노려본다. 거울처럼 빛이 반사되는 선글라스를 쓰고 있어서 눈이 보이지 않는다. 그러자 당신의 '착한 사람' 프레임이 깨지려 한다. 경찰은 묻는다.

"제가 왜 선생님 차를 세웠는지 아세요?"

당신은 당신이 속도를 위반했다는 것을 알고 있다. 당신은 프레임의 게임에서 내세울 높은 도덕적 권위가 없고, 그래서 당신의 프레임은 파괴될 것이다. 이것이 프레임 통제의 핵심이다. 당신이 상대방의 말이나 행동에 비효율적으로 반응할 때, 상대의 프레임은 통제력을 얻고, 당신의 프레임은 통제당한다.

이 예시에서의 결과는 분명하다. 경찰이 더 강한 프레임을 가지고 있다. 두 프레임이 충돌했고 경찰 프레임이 승리한다.

내가 이 예를 선택한 이유는 취약한 프레임이 권위와 권력에서 만들어진 프레임 아래에서 어떻게 무너지는지를 보여주기 위해서였다. 이 예에서 경찰은 육체적, 정치적, 도덕적 권력 등 모든 형태의 권력을 가지고 있었다. 당신은 법을 어겼고 당신도 그것을 알고 있었다.

실제로 무슨 일이 일어났는지 이해하기 위해 경찰의 프레임을 더 깊이 알아보자. 당신 차의 백미러에 비치는 경찰차의 윤곽과 번쩍이는 조명은 당신에게 두려움, 불안, 복종이라는 원초적인 지렛대를 당겨버렸다. 당신의 크록 브레인은 방어 태세가 되고, 간은 쪼그라든다. 심장 박동과 함께 호흡이 빨라지고, 피가 얼굴로 몰린다. 이 모두는 당신의 크록 브레인이 놀랐을 때 벌어진다. 당신은 경찰의 프레임을 깨뜨릴 정도로 강력한 프레임을 생각해낼 수 없었다.

경찰의 프레임은 아주 근본적인 교훈을 알려준다. 당신이 스스로가 가진 권위, 권력, 지위, 영향력, 이점을 구구절절 설명해야 한다는 것은 당신의 프레임이 강하지 않다는 뜻이다. 지위가 더 높은 상대의 이성에 호소하거나 문제에 대해 논리적으로 생각해 봤자 프레임 충돌에서 승리할 수 없으며, 프레임을 통제할 수도 없다. 반면, 경찰은 당신에게 왜 과속 딱지를 발행하려고 하는지 설명할 필요가 없다. 자신의 행동을 합리화할 필요가 없으며, 자신의 힘을 설명할 필요도 없고, 곤봉에 손을 댈 필요도 없다. 당신이 저항한다면 어떤 일이 발생하는지 설명할 필요도 없다. 경찰은 당신이 침착하고 순종적인 태도를 유지하는 것이 얼마나 중요한지 설명할 필요성도 느끼지 않는다. 경찰은 당신에게 공포와 불안을 느끼라고 강요하지 않는다. 다만 당신의 크록 브레인이 경찰의 프레임에 즉각적이고 자연스럽게 이러한 반응을 보일 뿐이다. 크록 브레인이 통제하고, 당신은 그에 따라 반응한다. 당신의 행동은 자동적이고, 원초적이며, 당신의 통제를 벗어난다.

경찰이 당신에게 고지서를 건네주면, 사회적인 대면은 끝을 향하게 된다. 길가에서의 만남은 끝이 난다. 경찰은 당신에게 "여기에 서명하세요. 꾹 눌러 쓰셔야 합니다. 이 사본을 가져가면 됩니다."라고 말할 것이다.

마지막으로, 경찰은 당신을 배려하기 위해서가 아니라, 당신이 고분고분한 태도를 보인 덕분에 "이제 과속하지 마세요. 좋은 하루 되세요."라고 말할지도 모른다. 하지만 이런 말은 오히려 당신의 패배를 더욱 뼈아프게 만들 것이다. 모든 사회적 상호작용은 프레임들의 충돌이고, 언제나 더 강한 프레임이 승리한다. 프레임 충돌은 원초적이다. 그래서 대뇌피질을 마비시키고, 대신 크록 브레인이 선택을 내리고 행동을 결정하게 만든다.

강한 프레임은 합리적인 논증에 영향을 받지 않는다. 반면 논리적 논의와 사실로 이루어진 약한 논증은 강한 프레임에 튕겨져 나가버린다.

수년간 나는 설득의 성공 여부는 이성적인 주장을 할 수 없는 강력한 프레임을 만드는 능력에 달려 있다는 사실을 목격했다. 이 강력한 프레임은 약한 프레임을 부수고 흡수할 수 있다. 그렇다면 강력한 프레임을 만들고 사용하는 공식이 있을까? 여기에 대한 답은 '그렇다.'이다.

◗ 어떤 프레임을 선택할 것인가

비즈니스를 시작할 때, 가장 먼저 해야 할 질문은 '나는 어떤 종류의 프레임과 싸우고 있는가?' 이다. 답은 상대가 얻을 이익에 비해 당신의 제안이 얼마나 중요한지를 포함해 여러 요인에 따라 달라진다. 그러나 프레임이 주로 원초적인 욕구와 관련되어 있다는 사실을 알아야 한다. 이것은 크록 브레인의 영역이다. 강한 프레임은 원초적인 욕구를 활성화한다고 말할 수 있다.

여기에 대한 한 가지 시각은 인간의 크록 브레인이 반응하는 원초적인 접근 방식은 몇 가지밖에 되지 않기 때문에, 각 프레임을 개인의 성격에 맞추어 조정할 필요가 없다는 것이다. 만약 당신이 도구상자 안으로 손을 뻗는 정비공이라면 프레임은 정교한 드라이버라기보다는 고무망치에 가깝다고 생각하면 된다.

나는 회의 전에 어떤 원초적인 태도와 감정이 가장 효과적으로 작용할지에 대하여 생각한다. 그다음에는 내가 어떤 종류의 프레임을 갖고 회의에 임할지 간단하게 결정을 내린다. 수년 동안, 나는 모든 비즈니스 상황을 포괄할 수 있는 네 가지 프레임만을 사용해 왔다. 예를 들어, 만약 내가 대면하는 사람이 야심만만하고 경쟁심 있는 사람이라면 권력 파괴 프레임을 사용할 것이다. 그가 분석적이고 계산적인 유형이라면, 흥미를 자극하는 프레임을 선택할 것이다. 그리고 만약 나보다 지위가 높은 사람 여럿을 상대로 하는 불리한 상황이라면 시간 프레임과 보상 프레임을 사용할 것이다. 또한 사회적 상호작용이 다른 양상으로 발전하거나 변한다면 기꺼이 다른 프레임으로 바꿀 준비도 되어 있다.

대부분의 비즈니스 상황에서 마주치게 될 상대의 프레임은 크게 세 가지 유형으로 구분된다.

1. 권력 프레임

2. 시간 프레임

3. 분석 프레임

이러한 상대의 프레임을 충족하고, 처음의 프레임 대결에서 승리하고, 논의할 주제를 좌우하는 사용할 수 있는 주요한 대응 프레임에는 다음 세 가지가 있다.

1. 권력 파괴 프레임
2. 시간 프레임
3. 흥미 프레임

여기에 네 번째로 전개할 수 있는 프레임이 있다. 이 프레임은 상대가 흔히 보여주는 세 가지의 프레임과 그밖의 프레임 모두를 상대할 때 유용하게 사용할 수 있다.

4. 보상 프레임

지금부터 상대의 프레임을 인식하고 물리칠 수 있는 방법을 논의할 것이다.

03

권력
프레임

권력 프레임은 비즈니스를 하다 보면 가장 흔하게 마주하는 상대방의 프레임이다. 권력 프레임은 자아가 강한 개인들에게서 확인할 수 있다. 그의 권력은 그의 지위, 즉 다른 사람들이 그 사람을 명예롭게 생각하고 존중한다는 사실에서 비롯된다. 오만, 관심 부족(내가 당신보다 더 중요하다는 분위기), 무례와 같이 거만한 행동을 맞닥뜨릴 때마다 권력 프레임에 직면하고 있다는 사실을 알게 될 것이다.

권력 프레임 유형(소위 거물이나 자아도취 환자에 속하는 유형)은 다른 사람들의 생각을 잊는 경향이 있다. 또한 자기 취향의 만족을 추구한다. 종종 다른 사람들의 반응을 제대로 판단하지 못하며, 고정관념을 가지고 있을 가능성이 높다. 지나치게 낙관적일 수도 있고, 측정되지 않은 위험을 감수할 가능성도 더 높다.

권력 프레임 유형의 사람들은 권력 파괴 프레임에 약하다. 이러한 경우를 예상하지 못하기 때문이다. 이들은 당신이 자신을 존경하고 고분고분하게 굴 거라 생각한다. 이들은 당신이 형편없는 농담에도 웃어주고, 심지어 당신 자신보다도 그의 감정을 더 소중하게 여길 것이라 생각한다. 그들은 당신이 그의 프레임을 따르기를 바란다. 여기에 그들의 약점이 있다. 그들은 한순간도 당신의 프레임이 승리할 것이라고 생각하지 않는다. 그래서 당신은 거의 매번 이들 유형을 놀라게 할 수 있다.

상대의 권력 프레임에 접근할 때 가장 우선적이고 중요한 목표는 상대의 프레임에 반응함으로써 상대의 프레임에 빠지지 않는 것이다. 그리고 프레임이 충돌하기 전에 상대의 프레임을 강화하는 행동을 해서는 안 된다.

비즈니스 상황에서 권력에 따라 행동하는 것, 예를 들어 예의를 차리거나 무의미한 잡담을 하거나, 스스로에게 어떠한 행동을 해야 한다고 되뇌는 것 등은 상대방의 높은 지위를 강화하고 자신의 종속적인 위치를 인정하는 행위이다. 이렇게 행동해서는 안 된다!

처음 상대를 대면하고 상대의 권력 프레임이 당신에게 접근할 때는 언제든지 프레임의 충돌을 대비해야 한다.

잘 대비한다면, 이때 당신의 프레임이 상대의 것을 무너뜨리고, 미팅 장소에서 순간적으로나마 당신과 상대의 사회적 권력을 동등하게 만들 것이다. 이렇게 되면 당신의 프레임이 상대의 프레임을 압도하고 흡수하게 된다.

굉장히 극적인 상황으로 들리지만, 사실 이러한 변화는 빠르면서도 조용히 일어난다. 상대방이 무슨 일이 일어났는지 깨닫기도 전에, 프레임의 통제권이 넘어온다. 이 기술에 한 번 익숙해지면, 마치 원래부터 그래왔던 사람처럼 자연스럽게 프레임을 통제할 수 있게 될 것이다. 이렇게 당신은 전에 없던 설득의 즐거움을 누리게 될 것이다.

권력 프레임과 직면하라

몇 년 전, 나는 누구나 알 법한 대형 은행과 회의를 진행한 적이 있었다. 원래 한 시간짜리 회의였는데, 상대방은 우리에게 정확하게 한 시간밖에 줄 수 없다고 분명하게 밝혔다. 이러한 행위는 고전적인 권력 프레이밍이며, 시간에 대한 압박이다.

우리 팀이 워싱턴에서 프레젠테이션을 진행하는 데 드는 비용은 2만 달러 이상이었다. 하지만 제대로 그들을 설득해 낸다면, 수백만 달러의 수익을 낼 것이었다.

나와 우리 팀은 경비원의 안내를 받으면서 엘리베이터를 타고 매년 1조 달러가 넘는 거래가 이루어지는 19층으로 올라갔다. 우리가 미국에서 가장 강력한 엘리트 금융 트레이더 중 한 명이 된 기분이었다.

트레이더 35명이 이곳에 가져오는 돈은 한 달에 수십억 달러에 달했다. 한 시간 내에 우리가 그들의 거래에 참여하게 될지 아닐지 판가름 날 것이다. 나는 나의 모든 투자자들에게 연락했고, 약 6천만 달러의 투자금을 모았다.

내가 만날 사람은 스티브라는 트레이더였다. 그와 두 명의 애널리스트를 상대로 발표를 진행할 예정이었다. 오랜 기다림 끝에, 완벽하게 말쑥하게 차려입은 젊은 여성이 내가 지금까지 본 중 가장 큰 회의실로 우리를 안내했다. 스티브 일행이 들어와 일상적인 인사를 주고받았다. 스티브는 업계 최고의 트레이더 중 한 명이었다. 그는 몇 분 늦게 나타나더니 15분 동안 자신을 소개했다. 22분의 소중한 시간이 날아가 버렸다. 그러고 나서야 마침내 우리가 만든 자료를 나눠주고 발표를 시작할 수 있었다.

당시는 경제가 활황이었고, 스티브는 하루에 1억 달러짜리 거래를 성사시키는 데 익숙했다. 우리가 제안하는 거래의 규모는 6천만 달러인 데다가 성사되기까지는 최소 30일 이상의 시간이 걸렸다. 당연히 스티브는 별로 흥미가 없어 보였다.

나는 우리가 어떤 유형의 자산을 매입하고 싶은지, 무엇을 대가로 지불할지 이야기했다. 그러다가 잠깐 호흡을 멈추고, 스티브를 쳐다보았다. 그는 우리가 준 자료를 뒤적거리면서, 펜을 쥔 손으로 무심하게 자료의 뒷면에 낙서를 하고 있었다.

이러한 주의 부족은 얼마나 치명적일까? 꽤 좋지 않은 상황이다. 기존 영업 기술의 시각에서 본다면, 나의 정보나 영업에 문제가 있다고 생각할 것이다. 하지만 프레임과 사회 역학의 관점에서 본다면, 내가 제시한 거래 자체는 괜찮았다는 것을 알 수 있다. 다만 권력 프레임이 충돌했고, 나의 권력 프레임이 실패한 것뿐이었다.

'이걸 어쩌지?'라는 생각이 들었다. 많은 시간과 돈을 들인 회의였다. 눈앞에서 기회가 사라지고 있었다. 그런데 스티브는 내가 만든 자료의 표지에 낙서를 할 정도로 내 말에 관심이 없었다. 쥐구멍에라도 들어가고 싶은 심정이었다. 나의 크록 브레인이 기본적이고 원초적인 감정에 압도되어 버렸다. 나의 프레임이 통제당하고 있었다. 단순하고, 감정적이며, 반응이 빠른 크록 브레인은 당장 도망가라고 외치고 있었고, 나도 그러고 싶었다. 하지만 그때 권력 프레임을 상대하는 기본적인 원칙이 머릿속에 울렸다.

나의 권력 의식을 확립하는 것이 아니라 상대의 권위를 지켜

준다면, 상대의 권력 프레임이 강화될 뿐이다.

나는 곧 마음의 안정을 되찾았고, 이렇게 말했다.

"스티브, 제가 한번 볼까요?"

나는 그에게서 발표 자료를 빼앗았다. 권력 프레임을 방해한 것이다.

놀라운 정적이 흘렀다.

나는 스티브의 그림을 열심히 보았다.

"잠깐만요. 어디 볼까요. 낙서가 꽤 괜찮은데요? 거래는 잠시 잊죠. 이 낙서 저한테 파시면 어때요? 얼마면 될까요?"

중요한 이해관계가 걸린 권력 프레임의 극단적인 사례였다. 일반적인 회의에서는 이렇게까지 극적인 방법을 쓰지 않아도 상황을 반전시키고, 완전히 다른 주제에 다시 집중시킬 수 있다. 만약 상대가 주도권을 잡을 것 같다면, 중요한 거래가 아닌 다른 부분에서 주도권을 잡게 하라. 이 경우에는 스티브에게 낙서의 가격을 결정하게 했다. 그러면 상대는 당신과 비슷한 입장이 될 것이다(당신도 상대와 비슷한 입장이 된다). 그런 후 뭔가 추상적인 것을 골라 그것에 대한 가격을 치열하게 흥정하라. 그 흥정에서 당신이 이기든 지든 상관없다. 상대가 가진 프레임의 힘은 약해지고, 회의의 중심은 당신과 당신이 회의에서 말하고 싶은 주제로 돌아온다.

스티브가 예상치 못한 일이었다. 프레임을 파괴하는 나의 힘은 그 순간과 이후 회의의 흐름을 완전히 바꾸어 놓았다. 나는 회의의 진짜 주제, 즉 내가 투자하고 싶은 6천만 달러로 주의를 되돌릴 또 다른 기회를 얻었다. 나는 스티브의 완전한 집중을 받을 수 있었다.

권력 프레임의 충돌을 일으키려면, 약간은 충격적이면서도 공격적이지는 않은 행동을 사용하라. 반항심과 가벼운 유머를 사용하라. 이러한 행동은 주의를 집중시키고, '영역의 스타 파워'를 만들어내면서 당신의 지위를 높일 것이다. (지위와 영역의 스타 파워를 만들어내는 방법에 대해서는 3장에서 자세하게 설명하겠다.)

약한 부정과 반항으로
권력 프레임을 낚아채라

이제 권력 프레임을 없앨 수 있는 미묘한 사례를 몇 가지 더 살펴보자. 대상과 접촉하는 즉시 다음의 전략을 실행하기 위한 첫 번째 기회를 포착하자.

1. 약하게 거부한다.
2. 일종의 반항을 한다.

회의 테이블에 '기밀'이라고 적힌 파일을 놓아두자. 그리고 상대가 파일을 펼쳐 보려 하면 "아직이요. 잠깐 기다려주세요."라고 말한다.

창의적인 프로젝트를 다루며 시각 자료를 가지고 왔다면, 상대가 살짝 엿보게 하자. 상대가 흥미를 가지고 쳐다본다면 자료를 뒤집어서 빼앗은 다음 부드럽게 "제가 준비되었다고 할 때까지 기다려주십시오."라고 주의를 주라.

살짝 애가 타게 만든 후, 강하게 부정하는 행위이다. 이러한 행위는 상대의 크록 브레인에 상당한 충격을 준다. 이런 행동은 공격적이지도, 비열하지도 않다. 유쾌하면서도, 상대에게 무의식적으로 "친구, 여기의 책임자는 접니다."라고 말하는 것이다.

프레임을 얻기 위한 핵심은 '아직은 아니다.'라는 부정을 농담처럼, 하지만 단호하게 건네는 것이다. 그래서 결과적으로 '이것은 내가 주도하는 회의이고, 내가 정한 주제를 따르며, 모든 것은 내가 계획한 일정대로 이루어질 것'이라고 주지시키는 것이다.

프레임을 제어하는 또 다른 방법은 상대의 말에 사소하지만 단호하고 반항적으로 대답하는 것이다.

상대: 와주셔서 감사합니다. 그런데 15분밖에 못 드려요.

당신: 다행이네요. 저도 12분 뒤에는 가야 하거든요.(미소를 짓되, 진

지하게 행동하며)

이 간단한 말 한마디로 상대에게서 권력 프레임을 낚아챌 수 있다. 손쉽게 프레임 게임을 만드는 것이다. 이런 방식으로 회의 시간을 2분까지도 줄인 적이 있다. 그들이 "12분 뒤에는 가야 한다고요? 그러고 보니 저도 10분 뒤엔 나가봐야 하네요."라고 대꾸하면 나는 "내 정신 좀 봐. 나가는 시간까지 생각하면 8분밖에 못 있겠네요." 라고 답하는 식이었다. 곧 알게 되겠지만, 이런 종류의 프레임 게임은 관계에 도움이 된다. 상대에게 나를 일종의 보상으로 만드는 행위이고, 양쪽 모두에게 재미를 주기도 한다. 이렇게나 간단한 방법으로 말이다. 프레임의 통제권을 자유자재로 주기도 하고 빼앗아올 수도 있다면, 성공의 가능성도 높아진다.

회의가 시작하는 순간에 약한 부정과 반항을 사용할 수 있는 방법이 얼마나 많은지 생각해보라. 가벼운 유머와 반항은 권력과 프레임의 통제를 장악하는 열쇠다. 유머를 유지하고, 얼굴에 미소를 띠고, 권력을 자신에게 돌리면서 회의를 원하는 방향으로 진전시켜라. 이것이 프레임 통제의 기본이다. 이런 경험이 쌓일수록 더 많은 권력과 지위를 갖게 될 것이다.

권력의 이동과 장악은 작은 것부터 시작해서 빠르게 확대된다. 처음으로 상대의 권력이 당신에게로 넘어갈 때, 상대가 프레임을 잃었을 때, 상대는 변화를 감지하게 된다. 그러면 인지가 활성화되고, 기본적인 욕구도 활성화된다. 이제, 그는 세심한 주의를 기울이면서 온전히 참여하게 된다. '그래서 지금 무슨 일이 벌어지고 있지?'라고 생각하게 되는 것이다.

그는 방금 당신의 행동 때문에 약간 놀랐을지도 모르지만, 당신이 무례하거나 비열하지 않았기 때문에 기분이 상하지는 않을 것이다. 당신이 유쾌하면서도 도전적인 태도를 보인다면, 상대방은 기꺼이 당신의 도전을 받아들이며 당신을 능숙한 전문가라고 판단할 것이다. 이 순간, 상대는 이것이 게임이고, 지금 게임이 진행 중이며, 두 사람이 함께 게임을 즐기고 있다고 판단하게 된다.

일단 게임이 시작되면 고유의 관성이 생긴다. 이러한 관성은 유리하게 이용할 수 있다. 그 순간 상대의 관심을 유지하기 위해 권력을 주고받는 것을 두려워하지 말아야 한다. 왜냐하면 이 게임의 목적은 오로지 당신의 설득이 끝날 때까지 상대의 주의를 사로잡고, 그 상태를 유지하는 것이기 때문이다.

또한 지금 가지고 있는 권력을 남용하지 않도록 주의해야 한다. 프레임의 달인은 프레임의 통제가 게임을 이기기 위한 수단이 아니라 방법임을 알고 있다. 타인에게 완전히 지배당하기를 바라는 사람은 없다. 따라서 일단 프레임을 얻게 되면, 이 힘을 둘 모두에게 즐겁고 재미있는 방식으로 사용하라.

약한 부정과 반항은 프레임을 교란시키는 강력한 행위다. 권력의 구조를 동등하게 만들고, 곧 당신에게 권력을 안겨준다. 당신이 해야 할 일은 이 권력을 얻은 다음, 현명하게 사용하는 것이다.

보상
프레임

또 다른 일반적인 상황은 가장 중요한 의사결정자가 약속과는 달리 회의에 참석하지 않는 경우이다. 이때는 당신이 지금까지 그들이 상대했던 사람들과는 다르다는 사실을 일깨워줄 수 있는 특별한 대응이 필요하다.

당신이 지금까지 모든 일을 제대로 했다고 가정해 보자. 당신은 사업적인 상호작용을 시작하고, 당신과 마주한 사람들에게 강력한 프레임을 제시했다. 그래서 다행스럽게도 당신이 프레임을 통제할 수 있게 되었다. 이제 프레젠테이션을 시작할 준비가 되었고, '거물'이 합류하기만을 기다리고 있다. 그런데 비서가 오더니 "정말 죄송합니다. 대표님께서 지금 막 전화를 하셨는데, 회의에 한 시간 늦으신다고 먼저 회의를 시작하라고 하십니다."라고 전한다. 비서가 막 돌아서서 나가려는 참이다.

이때가 결정적인 순간이다. 당신은 지금 막 프레임을 잃었고, 할 수 있는 것은 아무것도 없다. 그렇다고 선택의 여지가 전혀 없는 것은 아니다. 당신에게는 다음과 같은 선택지가 있다.

1. 프레임을 잃었다는 것을 알면서도 발표를 진행하고, 최선을 바라며, 회의가 끝날 때쯤 '거물'이 회의에 합류하기를 바란다. 개인적으로는 이 선택지를 추천하지 않는다.

2. 모든 것을 멈추라. 권력, 시간 또는 보상 프레임을 사용하여 프레임을 전환하라. 어쩌면 세 가지 프레임을 모두 사용해야 할 수도 있다. 권력을 즉시 되찾으라.

당신은 회의를 준비했고, 회의에 참석했고, 확실한 목표를 가지고 있다. 그런데 이제 와서 이 모든 것을 포기하고 싶은가?

당신만큼 당신의 이야기를 잘 들려줄 수 있는 사람은 없다. 상대의 부하 직원들에게 설명을 맡겨 놓고, 그들이 당신과 똑같은 호소력과 설득력으로 결정권자에게 이야기를 전해 줄 거라 믿는다고? 좀 솔직해지자. 당신만큼 당신의 이야기를 잘 들려줄 수 있는 사람은 아무도 없다. '거물'은 반드시 당신에게서 당신의 설명을 들어야 한다.

이런 상황에서 나는 보통 이렇게 말한다.

"그래서 좀 늦게 시작하자는 겁니까? 좋아요. 15분 드리죠. 하지만 그때까지 시작하지 못한다면, 회의는 없던 일로 하겠습니다."

보통 누군가는 '거물'이 어디 있는지 알아보겠다고 나서고, '거물'을 찾아 회의에 참여하라 권할 것이다.

누군가는 "그냥 시작하시죠. 대표님께는 확실하게 전달드리겠습니다."라고 말할 것이다. 당신의 프레임이 이 말에 흡수되도록 놔두어서는 안 된다. 어떻게 대답해야 할까?

"아니요, 그렇게는 하지 않겠습니다. 이 회의는 제가 시작하고 제가 끝냅니다. 관계자가 모두 제시간에 오도록 해주세요. 다 모이면 제가 준비한 내용을 말씀드릴 테니, 제 프레젠테이션의 매 순간에 주의를 기울여 주세요."

물론 이런 말은 마음속으로만 해야 한다. 실제로는 "15분 정도는 기다릴 수 있지만, 그래도 오지 않으시면 저는 가겠습니다."라고 말할 것이다. 하지만 이것으로 메시지는 충분히 전달된다.

처음에는 이렇게 말하는 게 불편할 것이다. 어쩌면 겁이 나고, 제대로 행동하는 게 맞는지 걱정될 것이다. 심장은 **빠르게** 뛰고, 당신의 대담함이 만들어낼 결과에 두려움을 느끼고, 듣는 사람이 불쾌해할까 봐 걱정할 것이다. 그렇게 말해도 되는지 고민하고, 심각한 실수를 저질렀다고 생각할지도 모른다.

하지만 여기에서 놀라운 일이 일어난다. 회의실의 사람들은 당황하고, 당신이 떠나지 못하도록 최선을 다할 것이다. 당신을 걱정해줄 것이다.

당신이 프레임을 소유하면 사람들이 당신에게 반응한다.

피터 파커가 스파이더맨으로 변신할 때처럼, 갑자기 방 안의 모든 사람들이 느끼는 내면의 변화가 당신에게 힘을 불어넣어 줄 것이다. 당신은 지금 상황을 완전히 통제하고 있다. 따라서 신중하게 권력을 활용해야 한다. 당신이 서 있다가 짐을 싸서 회의실을 나간다면, '거물'과 그의 직원들에게 이는 사회적 재앙이 될 것이다. 그러니 약간 자비를 베풀어줘라. '거물'이 도착하기까지 약속한 15분은 할애하라. 예의 바르게 행동하면서도 자신의 프레임에 충실하게 행동하라.

그리고 약속한 시간까지 기다렸는데도 그가 나타나지 않으면, 회의실을 떠나자. 프레젠테이션을 하지 말고, 자료도 남겨두지 말아야 한다. 사과도 하지 말라. 시간을 낭비했다고 말할 필요도 없다. 상대방이 이미 자기들의 잘못을 알고 있기 때문이다.

당신이 생각하기에 괜찮은 기업이고, 계속 비즈니스를 유지하고 싶은 곳이라면 그곳의 가장 중요한 사람에게 일정을 조정할 의사가 있음을 알리도록 하자. 당신의 회사나 집 근처에서 말이다. 그렇다. 일정을 조정하고, 다들 약속을 어기곤 한다는 사실을 인정해 주면서도 (우리 모두 한 번쯤은 미팅을 펑크 내지 않았던가), 다음 회의에는 그들이 당신에게 찾아오게 해야 한다.

이것은 '보상 프레임'이라고 할 수 있는 미묘한 프레이밍 기술이다. 당신이 해야 할 일은 상대가 당신보다 우위를 점하기 위해 말하고 행동한다고 생각하고 프레임을 다시 짜는 것이다.

조금 전에, 당신은 '거물'이 회의에 참석하지 않는다는 것을 알게 되었다. 당신은 그들에게 아침의 흥밋거리였을 뿐이다. 그러나 이제 반대로 그들이 당신에게 흥밋거리였다는 사실을 알려주라. 보상 프레임은 은연중에 '당신들은 나의 관심을 얻으려고 노력하고 있다. 당신이 아니라 내가 보상이다. 나는 당신과 같은 구매자(청중, 투자자 또는 고객)를 천 명쯤은 더 찾을 수 있다. 그러나 나 같은 사람은 오직 나 한 명이다.'라고 말하는 것이다.

이는 당신에게서 더 많은 정보를 얻고 싶다면 먼저 약속을 지키라는 메시지를 전달하는 것이기도 하다.

▶ 보상의 기본

보상 프레임을 분명하게 만들기 위해서는 구매자에게 당신에 걸맞는 자격을 갖추도록 요구해야 한다. "당신에 대해 설명할 수 있는가? 나는 까다롭게 파트너를 고르는 사람이다." 당신은 방금 원초적인 크록 브레인에게 도전과제를 제시한 것이다.

"왜 나는 당신과 비즈니스를 해야 하는가?"

이것은 말로 표현되지 않는 당신의 높은 지위와 당신의 프레임 지배력을 강력하게 표현한 것이다. 청중이 실제로 얼마나 관심이 있는지 정확하게 표현하도록 강요하여, 스스로 자격을 갖추도록 만들어야 한다.

말도 안 되는 소리라고? 그렇지 않다. 확실히 맹세할 수 있다. 사회적 권력을 180도 반전시키면 모든 것이 바뀐다. 포식자가 먹잇감이 되는 것이다. 이 경우, 대상은 당신에게 잘못된 행동을 한 스스로에게 도덕적 수치심을 느끼고, 상황을 제대로 바로잡아야 한다는 의무감을 느낀다.

처음 미팅 장소에 걸어들어갈 때, 당신의 지위는 낮았을 것이다. 당신의 발표는 지금까지 들어 왔고 앞으로도 듣게 될 발표 중 하나에 불과했을 것이다. 상대방은 많은 경험을 통해 당신과 같은 세일즈맨과 프레젠테이션 발표자들을 대하는 방법을 잘 알고 있었다. 하지만 이제 당신이 그들이 가진 권력의 흐름을 깨뜨렸다. 그들은 당신에게 사과를 하고 당신을 달래려 하며, 자신들의 사회적 실수를 만회하려고 할 것이다. 만약 '거물'이 같은 건물 안에 있다면, 당신 앞에 그를 데려올 방법을 찾을 것이다.

곧 당신이 시간 프레임과 분석 프레임을 대면했을 때 벌어지는 일에 대해서 이야기하려고 한다. 하지만 이러한 프레임의 측면을 살펴보기 전에, 내가 수년간 프레임을 어떻게 개발하고 사용하게 되었는지 이야기한다면 이해에 도움이 될 것이다. 앞으로 설명하겠지만, 프레임을 활용하는 방법은 내 개인적인 경험을 통해 정립한 것이다. 그중에서는 얻을 것도, 잃을 것도 컸던 위기의 상황에서 큰 이득을 본 경험도 있었다.

명심하라. 프레임을 지배하는 순간, 상대는 당신에게 반응할 것이다. 이제 나의 개인적인 경험을 하나 소개하겠다.

떼인 돈
받아드립니다

나는 전화기를 내려다보았다. 벨소리를 꺼 둔 지 30분도 안 되었는데, 부재중 전화가 14통이나 와 있었다. 모두 같은 사람, D. 월터에게서 온 전화였다. 나는 그가 남긴 음성 메세지를 틀었다.

"오렌, 저한테 심각한 문제가 생겼어요." 그가 말했다.

그의 심각한 문제란 심각하게 악화된 거래였다. 나의 일은 그를 돕는 것이었다.

데니스 월터Dennis Walter는 아보카도를 재배하는 농부였다. 뜨거운 태양 아래 35년이라는 긴 시간을 보낸 그는 이제 은퇴를 준비하고 있었다. 그때까지 저축한 돈 중 상당한 금액(64만 달러)이 도날드 맥간Donald McGhan이라는 남자가 관리하는 에스크로Escrow 계좌에 있었다.

데니스는 자신의 돈을 인출하려고 했고, 그 돈은 법적으로 그의 돈이었다. 하지만 몇 번이고 돈을 인출하려 했는데도 돈을 받지 못하고 있었다. 그래서 데니스와 내가 체결한 1,800만 달러짜리 계약에도 악영향이 가고 있었다. 만약 데니스가 나에게 돈을 송금할 수 없다면, 그가 매입하기로 한 64만 달러짜리 하와이 부지 매입 계약이 날아가 버릴 것이다. 그래서 데니스의 문제는 내 문제이기도 했다.

나는 데니스의 돈을 되찾기 위해 맥간이라는 사람에게 데니스의 돈을 돌려달라고 호소해야 했다. 나의 설득은 실패할 가능성이 높았다. 생사가 달린 것까지는 아니었지만 거의 그 정도로 중요한 문제였다. 한 사람이 평생 저축한 돈이 달려 있었으니 말이다.

나는 맥간에 대해 조금은 알고 있었다. 주로 의료기기 분야에서 성공한 사업가로 평판이 나 있었다. 흥미롭게도 그는 1960년대 다우코닝에서 1세대 실리콘 유방 보형물을 발명하는 데 도움을 주었고, 현재는 메디코Medicor와 사우스웨스트 익스체인지Southwest Exchange라는 두 개의 회사를 소유하고 있었다.

한동안 메디코의 유방 보형물 사업은 잘되는 것 같아 보였다.

하지만 그곳에서 거둔 성공은 오래가지 못했고, 맥간은 필사적이 되었다. 맥간은 메디코의 신용을 유지하기 위해 사우스웨스트 익스체인지에서 돈을 빼돌리기 시작했다.

2004년 맥간이 사들인 사우스웨스트 익스체인지는 그에게 1억 달러가 넘는 에스크로 계좌를 안겨주었다. 데니스와 같은 부동산 투자자들은 사우스웨스트 익스체인지를 이용해 새로운 투자처를 찾았다.

연방 수사관들에 따르면 맥간은 사우스웨스트 익스체인지를 인수한 직후 사우스웨스트 익스체인지에서 메디코로 4,730만 달러를 송금했다고 밝혔다. 아보카도 농부인 데니스의 64만 달러도 여기에 포함되어 있었다.

나는 데니스를 돕기 위해 라스베이거스로 가는 회사 제트기에 올라 맥간과의 대면에 대하여 생각했다. 당시에는 내가 수백 명의 투자자들이 개입된 1억 달러짜리 문제에 끼어들고 있다는 사실을 알지 못했다. 맥간이 나쁜 사람이고, 범죄자이며, 대규모 폰지 사기를 지휘했다는 것도 몰랐다. 다만 유쾌하지 않은 일에 끼게 되었다는 것만 알고 있었다. 차를 타고 라스베이거스 교외에 있는 헨더슨으로 향하면서 나는 강한 목적의식을 느꼈다. 맥간이 데니스에게 피해를 주고 악행을 저지르고 있기 때문이기도 했지만, 그가 64만 달러를 쥐고 있는 탓에 하와이 거래가 고착 상태였기 때문이었다.

나는 사우스웨스트 익스체인지 주차장에 차를 세웠고, 처음으로 데니스를 직접 만났다. 그는 좋은 사람이었고, 전형적인 농부 같았다. 게다가 정말로 도움이 필요한 사람처럼 보였다.

나는 분명 긴장하고 있었다. 누군가를 설득하는 일은 언제나 즐거웠지만 주로 새로운 사업을 성사시키기 위한 것이었다. 질 나쁜 거래에서 많은 돈을 받아내기 위한 설득이라니, 정신적으로나 정서적으로 힘든 일이었다.

마음을 가라앉히기 위해 나는 프레임 통제와 수많은 시간을 들여 배우고 익히기 위해 노력한 다양한 방법들에 대해 생각했다. 앞서 언급했듯이 프레임을 만들기 전에는 어떤 상황도 진정한 의미를 갖지 못한다. 프레임은 우리가 세상을 바라보는 방식을 형성하고 관계를 상황 속에 넣는 정신적 구조물이다. 당신이 적용하는 프레임은 상황의 의미를 완전히 통제한다. 하지만 프레임을 구성하는 사람이 당신뿐만은 아니다. 사람들은 언제나 서로에게 자신의 프레임을 강요한다. 프레임은 당신이 원하는 상호작용을 보여주는 그림이다. 그렇다면 프레임에서 가장 강력한 점은 무엇일까? 두 사람 간의 상호작용에서 지배적인 프레임은 오직 한 개만 존재할 수 있다는 점이다.

두 개의 프레임이 만나면, 강한 프레임이 약한 프레임을 흡수한다. 약한 주장이나 이성적인 사실은 강한 프레임에서 튕겨 나간다.

데니스와 나는 주차장에서 몇 분간 이야기를 나누었다. 나는 나의 프레임을 준비했다. 그렇게 나는 준비를 마쳤고, 우리는 함께 모든 문제의 원인인 도날드 맥간을 찾기 위해 건물 안으로 들어갔다.

우리가 건물 안으로 들어선 것은 오전 9시였다. 사무실은 평범했다. 검은색 가죽 소파가 놓여 있고, 잡지가 커피 테이블 위에 가지런히 펼쳐져 있었다.

"안녕하세요, 무엇을 도와드릴까요?" 안내원이 물었다.

"도움은 필요 없습니다. 도날드 맥간이 어느 사무실에 있는지만 알려주세요." 내가 말했다.

안내원은 현재 그가 자리에 있는지 있는지 확인해보겠다는 전형적인 대사를 읊으며 서류를 확인하기 시작했다. 이런 의식 같은 절차는 신분적 위계를 강화하기 위한 것이다. 나는 나의 지위를 확립하고 프레임을 통제하기 위해 그곳에 간 것이지, 안내원에게 고분고분할 생각은 전혀 없었다.

나는 안내 데스크를 지나 복도를 성큼성큼 걸어갔다. 안내원이 내 뒤를 쫓아왔다. 안내원은 나를 사무실에서 내쫓아 데니스의 돈을 찾지 못하게 하려고 했고, 나는 모든 사무실 문을 열어젖히며 눈에 띄는 사람은 죄다 붙들고 돈 맥간은 어디 있냐고 따졌다. 그들이 뭘 할 수 있겠는가? 경찰에 신고라도 할까? 사무실로 돌아와 보니 나의 파트너, 데니스는 이미 지역 경찰뿐 아니라 FBI와 통화 중이었다.

"돈 맥간 어딨어!" 나는 고함을 질렀다.

많은 사람들이 나를 막으려고 했지만, 맥간과 이야기하기 전까지는 멈추지 않을 생각이었다. 데니스의 64만 달러를 받기 전엔 절대 떠나지 않을 생각이었다.

내가 건물에 들어와 사무실을 하나씩 뒤질 때, 돈 맥간은 나를 상대하지 않으려고 허둥지둥 뒷문으로 나갔다. 대신 자신의 아들 짐에게 남은 일을 처리하도록 시켰다.

아들인 짐 맥간은 40대 초반으로, 아르마니 정장을 입고 당차고 도도한 모습을 하고 있었다. 그는 키가 커서 나를 내려다보았다. 우리는 회의실에 앉았다. 짐 맥간은 우리에게 프레임을 씌우려고 했다.

"저희가 그렇게 조치한 데에는 합리적인 이유가 있습니다."

그러니까, 그의 게임이라고 할 수 있었다. 짐은 사실, 수치, 논리에 의존하는 분석 프레임을 이용하려고 했다.

나는 더 나은 프레임을 준비했다. 분석을 방해하는 도덕적 권위 프레임이었다.

"짐, 당신은 데니스의 돈을 가져갈 수는 없어요. 우리는 정당하게 인출을 요청했고, 지금 당장 그 돈을 받아낼 겁니다."

짐은 이런 일에 능숙했다. 그의 눈에서 이 사실을 알 수 있었다. 하지만 그는 자신의 계획이 무너지고 있음을 알고 있었고,

데니스에게 돈을 돌려줄 생각이 없었다. 그날 저녁에는 돈이 이미 맥간의 변호사에게 송금될 것이고, 그렇게 되면 우리는 결코 돈을 받지 못할 것이다. 짐은 자신이 뭘 해야 할지 잘 알고 있었다. 그는 자신의 지위와 권위를 이용하여 자신만만하게 사실을 설명했다.

나는 짐의 장점 한 가지는 인정하게 되었다. 그는 멋진 분석 프레임을 가지고 있었다. 전혀 당황하지 않았고, 거만했으며, 우리가 왜 찾아왔는지 모르겠다는 어리둥절한 태도를 보였다. 그리고는 왜 당장 돈을 송금할 수 없는지에 대해 합리적이고 매우 상세하게 분석적으로 설명하기 시작했다.

전면전이었다. 짐은 상황을 전환하려고 했고, 우리가 빈손으로 떠나게 만들 수 있다고 생각했다.

물론 내 생각은 전혀 달랐다. 우리가 옳고 그는 잘못했다는 도덕적 권위 프레임은 올바르게 사용했을 때는 난공불락이다. 게임은 진행되고 있었다. 그는 내 프레임을 알고 있었고, 나는 그의 프레임을 알고 있었다.

다음은 첫 접촉의 순간이었다. 대립하는 두 프레임이 전력으로 충돌하려고 하는 순간이다. 이러한 순간은 확연히 느껴진다. 마음속 불안의 고통을 느낄 수 있기 때문이다. 이때 결심을 굳히고 자신의 프레임에 완전히 전념해야 한다. 어떤 일이 일어나든, 아무리 큰 사회적 압력과 불편을 겪든, 침착하게 자신의 프레임을 고수해야 한다. 이것은 '쟁기질'이라고 불린다. 황소가 밭을 갈 때처럼, 우직하게 쟁기질을 할 준비를 해야 한다. 계속 앞으로 나아가야 하며, 절대 멈추지 않아야 한다. 절대로 자신을 의심해서는 안 된다. 곧 알게 되겠지만 두 개의 프레임이 충돌할 때는 항상 강한 프레임이 승리한다.

온화한 순간은 오래가지 않았다. 나는 짐의 눈을 똑바로 쳐다보면서 단도직입적으로 말했다.

"데니스가 맡긴 64만 달러를 내놔요. 오늘, 당신이 직접, 지금 당장 전부 송금해요."

짐은 으르렁거리듯 대꾸했다. 반만 진실인 여러 약속과 MBA의 중의적인 말을 쏟아냈다. 하지만 나는 그의 말을 간파하고 있었다. 그리고 나는 도덕적 권위라는 더 강한 프레임을 가지고 있었다.

나의 쟁기질이 시작되었다.

"이봐요. 당신 입은 움직이는데, 나한테는 한마디도 안 들려요. 당신 말은 아무 의미가 없어. 말은 그만하고, 돈 보내요."

내가 말했다. 짐은 눈을 깜빡였다. 그는 또다시 왜 그 돈이 데니스에게 송금되지 않았는지를 설명하고, 주장하고, 합리화하려고 했다. 이번에는 송금 번호가 유실되었다고 했다. 하지만 합리적인 설명은 도덕적 권위의 프레임을 이길 수 없다.

어느 순간, 나는 깨달음이 그의 얼굴을 스쳐 가는 것을 보았다. 그는 자신이 더 약한 프레임을 선택했다는 것을 깨달았다. 짐은 도덕적 권위의 프레임을 써 보기도 했다.

"당신 말은 충분히 들었어요. 당장 나가요, 안 그러면 경찰을 부르겠소."

하지만 너무 늦었다. 그는 이미 약한 분석 프레임을 선택했고, 그것에 지나치게 매달렸고, 이제 그 대가를 치르기 직전이었다. 이제 그의 프레임이 깨질 때가 되었다. 나는 그의 프레임을 가루로 만들 준비가 되어 있었다.

나는 전화기를 꺼내어 샘 그린버그라는 동료에게 전화를 걸었다. 나는 그와 스피커폰으로 통화하며 FBI를 개입시키는 방법을 논의했다. 너무 극단적인가? 그렇게 생각할 수 있다. 하지만 그 순간 짐 맥간은 우리가 정말 끝까지 갈 생각이라는 것을 알게 되었다. 나는 그의 크록 브레인의 원초적인 두려움을 부채질했다. 그가 겁을 먹자마자, 나의 프레임이 그의 프레임을 짓눌렀다. 그는 나의 의지에 굴복하게 되었다.

"짐, 무슨 일이 일어날지 알려주죠. 영화에서 특수기동대 팀을 본 적 있을 겁니다. 지금 곧 그런 일이 벌어질 수도 있어요. 케블라 조끼와 글록 22를 든 FBI 직원들이 문을 통해 들어올 겁니다. 보안관은 움직이는 것이라면 죄다 후추 스프레이를 뿌려댈 거고, 개들은 신나서 짖어댈 겁니다. 그리고 요원들이 당신 손을 와이어로 칭칭 묶어 데려가겠죠. 오늘 하루를 그렇게 마무리하고 싶은 겁니까? 후추 스프레이 범벅을 하고 돼지마냥 묶인 채, 창문도 없는 검은 승합차 뒷자리에 널부러져서 말입니까? 그게 아니라면, 다른 선택지가 있어요. 당장 송금해요." 내가 말했다.

빙고! 도덕적 권위 프레임에 사실감 넘치는 감정이라는 날개가 달렸다. 여기에서 나는 훅 포인트를 제대로 얻어냈다. 우리의 프레임이 충돌했고, 내 프레임이 그의 프레임을 흡수했다. 그에게 남은 유일한 선택지는 내가 제시한 선택지였다. 전략 게임을 하다 보면, 내가 어떤 수를 두든 상대방이 게임에서 질 거라는 사실을 깨닫는 순간이 있다. 그때가 바로 그런 순간이었다.

이제 짐은 나에게 완전히 집중하고 있었다. 그곳은 짐의 사무실이자 짐의 영역이었지만 나는 더 높은 지위를 얻어냈다. 그는 여전히 64만 달러를 가지고 있었지만, 나는 프레임을 통제하고 있었다.

"짐, 지금부터 15분마다 돈을 보내요. 그러니까 15분마다 나에게 좋은 일이 일어나야 해요. 일정이 있다면 전부 취소해요. 이 방에서 나가지 말고, 전화 똑바로 받아요. 지금부터 우리한테 줄 돈을 구하는 겁니다."

그는 듣고 있었고, 나는 계속했다.

"데니스의 계좌에 송금해요. 지금 당장."

당신이 프레임을 통제한다고 해서, 상대가 반발하지 않는다는 뜻은 아니다. 자신의 프레임에 충실하고 그 프레임을 강하게 유지해야 하며, 쟁기질을 계속해야 한다. 짐은 MBA의 중의적인 설명을 더 많이 늘어놓고, 다시 합리화를 하기 시작했다. 그래서 나는 프레임을 확장해서 새로운 등장인물과 새로운 결과를 끌어들였다.

"이봐요, 짐, 그만해요. 친구, 가족, 투자자들의 전화번호 목록을 가져와서 전화를 걸어요. 15분마다 송금 확인서를 줘요."

나는 단호하게 말했다.

이것이 바로 모든 것이 통합되는 순간이었다. 나는 모든 면에서 제대로 해냈고, 협박을 하거나 극단적인 상황을 만들 필요가 없었다. 프레임이 설정되었다. 논의의 주제는 내가 제시한 것이었다. 사회적 상호작용이 나의 프레임에 지배되고 있었다. 짐은 다음의 규칙을 따라야 했다.

규칙 1. 데니스와 돈과 관련된 일만 일어나야 한다.
규칙 2. 15분마다 좋은 일이 일어나야 한다.
규칙 3. 64만 달러가 모두 송금될 때까지 회의는 계속된다.

나는 짐이 동료, 가족, 친구들에게 전화를 걸어 돈을 받는 데 걸린 6시간 동안 함께 사무실에 앉아 있었다. 돈은 조금씩(여기에서 1만 달러, 또 다른 곳에서 1만 5천 달러) 굴러 들어왔다.

앞서 말했듯이, 두 개의 정신적인 프레임이 충돌하면 더 강한 프레임이 승리하고, 더 약한 프레임을 흡수한다. 나는 프레임을 통제하고, 작은 것부터 시작해서 그것을 확장해 나갔고, 짐의 약한 프레임은 붕괴되었다. 그의 내적 지위는 냉담함과 오만함에서 공황과 절망으로 바뀌었다. 그는 높은 곳에서 낮은 곳으로 내려왔다. 나의 프레임에 대응하여 돈을 모았고, 우리는 마침내 64만 달러를 모두 받아서 그곳을 떠났다. 임무 완수였다.

그 후 며칠 동안 데니스와 나를 비롯한 몇몇 피해자들은 당국에 협력했고 사우스웨스트 익스체인지는 압수수색을 당했다. 내가 프레이밍을 잘 아는 덕분에 제때 데니스의 64만 달러를 받아냈다. 물리적인 위협이나 폭력은 전혀 사용하지 않았다.

그 돈은 법적으로는 데니스의 돈이 맞지만, 사실 짐과 돈 맥간은 64만 달러를 돌려주지 않았어야 할지도 모른다. 그들에게 이익이 되지 않기 때문이었다. 정말로 내가 FBI에 전화할 거라고 생각했다면, 짐은 그 돈을 변호사에게 송금했어야 했다. 짐과 돈이 긁어낼 수 있는 마지막 현금이었을지도 모르기 때문이다.

나는 언제나 프레임 통제의 장점을 알고 있었다. 하지만 데니스가 64만 달러를 에스크로 계좌에 넣는 모습을 보면서, 프레임을 활용하는 방법을 더 많이 배울 수 있었다.

맥간 부자는 130명이 넘는 투자자들에게 1억 8천만 달러가 넘는 돈을 갈취했다. 몇 명이 목숨을 잃었고, 수많은 소송을 진행되었다. 2009년, 75세의 돈 맥간은 송금 사기 혐의로 10년 형을 선고받았다.

이 사건은 프레임을 소유하는 하나의 사례일 뿐이다. 아직 당신에게 이야기할 프레임이 많다. 지금부터는 시간 프레임과 그에 대한 대처법을 살펴보자.

시간
프레임

시간 프레임은 누군가가 이미 프레임을 통제한 후에 벌어지는 사회적인 상호작용에서 발생하는 경향이 있다. 다시 말하지만 누가 프레임을 가지고 있는지는 쉽게 알 수 있다. 당신이 상대 방에게 반응한다면, 상대방이 프레임을 소유한 것이다. 당신의 행동과 말에 상대방이 반응한다면, 당신이 프레임을 소유한 것이다.

시간 프레임은 보통 상대방이 당신을 방해하여 당신의 프레임에 다시 도전하고, 혼란스러운 순간에 무의식적으로 통제를 되찾기 위해 쓴다. 하지만 당신이 경계를 늦추지 않는다면 쉽게 시간 프레임을 무너뜨릴 수 있다.

주의력이 약해지기 시작하면 시간 프레임의 충돌이 일어날 것임을 알게 될 것이다. 몇 분 동안 발표를 진행했는데, 분위기가 눈에 띄게 냉랭해진다면 어떨까? 당신이 시작한 게임은 처음에는 재미가 있었다. 그런데 지금은 청중들의 열기가 식어서 조금 지루해지고 말았다. 뒤에 살펴보겠지만, 사람들이 무언가에 집중하는 시간에는 한계가 있기 때문에 프레젠테이션은 짧고 간결하며 재미있어야 한다.

청중 중 누군가가 "몇 분밖에 안 남았으니 마무리합시다."라고 말한다면(혹은 그러한 보디랭귀지를 기다린다면), 당신은 그에게 반응해야 하기 때문에 프레임을 잃게 된다.

관심이 바닥을 찍고 사라지면 끝장이다. 시간을 통제하고 마무리를 시작하라. 관심이 집중되는 시점에서 너무 오래 끌면 반대로 당신의 약점, 요구, 절박함을 보여주게 된다.

4장에서는 사람들의 주의력을 폭넓게 설명할 것이다. 주의력은 매우 희귀한 인지적 현상이며, 사람들을 집중시키고 유지하는 것은 매우 어렵다. 사람들의 주의를 제대로 끌어내지 못했을 때는 시간 제한을 설정하고, "아, 시간이 다 되었군요. 저는 이제 다음 회의에 가야 해서 여기에서 마치겠습니다."라고 정리하자. 상대방이 당신에게 관심이 있다면, 나중에 계속 논의하자는 말에 동의할 것이다.

아이러니하게도, 대부분의 사람들은 청중이 피곤해하면 말의 속도를 더 빠르게 하고 발표를 억지로 마치려는 실수를 저지른다. 하지만 이러한 시도는 가치 있는 정보를 더 빨리 전달하는 것이 아니라, 오히려 메시지를 잊어버리게 한다.

지금부터 서로 반대되는 시간 프레임과 대응 사례를 알아보겠다. 당신이 고객의 사무실에 갔는데, 다음과 같은 상황이 펼쳐졌다고 가정해보자.

고객: 안녕하세요, 시간이 10분 정도밖에 없지만 들어오세요.

세일즈맨: 바쁘신데 이렇게 시간 내 주시고 일정 맞춰 주셔서 감사합니다.

이것은 일반적인 대화이자 비즈니스 에티켓의 일종이지만, 완전히 잘못된 행동이다. 당신은 상대방의 힘을 강화하고 더 높은 지위를 인정하는 것이다. 심지어 상대방에게 당신의 프레임을 고스란히 바치면서 "자, 제 프레임 여기 있습니다. 이 프레임을 부수고, 저를 통제하고, 제 시간을 낭비해 주십시오."라고 말하는 것이다.

이러한 시간 프레임에 직면하면 이를 당신만의 더 강력한 보상 프레임으로 빠르게 부수어야 한다. 바로 그 자리에서 이렇게 말하라.

당신: 아뇨, 저는 그런 식으로 일하지 않아요. 서로 관심도 없고 신뢰도 없다면 일정을 다시 잡는 것도 의미가 없죠. 당신이 함께 일하기에 좋은지, 약속과 일정을 지킬 수 있는 사람인지를 알아야 합니다.

상대방: 맞는 말이네요. 그럴 수 있어요. 30분 정도 시간을 낼 테니 들어오세요.

당신은 방금 상대방의 시간 프레임을 부수고, 당신의 시간이 중요하다고 강조했다. 그래서 상대방은 당신의 방문을 성가시게 여기지 않고, 당신에게 집중하게 되었다.

지금부터 소개할 또 다른 프레임은 분석 프레임이다. 분석 프레임은 시간 프레임과 마찬가지로 보통 프레임이 최초로 충돌한 이후에 나타나며, 결정이 이루어지기 전에 당신이 궤도를 벗어나게 만들 수 있다. 이 프레임은 당신이 흥미 프레임을 이용하여 해결해야 하는 치명적인 프레임이다.

흥미
프레임

프레젠테이션을 진행하는데, 모여있던 사람들 중 한 명 이상의 사람들이 당신이 소개하는 상품의 상세 정보에 대하여 관심을 가진 적이 있는가? 이것이 바로 분석 프레임이다. 이러한 프레임은 특히 엔지니어와 금융 애널리스트 산업에서 흔히 목격할 수 있다. 이 프레임은 당신의 프레젠테이션을 완전히 망칠수도 있다.

청중이 세부적인 내용을 깊이 파헤치는 순간, 당신은 프레임의 통제를 잃게 된다. 원래 프레젠테이션이 시작되었을 때의 뜨거운 열기는 프레젠테이션을 들으면서 자연스럽게 식을 수 있다. 그러나 뇌의 대뇌피질은 계산할 정보를 받으면 차가워진다. 문제 해결, 수치 계산, 통계, 모든 종류의 기하학과 관련된 사고방식은 차가운 인지라고 불린다. 발표 중에 청중이 숫자로 된 통계와 세부 정보를 확인하게 만들면 그들의 사고는 어느 때보다도 빠르게 차가워진다.

4장에서 알게 되겠지만, 이를 방지하기 위한 핵심은 상세한 내용에 접근하지 못하게 하는 것이다. 하지만 때로는 어떻게든 분석이 이루어질 수 있기 때문에, 신속하게 조치를 취해야 한다.

인간이 뜨거운 인지와 차가운 인지를 동시에 가질 수 없다는 것을 깨닫는 것이 중요하다. 뇌는 그런 식으로 연결되어 있지 않다. 뜨거운 인지는 바람이나 욕망 또는 흥분과 같은 감정이고, 차가운 인지는 분석 및 문제 해결과 같은 '차가운' 과정에서 비롯된다. 프레임의 통제와 추진력을 유지하려면 청중이 혼자 분석하도록 해야 한다. 그러자면 프레젠테이션에서 기술적인 자료와 세부적인 자료를 분리해야 한다.

물론 청중은 상세한 정보를 요구할 것이다. 필요하다고 생각하기 때문이다. 누군가 상세한 정보를 요구한다면 어떻게 해야 할까? 이때 제시하기 위해 요약된 데이터를 준비하자.

최대한 대략적인 정보만을 직접적으로 제시하고, 그다음 청중의 관심을 다시 당신의 프레젠테이션으로 돌려야 한다.

나는 언젠가 금융 관련 거래에서 "수익은 8,000만 달러, 비용은 6,200만 달러, 순익은 1,800만 달러입니다. 나중에 확인하실 수 있도록 자료를 준비했습니다. 하지만 지금은 우리가 잘 맞는 파트너인지, 함께 비즈니스를 진행할 수 있는지를 확인해야 합니다. 그래서 우리가 이 자리에 있는 것이니까요."라고 답했다.

만약 당신이 제품에 대해 소개하고 있고, 가격이 상세한 정보라면, 대화를 이어 나가지 않도록 조심하라. 대략적인 사항만 빠르게 답하고, 바로 상대와 당신의 관계에 대한 질문으로 돌아가야 한다.

이러한 태도는 청중에게 당신이 상대와 잘 맞는지 판단하려고 노력하고 있으며, 당신과 함께 일하기로 결정한다면, 수치가 나의 말을 증명해줄 것이니 지금은 여기에 대해 걱정하지 말 것, 그리고 나는 누구와 함께 일하는지에 대해 관심이 있다는 정보를 전달한다.

언제나 상대가 비즈니스 관계에 집중하도록 하라. 분석은 나중이다. 갑자기 지루함을 느끼고 거래의 세부 정보에 관심을 두려는 상대에 대응할 수 있는 최선의 방법인 동시에 가장 믿을 수 있는 방법이다.

프레임을 소유하면 회의의 흐름을 주도하고 거래의 규칙을 결정하게 된다는 점을 기억하라.

당신은 아마도 모든 것을 제대로 진행할 것이다. 하지만 이해할 수 없고 통제할 수 없는 이유 때문에 상대방이 당신에게 반응을 보이지 않을 때가 있다. 당신에게 가지고 있던 개인적인 유대감이 한순간에 사라진 것처럼 보일 수도 있다.

상대방이 반응하지 않으면 서로 의사소통이 이루어지지 않는 것처럼 보인다. 마치 상대방의 마음이 방황하거나 다른 생각을 하는 것과 같다. 하지만 이러한 무관심의 상태는 재빨리 인지하고 행동하면 바로잡을 수 있다.

프레젠테이션이 재미있지 않다는 뉘앙스의 말을 듣거나 제스처를 보았을 때, 당신이 말을 하지도 않았는데 상대가 당신의 생각을 쉽게 예측할 수 있을 것이라고 생각하고 있을 때, 이러한 변화가 일어난다.

대부분의 똑똑한 사람들은 새롭고, 참신하고, 흥미로운 것을 바란다. 마치 일요일에 퍼즐을 푸는 것과 같은 일종의 흥밋거리를 원하는 것과 비슷하다고 할 수 있다. 우리의 뇌는 이런 종류의 즐거운 도전을 찾도록 만들어졌다. 당신의 생각을 처음 상대방에게 설명했을 때, 당신은 원초적인 지렛대를 잡고 있는 것이다. 상대가 당신과의 만남에 동의했을 경우, 이는 "나는 당신이 가지고 있는 퍼즐을 풀어보고 싶다."라고 말하는 것과 같다.

이미 알고 있고 이해하고 있는 것을 들으려고 회의에 참석하는 사람은 아무도 없다. 그 때문에 발표자인 당신은 무의식적으로 "문제에 대한 해결책을 하나 가지고 있다. 당신이 모르는 것

을 알고 있다."라고 말하면서 상대방의 관심을 사로잡는다. 이것
이 사람들이 회의를 하고 발표를 듣는 이유니까 말이다.

그렇게 미팅의 초반 당신은 청중의 관심을 받는다. 드문 순간
이다. 하지만 관심이 집중되는 이유는 당신이 생각하는 것과는
다르다. 청중은 집중력을 최대한 발휘하여 가장 기본적이고 원
초적인 수준에서 "당신의 생각은 내가 이미 알고 있는 것이나
이미 해결한 문제와 얼마나 비슷한가?"에 대한 답을 찾으려고
한다.

청중은 당신의 답이 이전에 추측했던 것과 비슷하다고 판단하
면, 일종의 정신적인 퇴장 상태가 된다. 그리고 그러기 직전에
깨달음의 순간을 겪으면서 빠른 자기만족을 경험한다.

정신적인 퇴장이란 그저 주의가 산만하거나 정신이 다른 곳에
팔려 있다는 뜻이 아니다. 여기에서 말하는 퇴장은 완전히 주의
력이 사라진 것을 의미하며, 반드시 피해야 하는 것이다.

설득을 진행하면서, 청중 중 일부 또는 모두는 언제든지 퍼즐
을 풀고, 해결책을 보고, 이야기 전체를 이해하게 된다. 그런데
그다음에는 퇴장을 한다. 그래서 발표 시간이 길어질수록 점점
더 많은 청중을 잃게 된다. 즉 퍼즐을 다 푼 사람들이 자리를 뜨
는 것이다.

여기에 대해서 흔히 '청중이 흥미를 잃었다.'라고 표현한다. 하
지만 정확하게 말하자면 이는 듣는 사람들이 우리의 아이디어를

충분히 듣고 충분히 이해했다고 확신하고, 더 이상 관심을 가져도 얻을 게 없다고 판단하는 것이다. 청중은 어떤 식으로든 우리와의 관계를 지속해도 얻을 수 있는 가치는 없다고 판단한다.

앞서 말했듯이, 뇌는 인지 능력을 아낀다. 가치를 얻을 수 없다면, 주의를 기울이지 않는다. 분석 프레임은 견고한 데이터만을 중시하고 관계와 아이디어가 가진 가치를 무시하기 때문에 당신의 설득을 무너뜨릴 수 있다. 이 프레임은 당신의 이야기를 듣는 사람들의 감정을 자극하지도, 관계의 재미를 주지도 않는다.

분석 프레임을 극복하는 가장 효과적인 방법은 흥미 프레임이다. 흥미 프레임은 네 가지 프레임 유형 중에서 가장 강력하다. 더 고차원적인 대뇌피질의 기능을 장악하고, 상대방의 크록 브레인을 자극하기 때문이다.

감성적 서사와 분석적 정보는 공존할 수 없다. 완전히 불가능하다. 인간의 뇌는 냉정하게 당신의 말을 분석하는 동시에 당신이 만든 서사에 뜨겁게 공감할 수 없다. 이것이 바로 흥미 프레임의 비밀스러운 힘이다.

상대방이 정확한 자료를 분석하려 한다면, 당신에 관한 짧으면서도 관련성이 높은 이야기로 이 프레임을 깨뜨릴 수 있다. 현장에서 이야기를 지어내는 것이 아니라, 회의 전에 미리 개인적인 이야기를 준비해야 한다. 모든 사람들의 크록 브레인은 상당히 비슷하다. 따라서 모여있는 사람들의 흥미를 유발하기 위해서 이야기는 하나면 충분하다.

당신은 이야기의 중심에 있어야 한다. 그래야 청중의 관심이 바로 당신에게 돌아갈 것이다. 당신이 개인적인 이야기를 하고 있기 때문에 사람들은 행동을 멈추고, 당신을 바라보고, 당신의 이야기를 들을 것이다.

이때 이야기의 일부만을 공유하면, 전개에 흥미를 유발하여 긴장감을 높일 수 있다. 그렇다. 당시의 자극적인 개인사로 청중의 관심을 사로잡아 분석 프레임을 깨뜨린 다음, 완전한 준비 태세를 갖출 때까지 결말을 공개하지 않는 방식으로 청중의 관심을 계속 유지하는 것이다.

이것은 당신이 상상하는 것보다 훨씬 더 강력한 방법이다. 내가 당신의 이야기를 만들어줄 수는 없다. 당신의 이야기는 당신이 만들어야 한다. 하지만 당신의 이야기에 무엇이 담겨 있어야 하는지를 알려줄 수는 있다.

그다음으로는 분석 프레임을 깨뜨리는 개인적인 방법을 알려주겠다. 그러면 당신은 이 요소들이 어떻게 결합되어 청중의 관심을 사로잡고 유지하는지 확인할 수 있을 것이다.

흥미로운
이야기

당신의 흥미로운 이야기에는 다음과 같은 요소들이 필요하다.

1. 간단해야 하며, 주제는 프레젠테이션과 관련이 있어야 한다.
2. 당신이 이야기의 중심이어야 한다.
3. 위험하고 불확실해야 한다.
4. 시간적 압박이 있어야 한다. 시계가 어딘가에서 똑딱똑딱 돌아가고 있고, 신속하게 조치가 취해지지 않으면 불길한 결과가 발생할 것으로 판단할 수 있어야 한다.
5. 긴장감이 있어야 한다. 당신은 무언가를 하려고 하지만 어떤 압력에 의해 방해받고 있어야 한다.
6. 심각한 결과가 있어야 한다. 실패가 아름답지는 않을 것이다.

상대에게 엄청난 이야기를 해야 한다는 것이 아니다. 중요한 것은 이 이야기를 언제 써먹느냐는 것이다. 상대가 분석 프레임으로 당신을 마주하고 있다는 것을 알아차린 순간 사용해야 한다. 분석 프레임을 방해하는 방법으로는 여섯 가지가 있는데, 분노나 극단적인 놀라움을 일으키는 것도 여기에 속한다. 하지만 대부분의 사회적 상황에서는 쓰기가 어렵다. 그래서 흥미 프레임을 쓰는 것이 더 빠르고 더 나은 효과를 낸다.

지금부터 나의 흥미 이야기와 청중에게 이야기를 들려주는 방법을 소개하겠다.

나의 흥미로운 이야기: 포터빌 사건

얼마 전 나는 동업자 및 변호사와 함께 회사 전용기를 타고 출장 중이었다. 우리는 샌프란시스코에서 482km 정도 떨어진 캘리포니아의 작은 마을, 포터빌의 활주로에 도착했다. 이 작은 활주로에는 주로 그 지역의 경량 비행기들만 오갔지만, 샌프란시스코를 오가는 여러 비행기들 때문에 통행량은 매우 많았다. 전용기가 그 사이에 끼려면 곧바로 가파르게 고도를 높여야 했다.

하지만 프레젠테이션 중에는 이런 방식으로 이야기를 전달하지 않는다. 현지 공항의 근로자들을 만날 때 이야기는 완전히 다르게 구성되었다. 당시 나는 청중이 비행사, 엔지니어, 그리고 제트기에 관심이 있는 사람들로 구성되어 있다는 것을 알고 있었다. 나는 필요할 때 쓸 수 있는 이야기를 만들어 회의에 참석했다. 아니나 다를까 회의 중에 상대의 분석 프레임 공격을 받았고, 나는 미리 준비했던 이야기로 회의를 쉽게 통제할 수 있었다.

청중의 관심이 분석적 질문으로 옮겨가기 시작하자 나는 이렇게 말했다.

"포터빌 사건이 생각나네요. 얼마 전, 제 파트너와 저는 두 건의 거래 때문에 포터빌로 날아갔습니다. 아시겠지만 그곳의 활주로는 작습니다. 비행 일정만 있고, 관제실은 없죠. 보통은 체스나 스카이캐너와 비치크래프트 보낸자처럼 작은 항공기가 다니고, 여기에 소형 제트기 몇 대가 운항할 뿐입니다. 그런데 저희가 탄 레거시 600은 대형 항공기라, 착륙할 때 보니 활주로 맨 끝까지 가서야 겨우 멈추더군요. 하지만 착륙은 이륙에 비해 아무것도 아니었습니다. 포터빌 영공은 260마일 떨어진 샌프란시스코의 항공 교통 통제를 받습니다. 그곳을 빠져나가려면 빠르게 이륙해 빠르게 다른 비행기들 사이에 끼어들어야 합니다. 당연히 이륙이 어려울 것 같았죠. 그래서 고도를 빠르게 높이는 것은 놀랍지 않았어요.

레거시 600은 제트기의 '머슬카'죠. 최대 출력을 내면 그 힘을 느낄 수 있습니다. 그래서 우리는 이 항공기가 가파르게 이륙할 때의 압박감을 느끼며 일과 관련된 대화를 나누고 있었습니다. 그런데 제트기가 갑자기 급상승했다가 급강하했습니다. 그때 고도가 아마 9,000피트였을 겁니다. 몇 초 만에 1,000피트를 거의 추락하다시피 강하했죠.

제 자리는 앞쪽, 그러니까 조종석을 향하고 있었는데 조종실 문이 열려 있어서 조종사들이 보이더군요. 다들 자리에 매달려 욕이란 욕은 다 했습니다. 클랙슨이란 친구는 거의 통곡을 하더군요. 조종사 중 한 명은 'TCAS야! TCAS라니까!'라고 외쳐 댔습니다. 충돌 방지 시스템을 의미하는 단어였지만 당시에 저는 그게 무엇인지조차 몰랐죠.

상황 파악을 해 보려고 했는데, 다는 몰라도 이거 하나는 확실하게 알겠더라고요. '나 이제 죽는구나.' 그렇게 비행기가 급강하하는 동안, 문을 통해 조종실 안을 들여다보고 두 명의 조종사가 모두 운전대에 매달려 있는 것을 보았습니다. 그러더니 비행기가 다시 올라가기 시작했습니다. 이유는 모르겠지만 조종사들은 운전대를 가지고 악착같이 싸우고 있었어요. 그러더니 비행기가 다시 급강하를 하는 겁니다. 어쨌든…."

그다음 나는 다시 원래의 주제로 돌아갔다. 이 전략은 왜 이렇게 효과가 있을까? 극단적인 설명은 관객들이 이야기에 몰입하게 만들기 때문이다. 청중은 함께 감정을 이입한다. 물론, 청중은 우리가 살아남았다는 것을 알고 있다. 하지만 나의 이야기는 그들의 호기심을 자극했다. 조종사들은 왜 싸우고 있었을까? 청중은 그 이유를 알고 싶을 것이다. 답을 이야기하지 않으면,

충격이 커서 분석 프레임을 포기하게 된다.

　내 경험에 따르면 상대방의 분석 프레임은 감정적이고, 매력적이며, 자신과 관련이 많은 이야기에 압도된다. 사람들의 주의는 나에게 다시 집중되고, 나의 의제와 계획, 주제에 대한 나의 의견을 마무리할 수 있게 된다.

　프레젠테이션이 끝난 후 나는 전체 이야기를 설명하여 서사를 완성했다.

　"비행기가 급강하한 이유는 자동 조종 시스템에 내장된 충돌 방지 소프트웨어 때문이었어요. 이 시스템이 우리의 이륙 경로로 날아오는 또 다른 비행기를 감지했고, 컴퓨터는 충돌을 피하기 위해 적절하게 조치를 취한 것이죠. 매우 아슬아슬한 순간이었죠. 여러분과 이 이야기를 나누게 되어 즐거웠습니다. 그리고 조종사들이 조종간을 갖고 싸우고 있었던 이유는 부조종사가 컴퓨터가 작동한 것을 몰랐기 때문입니다. 하지만 나이와 경험이 더 많은 조종사는 이 사실을 알고 있었고, 조종 장치에서 부조종사의 손을 떼어내려고 한 겁니다. 충돌 방지 소프트웨어는 제 역할을 하고 있었으니까요."

　나의 이야기는 흥미로운 이야기에 필요한 모든 요소를 가지고 있었다. 짧고, 시간대가 긴박했고, 위험과 긴장감이 느껴지며 흥미로웠다. 그 조종사들은 무엇을 하고 있었을까? 게다가 공항의 운영자들을 대상으로 하는 프레젠테이션과도 관련이 깊었다.

아마도 사람들이 서로에게 흥미로운 이야기를 들려주는 것도 같은 이유에서일 것이다. 절대 마주하고 싶지 않은 위험한 순간에서의 강력한 감정을 나누고 싶은 것이다. 이처럼 개인적인 이야기가 청중에게 중요한 이유는 당신과 당신의 성격, 그리고 당신의 삶에 대한 자세를 보여주기 때문이다. 흥미로운 이야기를 할 때 너무 사적인 이야기라고 두려워할 필요는 없다. 당신의 비즈니스와 관련이 있고, 앞에서 설명한 여섯 가지 요소를 가지고 있다면 도움이 될 것이다.

분석 프레임을 중단시키는 법

흥미 프레임을 쓸 때 가장 중요한 것은 분석 프레임을 멈추게 하는 흥미 프레임의 힘을 믿는 것이다. 분석 프레임을 사용하는 사람은 당신의 설득을 완전히 망쳐버릴 수 있다. 분석 프레임은 당신의 거래를 다음과 같이 거르고 거른다.

1. 오직 어려운 사실에만 집중한다.
2. 미적 또는 창의적 기능은 가치가 없다고 한다.
3. 모든 것은 숫자나 통계로 뒷받침되어야 한다고 생각한다.

4. 아이디어와 인간관계는 가치가 없다고 생각한다.

청중이 여기에 빠지지 않고, 당신과의 관계에 집중하도록 만들어라. 당신의 흥미로운 이야기는 분석적 사고를 감성적 서사로 대체하고, 흥미로운 방식으로 분석의 규칙을 깨뜨린다.

긴장감으로
분석 프레임 부수기

영화 「죠스」를 떠올려보자. 1975년 스티븐 스필버그가 만든 이 영화는 고전으로 손꼽히며, 수십 년이 지난 지금도 여전히 인기가 높다. 왜 이 이야기는 인기가 많을까?

영화의 시작 부분에서, 스필버그는 청중에게 상어를 보여주지 않는다. 수면 아래에서 거대하고 하얀 생명체가 움직이면서 공포감과 긴장감을 자아낸다. 괴물은 어디에 있을까? 언제 다음 공격을 시작할까? 얼마나 클까?

영화에서는 물속에서 자신의 일에 정신이 팔려있는 누군가가 보인다. 그런 다음 그 사람은 희생자가 되고, 소리를 지르고, 발로 차고, 밑으로 끌려가고, 결국에는 붉은 물보라 속에서 사라진다. 포식자는 보이지 않으며, 언제 또 나타날지 모른다. 여기에서 큰 긴장감이 느껴지고, 포식자의 행동이 우리를 사로잡는다.

이제 다른 상상을 해보는 건 어떨까? 이 상어에게 GPS 장치를 붙여서 정확한 위치를 파악할 수 있다고 가정해보자. 우리는 이 상어가 어디로 가고 있는지, 어디로 갔는지, 어떻게 생겼는지 알고 있다. 상어를 사냥해야 하는 순간, 경찰서장 마틴 브로디와 미친 상어 사냥꾼 퀸트는 정확히 어디로 가야 하고 무엇에 맞서야 하는지 알고 있다.

상어에 GPS 장치를 연결하면 미스터리와 그것이 주는 재미가 사라질 것이다. 이런 식으로 이야기를 풀어나간다면 아마도 10억 달러에 달하는 흥행 수익은 사라졌을 것이다. 상어가 어디에 있는지 알고 있다면 긴장감도, 흥미도, 블록버스터도 없다. 당신의 이야기도 마찬가지이다.

놀라움과 긴장이라는 요소를 사용하고, 이야기의 가장 흥미로운 부분에 다가갈 때에는 청중이 흥미를 느끼게 해야 한다. 실체를 보여주기 전까지 그들의 흥미를 유지하라. 확실히, 이 기법은 스필버그를 역사상 가장 성공적인 감독 중 한 명으로 만들었다. 이 기술은 내가 일을 하는 데 큰 도움이 되었다. 그리고 당신이 몸담고 있는 그 분야에서도 도움이 될 것이다.

08

보상 프레임:
돈은 흔하지만 나는 유일하다

보상은 당신을 낮은 지위로 밀어 넣을 가능성이 있는 위협적이고 빠르게 접근하는 프레임에 대응할 수 있는 방법이다. 보상을 줄 때는 상대방의 눈에 당신의 가치가 높아 보이도록 프레임을 씌워야 한다. 올바른 보상을 제공하면 상대방은 당신을 뒤쫓을 것이다.

보상 프레임의 확립은 다른 사람의 영역에서 프레젠테이션을 시작할 때 가장 먼저 해야 할 일이다. 경기가 끝나고 거래를 할 때가 되었을 때, 당신의 성공은 경기장에서 얼마나 프레임을 잘 구축했느냐에 달려 있다.

강한 프레임 없이 상대를 설득하는 방법이 있는지 잠시 생각해보자. 첫 번째 대안은 전화를 더 많이 하고 더 밀어붙임으로써 더 열심히 판매하는 것이다. 사실 우리의 영업 문화는 세일즈맨은 절대 거절해서는 안 된다는 생각에 사로잡혀 있다. 언제나 상사의 압박이 있고, 언제나 목표를 좇아야 하며, 언제나 거래를 성사시켜야 한다.

"구매자가 저의 제품을 원하지 않았지만, 거절을 대답으로 받아들이지 않았습니다. 흔치 않지만 정말로 판매가 이루어질 때가 있기 때문이죠. 그때까지 저는 끈기 있게 노력했습니다."

누구나 이런 간증을 들어보았을 것이다. 이러한 이야기들은 고객이 무언가를 사게 하면 성공할 수 있다는 속설을 극적으로 보여준다. 하지만 사실 이러한 방식은 별로 효과가 없으며, 효과가 있을 때조차 구매자의 죄책감을 유발한다.

설득도 마찬가지다. 상대방을 완전히 압도해버리면 역효과가 난다. 우리가 자신보다 상대를 더 소중하게 여길 때마다, 우리는 결국 복종하는 입장을 취하며 불리한 입장에 놓게 될 것이다. 앞에서 간단하게 언급했지만, 지금부터는 보상의 개념과 프레임에 대해서 더 자세히 소개하겠다.

누가 누구에게 보상이 되며, 누가 누구를 따르는지는 대부분의 회의에 영향을 미치는 사회적 역학관계 중 하나이다. 그 대답은 사람의 동기를 확립하고 그들이 회의에서 어떻게 행동할 것인지를 알려준다. 기본적으로는 다음과 같다.

- 당신이 상대의 관심과 존경, 돈을 얻기 위해 노력한다면, 그가 보상이 될 것이다.
- 상대방이 당신의 관심과 존경을 얻기 위해 노력한다면, 당신이 보상이 될 것이다. (물론 당신은 이렇게 되길 바랄 것이다.)

보상 프레임은 상대가 자신이 상품이고 당신이 보상이라는 것을 이해하도록 만드는 행동의 총합이다. 보상 프레임에 성공하면 상대방은 당신의 거래에 참여하겠다고 말하면서 당신을 따르게 될 것이다.

보상은 왜 중요할까?

성공적인 보상은 사회적 상호작용에서 침착함을 되찾게 해 준다. 당신은 상대방에게 깊은 인상을 남기려고 그를 열심히 쫓아다니거나 걱정할 필요가 없을 것이다. 그런데 또 다른 중요한 이점이 있다. 보상을 받기 위해 성과를 내야 한다는 생각을 줄여준다는 것이다. 사람들은 프레젠테이션을 두고 종종 '개와 조랑말 쇼'라고 부른다. 이런 표현은 조랑말을 타고 원을 그리며 돌아다니는 슬픈 이미지를 연상시킨다. 그나마 무지개색 멜빵과 광대 코가 없어서 다행이다.

그런 부정적인 이미지들과 아이디어를 없애는 것은 중요하다. 돈을 보고 일하지 않으면 프레임은 크게 달라진다.

물론, 구매자 혹은 투자자에게 인정받아야 하는 이유는 돈을 벌기 위해서이다. 특히 투자자의 사무실, 즉 그의 영역에서 설득을 할 때 그렇다. 보상 프레임은 당신을 보상으로 생각하는 시각을 허용하는 틀이다. 당신이 돈을 버는 것이 아니라, 돈이 당신을 얻도록 하라. 즉, 이미 짜여진 대본을 뒤엎는 것이다.

왜 보상은 효과가 있을까?

당신의 설득은 상대방의 크록 브레인에 기록될 것이다. 1장에서 설명한 것처럼 크록 브레인은 당신을 무시하려고 한다. 하지만 당신이 충분히 흥미로운 존재라면, 즉 새롭고 참신한 정보를 줄 수 있다면 상대의 크록 브레인은 당신에게 집중할 것이다. 일단 그렇게 되면, 크록 브레인은 두 가지 기본적인 반응 중 하나를 얻게 될 것이다.

· 호기심과 욕망

· 두려움과 혐오

이렇게 간단한 용어로 나누면 중요한 개념을 이해하는 데 도움이 된다. 호기심과 욕망을 유발하면 크록 브레인은 당신을 좇고 싶은 대상으로 간주한다. 이제 당신은 보상이 된다.

인간의 가장 기본적인 행동 세 가지를 생각해 보겠다.

1. 우리는 우리에게서 **멀어지는 것**을 좇는다.

2. 우리는 우리가 **가질 수 없는 것**을 원한다.

3. 우리는 **구하기 어려운 것**에만 가치를 둔다.

이 보편적으로 유효한 법칙은 모든 사회적 상호작용에 적용할 수 있는 것일까? 나는 그렇다고 생각한다. 아마 독자들도 내가 무슨 말을 하려고 하는지 짐작할 것이다. 낯선 사람들 앞에서 발표를 해 본 적이 있다면, 당신에게 관심을 보이지 않는 사람이 얼마나 많은지 알 것이다. 청중은 고개만 끄덕이면 된다. 당신은 그들을 행복하게 만들기 위하여 무슨 일이든지 한다.

문제는 사람들이 얻기 어려운 것들만 가치 있다고 생각할 경우, 청중의 비위를 맞춰 주는 당신은 얻기 어렵지 않은 존재라는 것이다. 전혀 어렵지 않다. 이런 방식으로 행동한다는 것은 당신이 보상이 되지 않는다는 뜻이다.

만약 당신이 상대를 설득할 때 돈을 내세운다면, 당신의 문제는 배가 될 수 있다. 돈을 보상으로 만드는 것은 흔한 실수이며, 종종 치명적인 실수가 되기도 한다. 돈은 결코 보상이 아니다. 돈은 일종의 원자재이며, 일을 달성하기 위한 수단이다. 돈은 사람들이 함께 일할 수 있도록 경제적 가치를 이곳에서 저곳으로 옮기는 도구일 뿐이다.

09

언제든 거침없이
떠나라

보상 프레임은 특정한 조건들이 달성되어야만 작동한다. 보상의 기본에서 다음 두 가지의 아이디어를 설명했다.

1. **구매자가 당신을 위한 자격을 갖추도록 하라.** "왜 내가 당신과 비즈니스를 해야 하는가?"와 같은 질문을 한다.

2. **당신의 지위를 보호하라.** 구매자가 안건이나 회의 시간, 참석자를 변경하지 못하게 하라. 구매자가 이런 종류의 변경을 강요하려고 한다면 철회하라.

이번에 설명할 내용은 한 발 더 나아간 내용이다.

1. 협상의 타결을 가늠해보고 싶은 유혹은 크다. 지금까지 영업이란 그런 것이라는 소리를 들어왔기 때문이다. "이제 우리가 타결에 가까워진 걸까요?"라거나 "지금까지는 어떠세요?"라는 말을 하게 된다. **절대 피하도록 하라.** 이런 행동은 당신이 거래를 성사시키는 데 너무나 열심이라는 것을 보여준다. 게다가 이러한 행동은 조잡하고 효과적이지 않다.

2. **대신, 잠시 뒤로 물러난다.** 기본적으로 보상 프레임을 조절한다. 아이디어를 강하게 밀어붙일 필요는 없다. 협상의 타결을 가늠해보는 것이 아니라 일종의 과제를 준다. 유머를 사용할 수도 있고, 약간의 강요를 할 수도 있다.
   "구매자는 많지만 나는 유일합니다. 당신은 어떻게 저의 관심을 끌기 위하여 경쟁할 건가요."
   물음표는 일부러 생략한 것이다. 상대에게 확인을 구하는 것이 아니기 때문에 질문할 필요가 없다. 그냥 선언하면 된다. **질문이 아닌 선언에 익숙해지는 것이 중요하다.** 이러한 방식은 당신이 계속해서 확인을 구하지 않는다는 것을 보여준다.

3. 거래를 성사시키기 위해 상대방이 합법적인 조건을 수행하도록

하라. 예를 들면, BMW에는 M3 스페셜 에디션이 있다. M3는 당신이 차를 깨끗하게 유지하고 특수 페인트 처리를 하겠다는 조건 하에 계약을 하게 한다. BMW는 당신이 서면으로 이를 약속하기 전까지는 차를 사지 못하게 할 것이다.

4. 긍정적인 사람에게는 그냥 조언처럼 들리는 말일지도 모르겠지만, 이는 보상 프레임에 대해 배울 때 매우 중요한 부분이다. **보상 프레임은 당신이 돈에 대한 태도를 바꿀 때 가장 효과적이다.** 구매자/투자자가 당신이 가진 것을 구매하기 전까지 돈은 쓸모없는 것임을 깨닫도록 해야 한다.

물론 투자자가 국채나 회사채로 약간의 돈을 벌 수는 있다. 하지만 이것은 돈이 원하는 것이 아니다. 돈은 거래에 투자하고 상품을 구매하며 작동한다. 현실에서는 어떤 의미일까? 완전히 이해하기 전까지는 추상적인 소리로 들릴 수도 있겠지만 돈은 당신이 없으면 아무것도 할 수 없다. '돈은 당신이 필요하다.'

보상의 첫 번째와 두 번째의 요소들을 조합해보면, 처음에는 마치 내려가는 에스컬레이터를 거슬러 올라가는 것처럼 느껴질 것이다. 자연스러운 반응이다. 걱정할 필요는 없다. 보상 프레임은 구매자를 더 이상 쫓지 않겠다는 뜻은 아니다. 말도 안 되는 소리다. 다만, 1980년대의 판매 전문가들이 유행시킨 ABC

혹은 "언제나 거래를 성사시켜라(Always Be Closing)."라는 교훈을 포기한다는 뜻이다. 반대로 돈은 일종의 원자재이며, 온갖 곳에서 사용될 수 있고, 어디에서 얻든 똑같다는 아이디어를 받아들여야 한다. 이 사실을 알고 있다면, 당신은 "언제나 거침없이 떠나라(Always Be Leaving)."의 개념을 받아들이게 될 것이다. 이 개념을 받아들이면 돈도 저절로 따라올 것이다.

앞에서도 말했듯이 돈은 원자재이다. 당신이 만나게 될 모든 투자 은행가와 경제학자들이 이 사실을 확인시켜 줄 것이다. 상상해보자. 투자자들을 일종의 원자재, 그러니까 돈을 뽑아내는 자판기라고 생각해보자. 자금을 끌어올 수 있는 곳이 여러 곳 있음을 생각하면 꽤나 합리적인 비유이다. 그러나 당신이라는 사람은 단 한 명이다. 당신이 제안하는 거래는 매우 독특하다. 당신과 당신의 거래를 이렇게 바라보고 이 아이디어를 바탕으로 프레임을 구축한다면, 투자자들과의 만남에서 사회적 역학관계를 즐겁게 변화시킬 수 있을 것이다.

이러한 프레임을 시도해보고 싶은 독자들을 위하여 내가 확실하게 보상 프레임을 수립할 때 사용하는 단순하면서도 위험하지 않은 문구가 있다.

"오늘 당신과 만날 시간을 갖게 되어 기쁩니다. 이 회의 다음에 또 다른 회의가 잡혀 있어서 바로 시작했으면 합니다."

이 말은 듣는 이를 대신할 사람들은 많지만, 당신은 한 명 뿐이라는 사실을 알리는 좋은 방법이다.

프레젠테이션을 시작하면서, 당신이 가지고 있는 프레임을 강화할 순간을 찾도록 한다. 예를 들어, 당신의 시간 프레임과 보상 프레임을 모두 강화하기 위해 당신의 시간 가치를 적절하게 언급한다.

만약 누군가 관련성이 높으면서도 분석적인 요소로 이어지는 질문을 한다면, 당신의 더 강력한 권력 프레임으로 질문을 무마시켜라. 자세한 논의는 나중으로 미루어야 한다. 즉, 당신이 하고 싶은 말을 모두 한 다음으로 미루도록 한다.

약한 반항과 부정의 행위는 유머처럼 당신의 프레임 통제를 유지하고 높은 지위를 강화하는 강력한 무기라는 사실을 잊지 않도록 한다. 여기에서 유머는 매우 중요하다. 유머를 빼놓지 않아야 한다. 유머가 없다면 예측하지 못한 반응을 마주하게 될 것이다.

3장

유리한 위치를
선점하라

지위는 프레임 통제에서 중요한 역할을 한다. 다른 사람들이 당신을 바라보는 방식은 강력한 프레임을 만들고, 프레임의 충돌에서 승리할 때 권력을 유지하기 위해서도 중요하다. 하지만 사업이나 사회적 관계에 있는 사람들 대부분이 지위를 제대로 바라보지 못한다. 예의를 차리거나, 사업의 기존 권력 의식을 따르거나, 회의를 시작하기 전에 친절한 잡담으로는 지위를 얻을 수 없다. 이런 행동으로 착하다는 평판은 얻을 수 있을 것이다. 하지만 이러한 평판은 아무것도 해주지 않는다. 오히려 사회적 지위를 낮춘다.

또 다른 흔한 실수는 지위가 가진 가치를 과소평가하는 것이다. 사람들은 지위를 카리스마나 자아와 혼동하는데, 이 두 가지는 완전히 다르다. 사람들은 자신의 사회적 가치를 높이기 위해 일하는 것이 어리석으며, 과시적인 행위라고 오해한다. 하지만 전혀 사실이 아니다.

연예인, 기업인, 혹은 당신의 회사를 인수한 지 얼마 안 된 경우가 아니라면, 대부분의 사람들은 새로운 비즈니스 환경에 낮은 사회적 지위로 진입한다. 이러한 사회적 상황에 적응하려고 노력하면 할수록, 인지되는 당신의 사회적 가치는 더욱 낮아진다.

하지만 사회적 지위에 적응하고 높은 지위를 갖는 것은 꼭 필요하다. 모든 상호작용은 서열에 영향을 받는다. 누가 지배적이며 누가 부하인지의 서열이 영향을 미친다. 당신이 상대를 설득하기 위해 회의실에 들어가는 순간은 당신 내면에 있는 사회적 동물의 행동 방식을 보여주는 대표적인 예이다. 그 첫 순간에, 참여자들은 알파와 베타의 사회적 지위를 쟁취할 준비가 되어 있다. 이것은 물리적인 충돌이 아니라, 서로의 사회적 지위를 빠르게, 때로는 즉각적으로 평가하는 과정이다. 알파를 찾을 때는 누가 가장 많은 자산을 소유하고, 누가 가장 인기 있는지를 표로 작성해 가며 일일이 따지지 않는다. 우리의 잠재의식이 상대의 지위를 즉시 인식한다.

몇 초 안에 각자 자신을 보호하기 위하여 지배적인 알파가 누구인지를 판단해야 한다. 만약 다른 누군가가 지배적인 알파이고 우리가 베타라고 확인된다면, 이번에는 더 가치 있는 문제에 직면하게 된다. 사회적 상호작용의 방향을 잡아야 하는 짧은 시간 안에, 우리가 베타의 지위를 알파로 바꿀 수 있을까?

사람들은 거의 즉시 당신의 사회적 지위를 판단할 것이다. 이들의 인식을 바꾸는 것은 쉽지 않다. 하지만 당신의 사회적 지위는 당신이 어떤 지위에서 설득을 진행할지 결정하기 때문에 매우 중요하다.

하위 플랫폼, 즉 낮은 사회적 지위에서 상대를 설득한다면 아무리 훌륭한 아이디어나 제품이라도 다른 사람을 설득할 수 있는 능력이 떨어지고, 설득이 어려워질 것이다. 하지만 사회적 지위가 높은 상태라면 일시적이나마 다른 사람을 설득할 수 있는 힘이 강해지고, 상대를 쉽게 설득할 수 있을 것이다.

즉, 상황적인 지위를 만들면 당신에 대한 사람들의 시각을 바꿀 수 있다. 내가 나와 다른 사람들에게 이를 입증한 바 있다. 친숙한 사회 구조 속에서 상황적인 지위가 어떻게 작용하는지 살펴보자.

01

머리 꼭대기에 앉은
프랑스 웨이터

프랑스 웨이터는 사회적 역학을 제어하는 기술로 전 세계에서 존경을 받고 있다. 당신이 웨이터의 세계에 들어서면, 그 순간부터 웨이터들은 프레임을 설정하고 원하는 대로 타이밍과 순서의 이벤트를 제어한다. 그들은 즉시 당신의 신분을 지우고, 그들이 선택한 대로 재배열하고, 상호작용을 하는 내내 프레임을 통제한다. 당신은 돈을 지불하고 팁을 준 후에야 통제력을 되찾고, 그곳을 나설 수 있다.

나는 몇 년 전 파리의 번화한 대로에서 웨이터들이 휘두르는 프레임의 마법을 목격했다. 당시에 나는 생제르맹 데 프레 거리에 있는 브라세리 립Brasserie Lipp이라는 식당에 들렀다. 우리 테이블을 담당한 웨이터의 이름은 베누아였다. 그는 테이블을 누비고 설거지를 하는 것부터 시작해 수석 웨이터가 되었다. 그의 아버지는 제2차 세계대전 전후로 프랑스 파리의 레프트 뱅크에 있는 이 유명한 식당에서 일했고, 덕분에 베누아는 이곳의 역사에 관해 모르는 것이 없었다.

베누아는 1920년대에 어니스트 헤밍웨이가 글을 쓰던 테이블을 보여주기도 하고, 너그러운 기분이 들 때(그리고 상대도 너그러울 것 같을 때) 그 자리에 앉혀 주기도 했다.

베누아는 모르는 메뉴가 없었다. 모든 요리와 재료, 조리법을 알고 있었다. 그에게 메뉴에 대해 묻는 것만으로도 일종의 모욕이라고 할 수 있었다. 그보다는 아예 메뉴를 추천해달라고 요청하는 편이 더 나았다. 와인 리스트도 마찬가지였다. 아니, 심지어 와인 목록이 음식 메뉴 목록보다 더 길었다. 이것이 바로 그의 일이었고, 그는 식당 안의 전문가였다.

나는 친구들 몇 명을 저녁 식사에 초대해 식당으로 들어갔다. 내가 그 모임의 주최자였고, 그 덕에 권위와 높은 지위를 가지고 있다고 생각했다.

게다가 나는 돈을 많이 지불하는 고객이었다. 나는 웨이터가 나의 지위를 이해하고, 최고의 서비스를 제공하기를 원했다. 웨이터는 나에게 잘 갈고닦은 표정을 지어 보였다. 마치 "나는 당신 같은 사람들을 잘 알아요. 다들 거기서 거기죠."라고 말하는 듯했다.

식당이 바빠지기 시작했지만, 자리가 모두 차지는 않았다. 오래 기다릴 필요는 없었다. 웨이터는 식당 스케줄을 내려다보며, "선생님, 테이블을 준비하는 동안 몇 분 정도 걸릴 겁니다. 여기에서 기다려주세요."라고 말했다. 하지만 그는 움직이지 않았다. 그는 아래를 내려다보았고, 좌석 목록에 메모를 남기면서도 나를 무시했다.

15분이 지났다. 나는 가장 좋은 테이블이 차기 시작하는 것을 지켜보았다. 이제는 불안해진 마음으로 웨이터를 바라보았다. 그는 딱 1분만 더 기다리라는 뜻으로 손가락 하나를 들어 보였다. 나는 손님들에게 돌아가서 내가 선택한 식당을 변호하면서 음식이 얼마나 맛있는지를 설명했다.

"약속해요, 기다릴 만한 가치가 있어요." 나는 변명했다. 마침내, 적당한 시간이 지나고, 웨이터가 스케줄 테이블에서 물러나면서 "신사 숙녀 여러분, 테이블이 준비되었습니다."라고 말했다. 그는 우리 테이블을 향하여 손바닥을 벌리고 팔을 뻗었다.

웨이터는 우리를 자리에 앉히고 메뉴를 건네주며 곧 베누아가 주문을 받으러 올 거라고 말했다. 곧 한 견습 웨이터가 물과 빵을 가져오더니 미소를 짓고는 사라졌다.

15분 후 다시 베누아가 나타났다. 그는 반항적인 표정으로 "와인은 어떤 걸로 하실지 결정하셨을까요?"라고 물었다. 베누아는 나의 왼손 근처에 놓인 가죽 수공예로 만든 카르테 드 빈(와인 목록)을 바라보며 물었다. 목록에 있는 와인 중에는 낯선 와인이 많았다. 나는 주최자 노릇을 하느라고 비싼 와인을 주문했다.

베누아가 약하지만 도전적인 행동으로 높은 지위를 장악했다. 나에게서 지위를 빼앗을 수 있는 기회였다. 마치 스위치를 켠 것처럼 깨끗하고 부드럽게 권력이 옮겨가는 소리가 들릴 정도였다.

"흠, 선생님, 저는 이 와인이 최선의 선택이라고 생각하지 않아요."

그는 내게서 와인 목록을 빼앗아가며 얼굴을 찡그렸다. 베누아는 페이지를 넘기더니 잠시 멈췄다. 나는 당황했고, 얼굴이 빨개졌다. 그는 "저희 셀러에 있는 와인은 모두 좋은 와인입니다만, 오늘 저녁 식사에는 더 좋은 와인을 곁들이셔야 합니다."라고 말했다. 베누아는 테이블에 앉은 나의 손님들을 훑어보며 눈을 마주쳤고, 나를 무시했다. 그는 손님들에게 다양한 식사를 제안했고, 몇 분 후에야 나에게 관심을 주었다. 그는 카르테 드 빈을 뒤집어서 열더니 자신의 기준에 맞는 와인을 집게손가락으로 가리켰다. 그가 추천한 와인은 내가 고른 와인보다 더 저렴했다. 그래서 나는 선택을 포기하고 고개를 끄덕였다.

베누아는 "훌륭한 선택이었어요, 선생님."이라고 응수했다. 마치 자신이 아니라 나의 지식 덕분에 최고의 선택이 이루어졌다고 말하는 듯했다. 나는 농담의 대상이었고, 손님들은 즐겁게 웃었다.

베누아는 이 테이블은 자기 영역이라고 말하는 듯한 눈빛을 보냈다!

와인이 도착했다. 베누아는 코킹, 테스트, 디캔팅에 이르는 전통적인 와인 의식을 수행했다. 그는 자신의 기술을 존중하고 정확하게 절차를 진행했고, 나의 손님들은 감탄했다. 그는 와인이 자신의 정확한 기준에 부합한다는 것을 확인한 다음에 호스트인 나에게 가장 먼저 맛보기를 권했다. 이쯤 되면 케케묵은 식초를 주더라도 체면 때문에 최고라고 말할 수밖에 없었다.

나는 베누아에게 화가 난 것인지 아니면 베누아가 나를 천박한 바보로 만들어 버린 것을 즐기는 것인지 확신할 수 없었다. 베누아는 자기 영역에서의 권력을 간단하고 효과적으로 장악하고 있었다.

베누아는 테이블의 관심을 사로잡았고, 내가 한때 가졌던 사회적 권력을 완전히 소유했다. 그러고는 자신의 입지를 더욱 강화하기 위해, 자신이 가진 권력의 일부를 다시 나누어주려고 했다. 베누아가 프레임 통제와 지위 이동의 매끄러운 흐름에 안착하면서, 게임이 완벽하게 전개되는 것을 볼 수 있었다. 약한 반항의 행동, 상태 포착, 권력의 재분배, 베타처럼 행동하라는 조롱 등이었다. 나는 프레임 통제 수업의 한가운데에 있었다.

테이블에 와인을 돌릴 때, 손님 중 한 명이 와인 냄새를 맡았고, "보르도인가요?"라고 물었다. 베누아는 갑자기 멈추어 서서 손님의 어깨에 손을 얹고 차분하게 말했다.

"프랑스 와인을 잘 알고 계시는군요. 보르도는 대부분의 사람들이 랑그독으로 착각하는 작은 와인 생산지에서 만들어집니다. 매우 섬세한 후각을 가지고 계시는군요."

이 말에 내 손님의 마음은 완전히 녹아내렸다. 그녀의 눈이 감정의 불꽃으로 반짝였다. 테이블에 앉은 모두가 웃었고, 나는 또 무시당했다.

잠시 이야기를 멈추고, 사회적 프레임 통제의 달인인 베누아가 달성한 업적을 살펴보자. 첫째, 베누아는 단순하고 겉보기에는 순진하고 선량한 행동으로 테이블의 권력을 장악했다. 그리고 나를 기다리게 만들어 고립시켰다.

앞에서 말한 것처럼 크록 브레인은 수용과 소속을 갈망하는 사회적인 기관이다. 특히 깊은 인상을 남겨야 하는 손님이 있을 때, 무리에서 겉돌고 싶어하는 사람은 없다.

베누아는 나를 고립시킨 후 자신이 우월한 영역, 즉 와인 분야의 지식을 이용해 나를 바보로 만들었다. 그런 후 나의 실수로부터 나를 구해냈다.

베누아는 음식 메뉴를 선택하지 않으면 와인을 주문할 수 없다는 것을 알고 있었다. 그런데도 베누아는 나에게 와인을 먼저 선택하라고 했다. 음식을 고르기도 전에 와인을 고른 셈이니, 어떤 와인을 선택했어도 좋지 않았을 것이다. 얼마나 멋진 교훈인가!

베누아는 나의 잘못을 알리고, 곧 올바른 결정을 위한 정보를 조사했다. 그는 올바른 와인을 선택했고, 내가 선택한 것보다 저렴한 가격이지만 더 좋은 와인이라는 것을 확인시켜주었다. 그리고는 올바른 선택의 공을 나에게 돌렸다. 바로 전에 나에게서 빼앗은 사회적 권력을 더욱 강화하는 뛰어난 수완이었다.

그런 다음에는 내 손님 중 한 명을 자신의 프레임에 끼워 넣었다. 내가 베누아를 공격하려면 나의 손님도 함께 공격해야 했다. 이렇게 베누아의 입지는 더욱 강화되었다.

그는 누군가가 와인에 대해 이야기하길 기다렸다. 그리고 그것이 누구든지, 어떤 의견이든 간에, 자신의 사회적 권력을 나누어 주기 위해 칭찬을 아끼지 않았다. 한 사람이 그의 프레임에 들어가면, 다른 사람들도 그를 따를 것이다. 이제 테이블은 베누아의 것이었다.

다시 저녁 식사 이야기로 돌아가 보자. 메인 요리는 역시 훌륭했고, 베누아는 메뉴의 다른 맛과 어울리는 또 다른 와인 한 병을 제안했다. 베누아는 테이블 사이를 누비며 정보를 수집하고 제안하며, 기본적으로 우월한 사회적 지위를 지키기 위해 열심히 노력하는 모습을 보였다. 손님들은 지금까지 먹어본 최고의 식사 중 하나라고 말했다. 나는 함께해 준 손님들에게 감사하고 나서, 베누아에게 감사의 인사를 전했다. 처음에는 베누아를 때려주고 싶었지만, 이제 그를 정말 좋아하게 되었다.

접시가 치워지고, 베누아가 사라졌다. 뭔가가 있다고 생각했다. 10분이 흘렀다. 베누아는 무엇을 하고 있었을까? 뭔가 이상했다.

그렇다. 베누아가 디저트를 고른 것이었다. 잠시 후, 반짝이는 은색 카트가 우리 테이블에 다가왔고, 그다음에는 브랜디와 시가가 놓인 카트가 뒤따랐다. 가장 뒤에는 커피 카트가 있었는데, 인당 하나의 프랑스식 프레스 실린더가 놓여 있었고, 그 속에는 지금 막 갈아낸 커피가 가득했다.

"손님 여러분, 오늘 저녁의 디저트로 여러분을 위하여 특별한 메뉴를 만들 수 있었습니다."

베누아가 말했다. 나에게 그의 말은 '너와 네 지갑은 전부 내 손 안에 있다'는 선언이나 마찬가지였다. 그가 말을 이었다.

"바바 드 럼이라는 디저트입니다. 우리 식당에서 가장 유명한 디저트죠. 크림, 럼, 그리고 약간의 설탕으로 만든 담백하고 풍미가 좋은 케이크입니다. 맛있게 드세요."

테이블 전체가 박수를 보냈고, 베누아는 재치 있게 케이크를 잘라냈다. 베누아가 나를 쥐락펴락하고 있다는 사실이 이제는 나에게도 중요치 않게 되었다. 나는 웃으며 긴장을 풀고, 베누아에게 지금까지 중 가장 많은 팁을 주기로 했다. 사실 이 상황에서 팁은 나에게 남은 유일한 권력이었다.

손님들은 매우 기뻐했다. 커피와 브랜디로 저녁 시간이 마무리될 무렵, 베누아는 나에게 천천히 사회적 권력을 불어넣어 주었다. 이유는 간단했다. 이제 영수증을 확인할 차례였기 때문이다. 나는 음식값이 나의 대뇌피질을 녹일 정도로 비쌀 것이라고 확신하고 있었다.

"오늘 저녁 여러분을 모실 수 있어 기뻤습니다."

베누아가 말했다. 그는 은으로 된 작은 쟁반을 능숙하게 나의 왼팔 옆에 놓았다. 쟁반 위에는 은빛 플뢰르 드 리스 종이 안에 작은 종이 한 장이 뒤집혀 놓여 있었다. 아주 작은 종이라서 다양한 항목이 쓰여 있지 않고, 금액을 나타내는 숫자 하나만 쓰여 있을 크기였다. 손님들이 포옹과 악수로 베누아에게 따뜻한 감사를 표했다. 나는 포커 게임을 하는 사람처럼 무심한 얼굴로 영수증을 들여다보았다. 생각보다 비싸지 않았다.

베누아가 저녁 내내 보여준 퍼포먼스와 통제력으로 보아 그가 유리한 고지를 점할 것으로 기대했다. 그는 그럴 만한 힘이 있었다. 하지만 그는 마지막에 전체적인 프레임 통제를 보여주고, 방종보다 절제를 택했다. 나는 무척 기뻐서 베누아에게 팁을 더 주어야겠다고 생각하게 되었다.

02

알파인가
베타인가

논쟁을 얼마나 잘하는지, 요점이 어떻게 만들어지는지, 흐름과 논리가 얼마나 우아한지는 중요하지 않다. 당신의 지위가 높지 않다면 당신의 이야기를 전달하기 위해 필요한 주목을 받기 어렵다. 이 경우에는 설득도, 거래도 쉽지 않다.

아이디어나 거래를 영업하는 것은 지위를 둘러싼 복잡하고 까다로운 게임에 참여하는 것이다. 게임에서 이기거나 질 수 있는 방법에 대해 이야기하기 전에, 가장 높은 지위의 알파가 가지고 있는 실질적인 유리함을 설명해야 한다. 사회적 상호작용에서는 알파에게 관심이 집중된다. 알파는 관심을 요구하면, 그 즉시 관심을 받을 수 있다. 그가 말하면 진실이 되고, 주장에는 문제가 없다. 사람들이 알파를 의심 없이 신뢰하고 좇는다는 것을 보여주는 증거는 많다. 이를 설명하기 위해, 높은 지위를 상징하는 비즈니스 수트를 입은 남성들이 통행량이 많아 위험할 때 거리를 무단으로 횡단하는 실험을 진행하는 연구가 있었다. 낮은 지위의 보행자들은 높은 지위에 있는 미끼를 따라 위험 지역으로 들어가곤 했다. 아마도 옷을 잘 갖추어 입지 않은 사람이라면, 따라가지는 않았을 것이다.

사회적 상호작용 속에서 높은 지위를 차지하면, 당사자나 청중 모두 이러한 지위를 느낄 수 있다. 지위의 중요성과 가치를 성공보다 못한 것으로 과소평가해서는 안 된다.

40년 넘게 세일즈 트레이너들은 '불리한 상황'에 처한 세일즈맨을 돕는 기술과 방법을 가르쳐 왔다. 사람들(사회적 가치가 낮은 사람들)은 약속을 잡고, 일시적인 관계(사회적 지위에 전혀 기여하지 않는 라포 구축)를 맺고, 비즈니스 거래를 얇고 깨지기 쉬운 감정으로 포장하고, 끈질기게 고집을 부려서 혹은 운이 좋아서 판매에 성공한다.

1970년대와 1980년대에 이러한 기술들은 효과가 있었다. 하지만 그때조차도, 가장 끈질기고, 노력을 많이 하는 A유형의 사람에게만 효과가 있었다. 프로세스 기반의 판매 방식을 주장하는 사람들은 지금도 세미나에서 수백만 명의 야심 찬 세일즈맨들을 훈련시키기 위하여 여기저기로 움직인다. 지금은 라포 구축, 기능 및 이점 추진, 이의 제기 극복 및 재판 종결과 같은 기술에 익숙하지 않은 경영진을 찾기는 어렵다.

이처럼 프로세스 중심의 영업 방식을 수 세대에 걸쳐 이어온 결과, 영업 대상도 영업의 진행 방법을 알게 되었다. 당신의 고객도 언제 이러한 방식이 사용되는지 알게 되었다. 심지어 그중 최고의 영업 기술마저도 지금은 너무나 일반적으로 쓰이기 때문에, 고객들은 이를 차단할 수 있는 강력한 방어책과 장벽을 개발해냈다. 이러한 방어책을 베타 트랩이라고 부르는데, 언제나 당신이 상대보다 하위 위치에 있다는 것을 의미한다. 당신은 처음부터 끝까지 상대방의 발아래 놓인다.

높은 지위를 갖는 것보다 더 강력한 무기는 없다. 그나마 다행인 것은 높은 수준의 사회적 지위를 누리기 위해 유명인사나 억만장자가 될 필요가 없다는 것이다. 즉시 이러한 입지를 만들 수 있는 방법이 있다. 이러한 방법을 활용하면 모든 청중과 상대의 관심을 사로잡고 유지할 수 있다.

사회적 지위를 높이기 위한 첫 번째 단계는 베타 트랩을 피하는 것이다.

베타
트랩

자연에서와 마찬가지로 사회적 교류나 비즈니스 미팅에서 지배적인 알파 등급을 가진 사람들은 낮은 등급을 가진 사람들보다 더 많은 것을 할 수 있다. 알파는 기회를 포착하고 명령을 내리고, 최소한의 노력으로 자신이 원하는 결과물을 만들어낸다. 사회적 그룹에서 가장 높은 순위를 유지하는 것은 그들에게 감정적으로나 경제적으로 중요하다.

알파는 남들이 원하는 계급을 차지하고 있기 때문에, 자신의 입지를 유지하고 보호하기 위해 끊임없이 싸워야 한다. 최고의 전사인 알파 계급은 지속적인 위협을 받는다. 또 알파들은 직원들과 동료들에게 자신의 권위를 보여주면서 자신을 보호한다. 알파는 부하들에게 심부름을 시키고, 커피를 가져오게 하며, 흥미롭지 않거나 그들의 계급보다 낮다고 여겨지는 일들을 처리하라고 요구한다. 이것들은 알파가 자신의 지배 영역을 보호하는 행동 중에서 그나마 나은 것이다. 알파 계급의 다수는 훨씬 더 나쁜 방식으로 행동한다.

알파는 근무 환경에서 자신을 방문하는 더 높은 사회 계급의 사람들로부터 자신을 보호하기 위하여 위협적인 알파들을 방해하고, 격하시키기 위한 사회적 장벽의 보호 고리를 구축한다.

베타 트랩은 미묘하지만 효과적인 사회적 의식으로, 사회 작용이 이루어지는 내내 당신을 상대보다 낮은 지위에 있게 하고, 계속해서 낮은 지위에서 일하게 만든다. 대부분의 비즈니스 환경은 당신도 이미 알고 있는 베타 트랩의 해자(적의 침입을 막기 위해 성벽 주위에 고랑을 파 만드는 방어시설-편집자 주) 즉 접수 데스크, 로비, 회의실, 그리고 사무실이나 사무실 근처의 모든 공공 회의 장소로 둘러싸여 있다.

첫 번째 베타 트랩은 로비이다. 로비는 방문객을 맞이하기 위해 만들어진 공간이다. 하지만 실질적으로는 당신이 건물에 도착하는 순간부터 내내 당신의 지위를 내리누르는 역할을 한다. 당신도 로비에 방문했을 때의 절차를 알고 있을 것이다. 지금까지 몇 번이나 경험했을 테니 말이다.

당신은 미팅 상대를 만나기 위하여 건물의 로비로 향한다. 로비에서 안내원에게 다가간다. 안내원은 "안녕하세요, 도와드릴까요?"라고 말하고, 당신이 대답도 하기 전에 수화기를 든다. 당신은 앞에 서서 기다리다가 카운터 위의 쟁반에 놓인 명함을 가져간다. 안내원은 전화를 다른 곳으로 돌린 후 다시 말한다.

"네, 무엇을 도와드릴까요?"

"2시에 빌 존스와 약속이 있어요. 아까 말씀드릴 때 확인하신 것 같은데요."

안내원이 당신을 머리끝부터 발끝까지 훑어본다. "방명록에 이름을 적어주십시오. 방문증 드리겠습니다. 늘 가지고 다니세요. 자리에 앉아 계시면 빌의 비서가 몇 분 후에 데리러 올 겁니다." 그러고 나서 안내원은 다시 문자 메시지를 보낸다. 당신은 로비에 앉는다. 모서리가 접힌 무역 잡지와 신문들이 놓인 테이블은 당신과 같은 다른 사람들이 이미 이곳을 다녀갔음을 보여준다.

지금까지 벌어진 일을 순서대로 해석해보자. 얌전한 세일즈맨이 되어 지시한 대로 행동하면 물 한 병과 짧은 만남, 그리고 당신이 떠난 후 "자료와 정보를 검토하겠다."라는 막연한 약속을 보상으로 받게 될 것이다. 당신이 사무실의 권력 의식을 준수한다면 당신이 베타라는 신호를 상대에게 보내는 것이나 다름없다.

오후 2시 10분, 나이 어린 비서가 오더니 "안녕하세요. 빌은 약간 늦는다고 합니다. 10분 안에는 오실 겁니다. 물과 커피는 저쪽에 있습니다. 마음껏 드세요." 라고 말한다. 당신이 눈을 깜빡이면, 비서는 사라진다.

드디어 당신의 고객이 도착했다. 그는 자신의 불가능한 일정에 대해 조롱 섞인 사과를 한다. 미팅 시간은 이제 겨우 몇 분 밖에 남지 않았고, 당신의 자료를 검토할 기회가 없었다고 말한다. 결국 의사 결정권자인 '거물'은 계획과 달리 회의에 참석할 수 없게 되었다. 애석하다. 당신은 지금 베타 트랩에 갇혀 완전히 지고 있는 상태이다. 집에 가는 편이 낫다.

비즈니스의 사기를 크게 떨어뜨리는 방법이다. 하지만 수백만 명의 사람들이 비즈니스 미팅을 약속하고 진행하는 방법이기도 하다. 행동과 결과가 너무 예측 가능하고 비생산적이기 때문에 시간 낭비이다.

또 다른 흔한 베타 트랩은 회의실이다. 당신이 회의실에 도착했는데 아무도 없다면 보통 몇 분 동안 혼자 남겨져, 상대방이 도착하기를 기다리며 서 있느라 욱신거리는 발을 쉬게 하고 있을 것이다. 상대방이 도착하면, 보통 생각보다 유쾌하게 가벼운 사교적 수다, 미소, 악수를 교환한다. 상대방은 행복하다. 매일 하는 업무에서 벗어나 멋지고 큰 공간에서 여흥을 즐길 예정이기 때문이다. 여기에서 말하는 여흥이란 다름 아닌 당신이다. 서커스 텐트에 들어가서 좌석에 앉을 때 행복하지 않은 사람이 누구일까? 그들은 쇼가 막 시작될 것을 알고 있고, 편안하고 즐거운 시간을 보내기를 기대하고 있다.

당신이 늦게 도착하는 사람(당신이 바라는 결정권자)을 기다리는 동안 대화는 당신을 포함하지 않고 이루어진다. 다른 사람들은 마치 당신이 방에 없는 것처럼 자기들끼리만 이야기를 나눈다. 짜증 나는 일이기도 하지만, 다른 사람의 품위를 손상시키는 최악의 행위이다. 이런 상황에서 당신은 마치 옆 나라 왕의 법정에서 농담을 해야 하는 광대와 같다. 당신의 가치는 순전히 당신이 안겨주는 여흥의 질에 달려 있다. 당신의 신분은 매우 낮다.

고객은 가끔 공공장소에서 회의를 하기도 한다. 이들은 "커피 한 잔 마시고 얘기합시다."라면서 당신을 카페테리아나 가까운 커피숍으로 안내한다. 여기에서는 커피를 사려고 줄을 서면서 누가 돈을 내야 하는지에 대한 잡담을 주고받는 어색한 순간을 견뎌내어야 한다. 근처 테이블에 자리를 잡았는데, 근처에 있는 열 명도 넘는 사람들의 귀에도 당신의 목소리가 들릴 것 같다. 영업을 하기에 적합한 공간은 아니다.

이때 당신의 지위는 바닥이다. 당신은 상대방에게 지배당하고 처리되고 있다. 당신은 어쩌면 지루했을 하루를 바꾸어준 사회적인 막간의 여흥에 불과하다. 하지만 당신은 자신과 제안을 믿고 영업을 계속한다. 누군가가 갑자기 당신의 고객에게 다가가서 마치 당신이 존재하지 않는 것처럼 그에게 말을 걸기 시작한다. "짐, 잘 지냈어요?" 침입자는 손을 흔들더니 당신을 무시하고 말을 계속한다. "댈러스 배송 지연에 관해 메일 드렸는데, 받으셨나요?" 그들은 심지어 잠시 대화를 계속한다. 당신이 할 수 있는 일은 어안이 벙벙한 채로 쳐다보는 것뿐이다.

침입자는 결국 다른 사람을 괴롭히러 떠나고 당신의 고객은 당신에게 돌아온다. 그의 얼굴은 멍하고, 눈은 퀭하고, 그의 뇌는 더 이상 기능을 하지 않는다. "어디까지 했죠?" 그가 물었다.

계속해야 할까?

이 상호작용에서 많은 프레임 충돌이 있었지만, 당신은 그중 하나도 이기지 못했다. 당신은 이 상황을 통제할 수 없다.

열린 공간은 대체적으로 가장 치명적인 베타 트랩이므로 반드시 피해야 한다. 커피숍에서는 절대 누군가를 설득하려 해서는 안 된다.

공공의 베타 트랩을 하나 더 언급하자면 무역 박람회와 컨벤션이다.

무역 박람회에서 전시해 본 경험이 있는 사람이라면 작은 부스나 컨벤션 회의장이 무언가를 홍보하기에 최악의 장소임을 알고 있을 것이다. 그곳에는 정신을 산만하게 만드는 작은 방해물들이 많다. 프레임 통제의 달인이라고 하더라도 소음, 안내방송, 아무 생각 없이 밝은 색깔의 가방을 무료 증정품으로 채우는 컨벤션 참가자들 때문에 방해를 받지 않고 단 몇 분이라도 청중의 관심을 얻기는 매우 어렵다.

회의에 참석하는 사람에게 프레젠테이션을 해야 할 경우, 스위트룸이나 호텔 회의 공간을 빌리거나, 다른 사람의 회의실을 빌리도록 하자. 컨벤션 회의장은 절대 안 된다.

무역 박람회 부스에 서 있는 사람은 "도움이 필요해요!"라고 쓰인 간판을 머리 위에 세우는 셈이다. 우리에 갇힌 애견숍의

강아지나 심야 홈쇼핑 프로그램의 쇼호스트처럼, 당신은 상대
방을 2평짜리 정육면체 안으로 끌어들이려고 노력하고, 감동을
주려고 한다. 슬픈 일이다.

월마트의
베타 트랩

 아칸소 주에 있는 벤튼빌이라는 곳에서는 베타 트랩 기술이
비범한 수준으로 발전했다. 어쩌면 '슈퍼 프레임 충돌기'라는 말
이 어울릴지도 모른다.

 월마트는 베타 트랩의 설계, 제작, 운영에 있어 세계적인 선두
주자이다. 월마트의 벤튼빌 본사는 세계에서 가장 효율적인 영
업 분쇄 장치이다. 월마트와 거래하기 위해서는 가치가 아무리
높더라도 가격을 낮춘다는 명목 아래 당신의 지위를 무너뜨리
고 없애버릴 수 있는 프로세스에 따라야 한다.

 과장일까? 벤튼빌의 사우스웨스트 8번가 702번지를 방문해보
자. 로비로 걸어 들어가면 방의 양쪽에 거대한 접수대가 하나씩
서 있다. 오른쪽 끝에는 초등학교에서 사용할 법한 의자들로 채
워져 있다. 의자에는 양식을 작성해야 하는 사람들을 위한 책상
이 딸려 있다. 사방에는 곧 있을 상황을 버티기 위한 에너지가

필요한 사람들을 위한 정크푸드 자판기가 늘어서 있다.

두 개의 접수대 사이에는 월마트 로고가 반짝이는 파란색 복도가 있으며, 가로 1.5미터, 세로 2미터 크기의 회의실 수십 개가 늘어선 또 다른 긴 복도로 연결된다. 회의실에는 문 하나, 창문 하나, 작은 테이블 하나, 그리고 작은 플라스틱 의자 네 개가 갖추어져 있다. 이 방들은 월마트의 구매자들이 벤더와 만나는 곳이다.

월마트의 프로세스를 살펴보자. 먼저 방명록을 작성하고 방문자 배지를 받은 후 로비에서 기다리라는 안내를 받는다. 이후 월마트의 접객실로 들어가 자동판매기에서 사탕과 월마트 브랜드의 탄산음료를 구매할 수 있다. 당신을 만나기로 한 사람은 당신이 로비에 도착했다는 메시지를 받는다. 구매자가 당신을 만날 준비가 되면 접수 데스크로 호출되고 할당된 회의실로 걸어가 구매자가 나타날 때까지 기다리라는 안내를 받는다. 할당된 회의실로 호송되면 방의 작은 유리 창문을 통해 다른 판매업체를 볼 수 있다. 방에 도착하면 다른 곳으로 호송될 때까지 방에 남아 있어야 한다는 안내를 받는다. 그리고 마지막으로 문이 닫힌다.

한 명 또는 두 명의 구매자가 방에 들어오면 회의가 시작된다.

회의는 짧으며, 회의의 흐름은 가격, 물량, 물류, 월마트 계정을 지원할 수 있는 당신의 재정적 능력에 집중된다. 그리고 다시 가격에 집중한다. 가격은 체계적으로 결정된다. 반면 물류 및 제품 지원 책임은 더 이상 협상할 수 없는 수준까지 늘어난다. 이 시점에 도달하면 월마트 구매자들은 결정(구매 여부)을 내리고 제품 카테고리의 다음 품목으로 넘어간다.

프레임은 매우 엄격하게 통제되어 있어서 가장 성공적이라고 할 수 있는 기술도 전혀 도움이 되지 않다. 월마트는 모든 상품을 상품화하고, 이 과정을 통해 모든 상품을 얻어낸다. 월마트는 규모, 강도, 지배 심리를 구매에 활용해 자유 기업 역사상 가장 효과적인 '슈퍼 프레임 충돌기'를 만들어냈다.

이것은 베타 트랩으로 당신에게서 훌륭한 비즈니스를 위한 힘과 능력을 빼앗는 극단적인 사례이다. 구식의 판매 기술이 도움이 될 수 있다. 하지만 당신은 불리한 입장이고, 프레임을 통제하지 않으며, 전적으로 구매자의 자비를 바라야 한다.

이를 보완하기 위해서는 성공할 수 있을 만큼 충분한 설득력을 갖춘 엄청난 자신감이 필요하다. 기존의 판매 방식이 압박을 통한 거래 성사에 집중하는 이유는 바로 이 때문이다.

대부분의 우리에게는 필요한 힘과 대담함이 없다. 특히 나는 이러한 자질이 부족하다. 게다가 하나 또는 두 건의 주문을 받기 위해서 100번의 세일즈 상담을 벌이는 것은 감정적으로 피폐한 일이다.

당신이 베타 포지션에 갇혀 있을 때 당신이 바랄 수 있는 유일한 도구는 감정의 조작이다. 기껏해야 그 순간에 효과가 있는 정도이지만, 아마도 거래를 성사시킬 수 있을 것이다. 하지만 성공은 무작위적이고, 구매자는 진짜 원하는 구매가 아니었기 때문에 만족스럽지 않다. 구매자는 당신을 기쁘게 하기 위해 구매하고, 이후에는 후회할 것이다.

비즈니스 기회를 이끌어 내기 위한 더 자연스러운 방법이 있다. 그저 단순히 사회적 가치를 높이는 것인데, 생각보다 어렵지 않다.

심장외과 의사와
프로 골퍼

대부분의 프로 골퍼들은 필 미켈슨Phil Mickelson과 같은 투어 프로들을 위한 캐디로 일하는 것이 아니라, 골프 클럽을 운영하고, 골프 코스를 운영하고, 골프 용품을 다루면서 생계를 유지한다. 미국에서, '프로 골퍼'라는 명칭은 다른 골프 선수들의 경기를 돕는 경험 많은 골프 선수를 의미한다. 재미있는 직업이다. 많은 면에서 프로 골퍼는 꿈의 직업이다. 밖에서 일하고, 사람들에게 스포츠를 가르치고, 대가를 받는 것이다. 문제는 돈을 잘 벌지 못한다는 것이다.

게다가 프로 골퍼가 된다고 해서 세계적인 위상을 얻는 것은 아니다. 즉, 어떤 사람이 직업을 물었을 때 "프로 골퍼다."라고 답하는 것은 "사장이다.", "의사다." 또는 "교수다."라고 말하는 것과 다르다. 현금이 많지 않다면 "늘 일자리에 목말라 있다."라고 말하는 것이나 매한가지다.

왜 그럴까? 프로 골퍼가 지역 병원의 심장외과 의사와 달리 똑똑하거나 사교적이거나 평판이 좋은 사람이 아니어서일까?

물론 아니다. 유일한 차이점은 프로 골퍼가 사회적으로 더 낮은 위치를 차지하고 있다는 것이다. 사회계층에서 당신의 위치는 다른 사람들과 비교하여 당신의 부, 사회 전반에서의 인기, 당신이 가지고 있는 위치의 힘을 기반으로 구성된다. 내가 만든 공식이 아니다. 사람들이 서로를 가늠하는 방식일 뿐이다. 프로 골퍼는 심장외과 의사보다 돈을 못 번다. 그래서 그의 사회적 지위는 더 낮아진다.

그런데 정말 그럴까? 외과 의사가 프로 골퍼에게 레슨을 받는다면, 이들의 지위는 갑자기 변한다. 즉 상황적 지위가 그 자리를 대신한다. 골프 코스에서, 외과 의사는 부, 권력, 인기와 상관이 없다. 영역이 바뀌었고, 사회적 가치에 즉각적이고 중대한 변화가 생겨난다. 외과 의사가 프로 골퍼의 영역에 발을 들여놓으면서, 그의 지위는 하락하고, 프로 골퍼의 지위는 상승한다. 이러한 사회적 지위의 변화는 외과 의사가 프로 골퍼의 영역에 있는 한 계속 유지될 것이다. 프로 골퍼의 상황적 지위는 갑자기 매우 높아졌다. 주차장에 있을 때보다 골프 코스에 있을 때가 훨씬 더 높다. 이제 프로 골퍼는 외과 의사에게 무엇을 해야 하는지, 언제 해야 하는지, 어떻게 해야 하는지 알려준다. 외과 의사가 따르지 않으면, 프로 골퍼는 그를 질책한다. 간단한 영역 변화를 통해 역할이 역전되었다. 이러한 역할의 반전은 상황적 지위의 놀라운 힘을 보여준다.

잠시 당신의 사회적 가치가 유동적이며, 당신이 살고 있는 환경이나 당신이 창조하는 환경에 따라 변화한다고 생각해보자. 어떤 상황에서든 당신의 사회적 가치를 높이고 싶다면, 당신의 전문 영역으로 사람들을 이동시키면 된다. 게다가 이 작업은 생각보다 더 쉽다.

사회적 위계질서 속에서 우리의 위치는 고정되어 있지 않다. 우리의 사회적 지위가 세계적으로 차지하는 위상은 계속 유지되겠지만, 우리의 상황적 지위는 필요할 때마다 높은 지위를 일시적으로 창출할 수 있다. 재정적 혹은 정치적 수단과 마찬가지로 일시적인 높은 지위 역시 많은 일들을 효과적으로 처리하기 위하여 활용할 수 있다.

이를 '특정 영역의 스타 파워'를 만든다고 한다. 이러한 작업은 매우 중요하다. 특정 영역의 스타 파워를 사용하면 자신을 모르는 청중을 대상으로 하는 프레젠테이션에서도 설득력을 얻을 수 있을 것이다. 영역의 스타 파워를 만들고 유지하는 능력은 말 그대로 성공과 실패를 판가름한다.

우리의 첫인상은 자동으로 계산된 우리의 사회적 가치에 근거한다. 생존 메커니즘으로서, 다른 사람의 뇌는 당신이 사회적 구조의 어느 위치에 있는 것이 적합한지를 가장 먼저 파악하려 한다. 그 사람은 당신의 부, 힘, 인기 등 측정 가능한 세 가지 기준을 사용하여 빠르게 판단한다. 빠른 판단을 기반으로 당신에게 사회적 지위 수준을 부여하고, 이러한 계산에서 프레임이 고정될 것이다. 상대방은 여기에 대해 의식적으로 생각하지도 않을 것이다. 멋진 비즈니스 수트를 입은 남자를 따라 무단 횡단하는 사람들은 그가 옷을 잘 입었다고 해서 안전하게 길을 건너리라는 보장이 없다는 것을 신중하게 고려하진 않는다. 단지 자동으로 남자의 지위를 추정하고, 그에 따라 행동한 것이다.

03

권력의 피라미드를
뒤집어라

상대방을 만났을 때 가장 먼저 할 일은 스타 파워를 구축하는 것이다. 프로 골퍼나 프랑스 웨이터가 그렇듯이, 만약 상대방을 우연히 당신의 영역에서 만나게 된다면 당신이 가진 영역의 전문 지식을 활용하여 재빨리 높은 지위를 차지해야 한다.

상대의 영역(또는 그의 사무실) 또는 외부 장소에서 만나는 경우, 높은 지위를 가진 사람을 중립화하고, 그의 스타 파워를 일시적으로 포착하고, 당신의 프레임에 도움이 되는 타인에게 그의 지위 중 일부를 다시 배분하라.

앞에서 상황별 지위와 영역의 스타 파워를 포착할 수 있는 방법을 보여주는 두 가지 사례를 소개했다. 이제 상대방이 당신에게 집중할 때 권력 프레임으로 당신의 지위를 높일 수 있는 방법에 대해 알아보겠다.

▶ 헤지펀드 매니저

몇 년 전, 나는 헤지펀드 매니저인 빌 가Bill Garr와 미팅을 가진 적이 있다. 당시 미팅은 우리 두 사람 모두의 지인인 댄이 주선했다. 나는 몇 분 일찍 도착해 접수대 안내원에게 도착을 알렸다. 그 즉시 로비가 베타 트랩임을 한눈에 알아볼 수 있었다. 방명록에 서명하고, 방문자 배지를 받고, 앉으라는 이야기를 듣고, 커피를 받고, 누군가 곧 안내해 줄 테니 그때까지 기다리라는 말을 듣는 전형적인 베타 트랩이었다.

나는 로비를 둘러보면서 빠르게 상황을 읽었다. 초록색 대리석 바닥, 금속과 가죽으로 된 현대적인 가구, 돈을 바른 티가 나는 인테리어는 빌이 부자이고, 힘이 세고, 나를 압도하는 존재라는 메시지를 전달하고 있었다. 나는 이러한 상황을 잘 알고 있었다. 나는 내 지위를 파괴하는 기계로 이어지는 컨베이어 벨트에 올라탄 것이었다. 곧, 내 이마에 '베타'라는 낙인이 찍히고,

빌과 15분간 면담을 한 다음, 나가는 길을 안내받게 될 것이다. 본능적으로 우리의 첫 번째 프레임 충돌이 내게 힘이 되지는 않을 것이라는 것을 알고 있었다. 빌을 기다리는 동안, 높은 지위를 얻고 프레임을 통제할 수 있는 다른 방법을 생각하기 시작했다.

드디어 비서가 나타나 나를 빌의 사무실로 안내해주었다. 임원직에 맞게 코너에 배치된 그의 사무실은 다른 공간보다 훨씬 더 고급스러웠다. 그의 개인 사무실에 비하면 로비는 마치 트레일러처럼 보였다. 티크 가구, 페르시아 융단, 티타늄과 유리로 된 집기들, 다양한 정치인들과 유명인사들이 함께한 빌의 액자 속 사진들이 있었다. 창문에서는 멀홀랜드 드라이브에서 바라본 전망과 자웅을 겨루는 베벌리 힐스의 전경을 볼 수 있다.

빌은 책상에 앉아 검토하고 있는 서류에서 눈을 떼지 않고 "앉아요."라고 말했다. 나는 창가에 있는 회의 테이블에 앉았다.

"아니, 이리 와요."

그가 책상 앞에 놓인 작은 사무실 의자를 가리키며 말했다.

'비서가 앉는 의자군.' 나는 의자에 앉으면서 생각했다.

빌은 옛날 사람이었고, 영국 국왕처럼 상대방을 아랫자리에 앉혀 지위를 확인하는 고전적인 권력 의식을 즐겨 사용했다. 나는 스스로를 대단하게 생각하는 사람일수록 훅 포인트가 설정되면 더 큰 효과가 있다는 것을 알고 있었기 때문에 오히려 더 구미가 당겼다. 하지만 쉽지 않은 일이라는 것도 물론 알고 있었다.

빌은 전화기의 버튼을 누르며 말했다.

"글로리아, 마틴과 제이콥에게 들어오라고 해."

잠시 후, 똑똑하게 생긴 아이비리그 MBA 출신 두 명이 걸어들어와 나의 양쪽에 자리를 잡고 앉았다. 빌의 능숙한 비즈니스 방식에 점수를 주어야 할 정도였다.

빌은 사무실 찬장에 놓여 있는 진 콕토 도자기 그릇에 손을 넣어 커다란 빨간 사과를 꺼냈다. 그 와중에 나에게는 잠깐만 더 기다려 달라고 했고, 비서에게는 깜빡 잊고 전화를 걸지 못한 누군가에게 이메일을 보내 달라고 부탁했다. 그는 나와 그의 부하들을 향해 돌아서더니 책상 서랍에 한 발을 올리고 사과를 크게 한 입 베어 물었다. 그는 냅킨을 찾으면서 책상 위에 사과를 올려놓았다. 나는 그 순간에 드디어 최초의 기회가 왔다고 판단했다.

빌이 과일을 먹는 동안, 나는 프레임을 통제하려고 했다.

"15분 후에 다음 미팅에 가야 하니, 바로 시작하겠습니다."

나는 재빨리 세 명에게 프로젝트를 간단히 설명했다. 하지만 이러한 시도는 별 성과를 거두지 못했다. 우리 사이의 지위 차이는 프레임 통제만으로 극복하기에는 너무 컸다. 게다가 빌은 별 관심이 없었다. 그는 내가 제안하는 기회보다는 사과에 더 관심이 많은 것 같았다. 나는 좋은 출발을 했고, 필요한 정보를 능숙하게 설명해냈다. 하지만 지위가 너무 낮아서 이 거래를 얻어낼 수 있을지는 알 수 없었다.

'내가 잘하는 일이잖아. 괜히 긴장해서 실수하지 말자. 기다리자.' 나는 스스로를 다독였다.

순간 절호의 기회를 찾아냈다. 이만큼 어렵지는 않았지만 비슷한 상황을 몇 번이나 겪은 나였다. 나는 그의 프레임을 부수고, 그의 관심을 사로잡고, 나를 높은 지위로 밀어올려 줄 손쉬운 행동들을 알고 있었다.

나는 "물 한 잔 가져오겠습니다. 실례합니다."라고 말하고는 회의실에 가는 길에 보았던 탕비실로 달려갔다. 거기서 물 한 잔과 키친 타월, 그리고 플라스틱 칼을 잡았다. 이 방법이 통하지 않으면 빌이 이 칼로 나를 죽일지도 몰랐다.

나는 사무실로 걸어 들어갔지만 앉지 않았다.

"빌, 항상 이런 식으로 거래하는 사람이 아니기를 바랍니다."

나는 그렇게 말하고 나서 고개로 그가 한 입 베어 문 사과를 가리켰다.

"진짜 거래라면 모두가 제 몫을 챙겨야 하지 않겠습니까. 저의 거래는 어떤지 보여드리죠."

나는 책상 위에 있는 사과를 향해 손을 뻗었다. "괜찮죠?" 나는 대답을 기다리지 않고, 사과를 가져다가 두 조각으로 잘랐다. 그리고 반은 내가 가졌다.

나머지 반을 원래 빌이 사과를 두었던 자리에 놓자, 무거운 침묵이 흘렀다. 마틴과 제이콥은 아연실색했고, 빌은 비열하게 눈을 가늘게 뜨고 나를 쳐다보았다. 나는 사과를 한 입 베어 물면서 재빨리 씹고, 맛을 칭찬한 다음, 어떻게 나의 거래가 투자자들과 공평하게 이루어졌는지에 대해 조금 더 이야기했다. 그러고 나서 나는 마치 친구들과 거실에서 대화를 나누는 것처럼 격식을 차리지 않으면서 자연스럽게 설명을 마쳤다.

이후 세 사람은 나의 한 마디 한 마디에 귀를 기울였다. 나는 거래에서 내가 전문성을 가진 부분에 집중했다. 나는 베누아나 프로 골퍼처럼 내 영역의 스타 파워를 확립하기 위해 노력했다.

설명을 끝낸 후에는 빌이 말을 시작하기도 전에 떠날 준비를 했다.

"아이쿠, 벌써 시간이 이렇게 됐군요."

나는 시계를 쳐다보며 약간 익살스럽게 말했다.

"뛰어가야겠어요. 오늘 시간 내주셔서 고맙습니다. 괜찮다는 생각이 들면 연락 주세요."

내가 파일에 손을 뻗으며 의자에서 일어나려고 하자, 빌은 허공에 팔을 흔들며 나를 붙잡았다.

"잠깐만, 잠깐만요, 오렌!"

그러더니 그는 발작적으로 웃기 시작했다. 덕분에 마틴과 제이콥은 긴장이 풀어진 듯했다. 그들은 긴장한 채로 미소를 짓다가 웃었고, 나는 빌이 박장대소하는 동안 가능한 한 평정을 유지하면서 앉아 있었다.

"댄이 왜 당신을 만나야 한다고 했는지 확실히 알겠네요. 들어봐요, 이 거래에 또 누가 참여하는지 말해봐요."

상대를 끌어당길 훅 포인트가 만들어졌다. 그 후 20분 동안 나는 실사를 맡은 마틴과 제이콥의 질문에 답하고 정보를 교환했고, 다음 회의에 늦게 도착할까 봐 걱정하며 시계를 확인하면서 계속 떠나려고 했다.

마침내, 나는 자리를 뜨기 위해 일어섰다. 나와 빌은 악수를 했다. 빌이 말했다.

"마틴과 제이크가 수치를 확인하면, 합류하죠."

이 사례는 적절한 타이밍이 잘 선택되고, 친절하지만 파괴적인 행동이 거물을 단번에 무너뜨린다는 것을 보여준다. 당신의 행동을 모두가 이해하지 못해 의아해하는 짧고 충격적인 순간은 당신의 프레임이 상황을 지배하고 당신의 지위가 올라가는 순간이 된다.

사과를 자른 후, 나는 프레임을 유지하기 위해 빌을 설득하는데 도움이 되지 않는 모든 것을 무시했다. 이 점이 중요하다. 일반적으로, 당신의 거래를 뒷받침하지 않는 대화 내용은 무시하고, 뒷받침하는 내용을 확장하도록 한다. 나는 앞으로 거래에 관하여 계속 이야기할 것이며, 4장에서 특히 중요한 내용을 살펴보게 될 것이다.

다음은 그날 빌의 사무실에서의 일을 간단하게 요약한 것이다.

1. 나는 빌의 사무실에서 프레임을 통제하지 못하고 베타 위치에 있는 나를 발견했다.

2. 나는 약간 **충격적이지만 친근한 행동**으로 새로운 프레임 충돌을 일으켰다.

3. 행동의 충격이 사라졌지만, 상대방의 관심은 사라지지 않았다. 이런 행동은 흔들리지 않는 주목을 끌어낸다.
   그다음으로는 상대가 새로운 레벨로 나아가는 동안 비디오 게이머들이 포인트를 쌓듯이 **계속해서 지위를 높였다.** 지위를 빠르게 얻어낼수록, 더 많은 성과를 얻을 수 있다.

4. 주의를 집중시킨 후, **영역의 스타 파워와 알파 지위**를 획득하는 데 초점을 옮겼다.

5. **정보 우위**를 이용해 내가 속한 전문 분야를 둘러싼 프레임을 빠르

게 축소함으로써 영역 스타의 힘을 얻었고, 공격받지 않도록 했다. 나는 전문가였고 누구도 나의 거래 포인트를 약화시킬 수 없었다.

6. 나는 새로 얻은 영역의 스타 파워를 활용하여, 근면성, 영역 전문성, 도덕적 권위라는 **기본적인 핵심 가치**로 이의를 제기할 수 없는 수준까지 빠르게 논의를 이끌어 나갔다.

7. 발표를 마친 순간, 나는 철저하게 **물러섰고,** 사무실을 떠날 때까지 같은 태도를 유지했다. 하지만 훅 포인트를 만들고 결정을 얻기 전까지는 그렇지 않았다.

이 규칙들은 다른 사람의 영역에서 발표를 진행하는 모든 상황에 적용될 것이다. 이런 경우 반드시 다음의 내용을 기억해야 한다.

· 불리한 위치에서 미팅을 시작할 것 같다면, **약속 시간에 늦어서는 안 된다.** 지각하면 권력을 포기하는 것이다. 비즈니스 게임의 가장 기본적인 규칙에 따라 게임할 수 없을 때는 강력한 프레임을 구축하기가 어렵다.

· 추진력이 핵심이다. **즉시 높은 지위를 만들어야 한다.** 주저해서는

안 된다. 프레임을 선택하고 가장 적절한 순간에 충돌을 강제한다. 오래 기다릴수록 상대방의 지위가 강화될 것이다.

· **타인의 지위를 강화하는 사회적 의식을 피한다.** 사교를 위한 농담은 당신의 지위를 떨어뜨린다.

· **유머를 잃지 말라.** 인기를 얻고, 일을 즐겨라. 자신의 일을 즐기는 사람만큼 매력적인 것은 없다. 사람들을 당신에게 끌어당기고 더 강한 프레임을 만들고 더 오래 유지할 수 있게 해준다.

앞에서 말했듯이, 사회적 상호작용에서 높은 지위를 가지고 있을 때 좋은 것을 얻을 수 있다. 당신이 알파일 때, 인생은 쉽다. 당신이 하는 말은 신뢰를 얻는다. 당신이 보여주는 감정이 모임의 전체적인 분위기를 좌우할 것이다. 그리고 가장 중요한 것은, 당신이 어떤 말이나 제스처를 할 때, 심지어 당신이 뭘 하려고 하는 것처럼 보일 때에도 사람들은 당신에게 관심을 기울인다.

이 과정은 일시적으로 상황적 지위를 구축하고 장악하기 위한 것임을 기억하길 바란다. 일단 사회적인 대면이 끝나면, 그것은 사라진다. 그리고 나중에 다시 대면할 때는, 다시 지위를 만들어야 할 것이다. 단 5분 뒤일지라도 마찬가지다.

사회에서 어떤 사람의 위치에 따라붙는 명예나 위신, 즉 세계적인 지위를 빼앗을 수는 없다. 세계적인 지위는 그 사람의 부, 인기, 권력의 총합이다. 예를 들어, 당신이 억만장자와 함께 앉아 있을 때, 당신이 가진 돈이 그 세 배라고 믿게 만들지는 못할 것이다. 세계적인 지위는 고정되어 있다. 당신이 잡고 통제할 수 있는 것은 상황적 지위뿐이다.

다행히 비즈니스 미팅과 사회적 상황에서 지위를 누리기 위해 부자이거나 유명하거나 힘이 셀 필요는 없다. 지위가 높지 않더라도, 일시적으로 만들 수 있다.

상황적 지위를 장악하라

다음은 어떤 상황에서든 자신의 지위를 높이기 위해 필요한 단계이다. 여기에는 그럴 만한 가치가 있다. 프레임 통제와 상태는 밀접한 관련이 있으며, 4장에서 배우게 될 프레젠테이션의 기술도 마찬가지다.

1. 권력과 관련된 의식을 정중하게 무시하고 베타 트랩을 피하라.

2. 고객의 세계적인 지위(비즈니스 환경 안팎에서 고객의 지위)에 영향을 받지 않도록 하라.

3. 프레임을 강화하고 지위를 높일 수 있는 약한 부정과 반항을 장난스럽게 표현할 기회를 찾아라.

4. 권력을 잡으면, 그 즉시 청중이 사용할 수 없도록 당신의 지식과 정보를 토대로 전문가의 영역으로 빠르게 전환하라.

5. 당신을 거래의 결정에 따르는 보상으로 만들고, 보상 프레임을 적용하라.

6. 일시적으로 베타 위치를 차지하게 된 고객이 더 높은 지위에 맞는 진술을 하도록 만들어, 당신의 알파 지위를 더욱 강하게 확립하라.

마지막 단계는 매우 중요하지만, 생각보다 어렵지 않다. 앞서 지적했듯이, 나는 압도적인 지위를 이용해 명백한 지배 행위를 하는 식으로 권력을 남용하지 않는다. 대신에, 비즈니스를 재미있게 만드는 많은 기브 앤 테이크를 통해 즐거움을 느낀다.

고객이 당신의 알파 지위를 확인하도록 하는 가장 좋은 방법 중 하나는 그가 가볍게 스스로를 방어하도록 만드는 것이다. 이렇게 하면 당신이 여전히 우위에 있음을 상기시키는 동시에 고객의 종속적인 위치를 다시 상기시킨다. 이렇게 되면 고객은 심지어 자신의 부하가 있을 때도 당신에게 복종할 것이다.

"내가 왜 당신과 사업을 해야 할지 다시 말해 주세요."

나는 가끔 상대에게 이런 식으로 묻기도 한다. 이렇게 말하면 사람들은 일단 웃는다. 그리고 웃으면서도 진지하게 답한다.

"우리가 캘리포니아에서 가장 큰 은행이기 때문이죠."

"네, 좋네요. 명심할게요."

약간의 우위를 가지고, 즐겁고 흥미롭게 행동해야 한다. 가능한 한 고객이 자신의 자격을 입증하도록 만들어야 한다. 조금 어색하거나, 가끔은 너무 시간이 오래 걸리더라도 노력하자. "전에 이 정도 규모의 거래를 해 본 적이 있습니까?"라는 질문은 청중이 나의 압도적인 프레임에 자격을 부여하도록 만드는 가장 좋은 방법이다.

지금까지 프레임을 이해하고, 프레임 통제를 돕는 지위를 만들고 사용하는 방법을 알아보았다. 이제는 내 방법의 핵심인 프레젠테이션의 기술에 대해 설명하겠다.

4장

마음을 사로잡는
발표의 기술

    1953년에 분자생물학자인 제임스 왓슨James Watson과 프랜시스 크릭 Francis Crick은 20세기의 가장 중요한 과학적 발견으로 널리 알려진 이중나선 DNA 구조, 이른바 생명의 비밀을 세상에 공개했다. 왓슨과 크릭은 이 발표로 노벨상을 받았다. 그런데 이 업적에서 가장 놀라운 것은 두 사람이 큰 소리로 전체 내용을 발표하는 데 단 5분이 걸렸다는 사실이다. 생명의 비밀을 소개하고, 자세히 설명하고, 그것이 어떻게 작동하는지 보여주는 완벽한 프레젠테이션에 걸린 시간은 단 5분이었다.

    이렇게 생각해보자. 20세기의 가장 중요한 과학적 발견조차 5분 안에 발표할 수 있다. 하지만 지금까지 내가 매년 수백 번씩 보는 거의 모든 프레젠테이션은 최소 45분이 걸리고, 보통 한 시간이 걸렸다. 말도 안 된다! 기업들은 한 시간 동안 프레젠테이션을 진행하는 임원을 그대로 놔두어서는 안 된다. 곧 그 이유를 설명하겠다.

발표의
4단계

지금까지 우리는 프레임과 지위라는 추상적 개념을 공부했다. 이제 신발 끈을 매고 셔츠를 입어라. 지금부터는 누군가의 앞에 서서 발표를 해야 할 때이다.

당신이 비즈니스의 가장 최전선에 서는 사람이라면, 대부분의 사람들보다 훨씬 짧은 시간 안에 완벽한 프레젠테이션을 해내는 방법을 정확하게 알아야 한다. 곧 알게 되겠지만, 짧은 시간 내에 발표하는 것은 선택이 아니라 필수이다. 오래 질질 끌 여유가 없다. 청중의 뇌는 당신에게 더 오랜 시간을 주지 않는다. 더욱 최악은 그다지 오래 집중하지 못한다는 것이다. 20분이 되면 뇌는 이미 배운 것들을 잊어버리기 시작한다. 오히려 역효과가 나게 된다.

프레젠테이션이 시작되면, 곧바로 상대가 편안함을 느껴야 한다. 대부분 상대는 얼마나 오랫동안 당신의 말을 들어야 할지 모른다는 생각에 편안함을 느끼지 못한다. 대부분의 사람들은 한 시간이나 발표를 들으려고 하지 않는다. 그들을 편하게 만들어줄 간단한 해결책이 있다. '시간 제한 패턴'이다. 회의를 한 시간 동안 하지 않을 것임을 알리기 위해 이렇게 말하라.

"시작할까요? 제가 가진 위대한 아이디어에 관해 단 20분 정도만 이야기할 겁니다. 그러면 발표를 끝내고 질문을 몇 개 받은 다음 이곳을 떠날 수 있을 것 같군요."

이런 식으로 말하면 상대는 편안함을 느낀다. 동시에 당신이 프로임을 보여줄 수도 있다. 프로는 무엇이든 20분 안에 발표할 수 있다. 강력한 아이디어를 가지고 있고, 한 건의 회의에 너무 많은 시간을 할애할 수 없을 정도로 바쁘다는 것도 보여준다.

여기서 중요한 것은 세부 사항에 대한 숙달이 아니라 주의력과 시간에 대한 숙달이다. 상대방의 주의력을 20분 이상 유지하는 것은 불가능하다. 인간이 집중할 수 있는 시간의 한계를 지켜야 한다.

다음의 네 가지 단계로 프레젠테이션을 구성하라.

1. 자기소개와 위대한 아이디어 제시: 5분

2. 예산 및 비법 소스 설명: 10분

3. 거래 제안: 2분

4. 뜨거운hot 인지를 위한 프레임 쌓기: 3분

1단계:
자기소개 및 위대한 아이디어 제시

이 공식을 따를 때, 가장 먼저 해야 할 일은 사람들에게 당신의 배경을 알려주는 것이다. 이를 위한 특정한 방법이 있다. 당신이 얼마나 잘(그리고 얼마나 빨리)하느냐에 성공 여부가 달려 있다. 처음 대화를 시작하고, 지위를 설정하고 프레임을 통제한다. 그다음 상대방에게 "어떤 이력을 가지고 있나요?" 또는 "어떻게 이 일을 시작하게 되었나요?"라고 묻는 것이 자연스럽다. 이때 당신의 성공 이력을 소개하면서 발표를 시작할 수 있다. 당신이 일했던 모든 장소를 나열하고, 관련된 모든 프로젝트를 말해야 하는 것은 아니다. 당신의 인생 전체를 이야기하는 것도 아니다. 성공의 열쇠는 당신의 과거에 대한 이야기이다. 당신이 이룬 것, 당신이 해낸 프로젝트, 성공에 대하여 말한다. 하지만 2분 이상 말해서는 안 된다. 걱정하지 않아도 된다. 이렇게 짧게만 소개하더라도, 발표가 끝날 때쯤 상대방은 당신에 대해 훨씬 더 많이 알게 될 것이다.

나의 친구인 조는 보잉 사의 투자를 받을 때 자신을 이렇게 소개했다.

1. 제가 학위를 받은 곳은 **버클리**입니다. **UCLA에서는 MBA**를 받았습니다.
2. 졸업 후 **맥킨지에서 4년** 동안 일했으며, 당시 최고의 성과는 **렉서스를 위해 만든 판매 프로그램**이었습니다. 렉서스는 덕분에 약 1,500만 달러를 아꼈고, 지금도 제가 만든 프로그램을 사용합니다.
3. 저는 큰 꿈을 가지고 **6개월 전에 컨설팅 업계를 떠났습니다.**

사실 조가 이 기간 동안 한 일은 그보다 훨씬 많다. 하지만 그래서 어쩌라는 것인가. 지금은 가장 중요한 성과만 이야기할 때이다. 그래야 가치가 있다. 당신이 지금까지 해왔던 일이 이보다 많다고? 물론 그럴 것이다. 하지만 발표를 할 때, 상대방의 시간과 주의력은 무한하지 않다. 아니, 오히려 매우 부족하다.

게다가 프레임 통제를 유지하기 위해서도 시간이 필요하다. 당신의 자존감은 나중에 채우자. 지금 중요한 것은 거래이다.

나는 사람들이 자신의 이력을 설명하는 데에 15분 또는 그 이상을 할애하는 것을 여러 번 보았다. 비합리적이다. 이력이 좋은 사람은 많이 말할수록 좋다고 생각한다. 하지만 인간의 뇌는 그런 식으로 작동하지 않는다. 연구에 따르면 당신의 인상은 일반적으로 정보의 합계가 아니라 정보의 평균에 기반한다. 따라서 당신의 훌륭한 점 하나만 이야기하는 것이, 훌륭한 점 한 가지와 꽤 좋은 점 한 가지를 말하는 것보다 더 좋은 인상을 남긴다. 훌륭한 점 하나, 꽤 좋은 점 하나, 평범한 점 두 가지를 말하면 상황은 더 악화될 것이다. 훌륭한 점 한 가지만 말하는 것에서 멈추어야 한다. 당신의 과거 기록을 테이블에 올리고, 빠르고, 깨끗하게, 문제없이 만들도록 한다. 이력에 대한 질문, 깊은 대화, 분석에 매달릴 때가 아니다. 아직 할 일이 많다.

당신이 지금까지 익숙하게 생각했던 것과 다른가? 이런 방식의 프레이밍은 당신이 생각했던 발표와 완전히 다른가? 그럴 것이다. 프레임 기반의 기술로 바꿀 마음이 없어질지도 모르겠다. 당신만 이런 것은 아니라고 위안을 얻을 수도 있을 것이다. 하지만 최상위권의 치열한 비즈니스에서 시간 낭비와 잘못된 것에 대한 집중은 언제나 골칫거리이다.

'왜 지금인가?'
프레임

　당신은 '위대한 아이디어'를 제안할 준비를 거의 다 마쳐가고 있다. 하지만 먼저 분명한 사실을 다시 한번 떠올려보자. 오랫동안 존재했던 거래에 시간과 돈을 투자하고 싶은 사람은 없다. 그래서 당신은 '왜 지금일까?' 프레임을 도입해야 한다. 당신의 아이디어가 현재의 시장이 만들어낸 기회에서 비롯되었고, 과거로부터 남겨진 유물이 아니라는 것을 상대에게 알리는 것은 매우 중요하다. 상대는 당신이 소개하는 아이디어가 인식하고, 포착하고, 활용하고 있는 힘의 패턴에서 도출된 새로운 아이디어임을 알아야 한다. 상대는 당신이 이러한 것들에 대해 누구보다 더 많은 지식을 가지고 있음을 알아야 한다.

　상대의 마음속에는 왜 당신의 아이디어가 적절하고 중요한지, 왜 지금 중요하게 생각해야 하는지에 대한 무언의 질문들이 있다. 이러한 질문들을 미리 예측하여 상대가 말하기 전에 정확한 답을 제시하면, 상대의 마음을 사로잡고 더 편안하게 만들어줄 수 있다. 당신이 하는 모든 말은 맥락을 갖게 되고, 더 큰 의미를 가지며, 더 긴박해지고 희소성은 커질 것이다.

　나는 어떤 비즈니스든, 시장의 세 가지 힘이 '왜?'라는 질문에 답을 제시한다는 것을 깨닫게 되었다. 이들 세 가지의 힘을 사용하여 강력한 '왜 지금일까?' 프레임을 만들 수 있다.

시장의 세 가지 힘 패턴: 트렌드를 만든다

아이디어, 프로젝트 또는 제품을 설명할 때, 먼저 중요하다고 생각하는 이 세 가지 시장의 힘 또는 트렌드 패턴에 대한 프레임을 구성하여 맥락을 제공하라.

1. **경제적 힘**: 당신의 위대한 아이디어가 시장의 것에 비해 재정적으로 어떤 점이 차별화되었는지 간단하게 설명하라.
   예를 들어, 고객이 더 부유하고, 신용을 더 많이 끌어올 수 있으며, 재정적으로 더욱 낙관적인가? 금리, 인플레이션, 달러 가치의 증감은 사업 기회에 중대한 영향을 미치는 힘의 대표적인 예이다.

2. **사회적 힘**: 당신의 위대한 아이디어와 관련하여 사람들의 행동 패턴에 나타나는 변화가 무엇인지 강조하라.
   자동차 시장에서 전기차 수요가 대표적인 예이다. 전기차의 수요는 환경에 대한 우려, 즉 사회적 힘에 의하여 증가하고 있다.

3. **기술적 힘**: 수요가 언제나 새로운 제품으로 이동한다. 이 때문에 기술의 변화는 기존의 비즈니스 모델과 심지어 산업 전체를 평준하게 만들 수 있다.

예를 들어 전자 제품은 변화가 빠르고, 가구 산업은 변화가 더 느리다.

아이디어가 어떻게 진화했는지, 아이디어가 새롭게 떠오르는 과정에서 어떤 기회를 예측하게 되었는지를 설명하라. 아이디어의 배경은 언제나 흥미롭다. 일단 배경을 이야기하면 발표의 모든 내용이 정당화될 것이다.

배경 이야기를 구상하면서 어떻게 오늘날의 모습이 되었는지, 어떻게 발견했는지를 생각하라. 변화의 단계를 설명하고, 과정과 변화 방식을 보여주어 어떻게 당신이 기회를 예측하게 되었는지를 알려주어라.

다음은 세 가지 기본 단계이다.

1. 비즈니스에서 가장 중요한 변화를 설명하라. **트렌드**를 예측하라. 시장과 시장 너머의 중요한 변화를 파악하라.
2. 이러한 변화가 **비용과 고객 수요**에 미치는 영향을 말하라.
3. 이러한 트렌드가 어떻게 **시장의 창을 열었는지** 설명하라.

손목에 차는 업라이트UpRight라는 장치는 시장의 세 가지 힘을 '왜 지금일까?' 프레임을 지지하는 촘촘한 패턴으로 엮어주는 예이다.

- **경제적 힘**: 이 제품을 만드는 데 드는 비용이 10달러 선 아래로 떨어졌다. 이는 제품의 소매 가격이 69달러가 될 수 있다는 뜻이다. 이 가격대에 도달하기 위해 2년을 기다렸다.

- **사회적 힘**: 우리 사회의 변화 중 하나는 사람들이 충분한 수면을 취하지 않거나 심지어 적절한 종류의 수면을 취하지 않는다는 것이다. 이 문제는 일 년에 겨우 1.8% 정도씩 악화되고 있지만, 여기에 대한 사람들의 인식은 급격하게 치솟고 있다. 사람들은 수면의 질을 높여야 한다는 것을 알고 있다. 수면은 모든 계층에서 화두이다.

- **기술의 힘**: 이 장치는 제어 칩과 솔레노이드를 필요로 하는데, 이제 충분히 작고 제어 가능한 가격으로 제조할 수 있어 대량 생산이 가능하다.

시장의 세 가지 힘으로 프레젠테이션을 시작함으로써, 당신의 아이디어는 이제 이전에 없었던 중요성을 누리게 되었다. 이제 당신의 아이디어는 역사를 가지게 되었고, 현재로 이어지는 흥미로운 발전의 경로를 갖게 되었으며, 신뢰성도 얻었다. 이제 이 아이디어는 어둠 속에서 떠올라 경제적, 역사적, 사회 변화를 배경으로 전시된다. 하지만 이제 막 등장했을 뿐이다. 당신은 이를 예의주시하고 있었고, 아이디어의 잠재력을 보았으며, 현재는 아이디어를 개발하고 있다. (이는 당신의 보상 프레임을 강화할 수 있는 좋은 방법이다.)

당신의 아이디어나 프로젝트, 제품이 무엇이든 상관없이, 세 가지 시장의 힘의 패턴 모두 역사와 정당성을 가지고 있다. 이 패턴을 활용하면, 모든 것에서 서사를 뽑아낼 수 있다.

아이디어에 대한 '왜 지금일까?' 프레임을 작성하면서, 가능한 한 넓게 생각하고, 과거에서 현재로 어떻게 왔는지, 그리고 왜 특별한지를 설명해야 한다. 기억하라. 제트 전투기, 증권, 부동산, 소프트웨어 또는 솜 뭉치까지, 무엇을 사라고 설득하는지는 중요하지 않다. 거래를 지금까지 발전시킨 힘이 있기 때문에, 이러한 방식으로 거래의 프레임을 구성해야 한다.

움직임은 '왜 지금일까?' 프레임에서 중요한 요소이다. 상대방은 거래를 추진해온 힘을 이해하고, 이러한 힘의 결과로 당신의 성공이 불가피하고 곧 이루어지리라는 것을 이해해야 한다.

이것은 청중의 크록 브레인이 어떻게 작동하는지 이해해야 하는 또 다른 이유이다. 뇌의 엄청난 부분이 움직임을 감지하는

데 전념하고 있다. 물건을 잃어버렸을 때 찾기 어려운 이유가 이 때문이다. 잃어버린 것이 열쇠이건, 휴대 전화이건, 연필이건 마찬가지다. 이런 물건들은 움직이지 않는다. 아무리 자세히 바라보아도, 움직이지 않는 것은 잘 보이지 않는다. 동물들이 겁을 먹으면, 움직이지 않는 것도 같은 이유 때문이다. 당신의 뇌는 변하지 않는 것들에 익숙해지고, 그래서 잘 보이지 않는다. 새가 머리를 움직이지 않을 때는 벌레밖에 보이지 않기 때문에 효율적으로 사냥할 수 있다. 만약 당신 눈에 눈 근육 치료제를 주사한다면, 당신에게도 같은 일이 일어날 것이다.

움직임이 사람들의 주의를 끈다는 사실은 분명하다. 이러한 사실을 프레젠테이션에 활용할 수 있다. 사람들에게 당신의 계획이 실행된다면 세상이 어떻게 될지에 관한 정적인 그림을 보여주는 것이 아니라, 어떻게 당신의 생각이 현재의 표준에서 새로운 방식으로 이동하고 있는지를 보여주어야 한다.

당신이 알아야 할 뇌의 작동 방식과 관련된 또 다른 정보는 변화맹change blindness이다. 사람들에게 두 장의 사진을 빠른 속도로 번갈아 보여주었는데, 그중 하나가 꽤 달라지더라도 사람들은 알아보지 못한다. 심지어 할머니 사진을 나무 사진으로 바꾸어도 알아채지 못한다. 뇌는 이러한 변화를 움직임으로 간주하지 않고, 무시한다. 두 개의 그림을 번갈아 보면서 차이점을 찾다 보면, 그림 자체의 변화는 알지 못한다. 일부러 무엇이 달라졌는지 찾아보아야 찾을 수 있다. 청중의 생각이 작동하는 방식을 알게 되면, 두 가지 상황을 한꺼번에 보여주고, 이들의 차이가 청중의 마음을 사로잡기를 바랄 수는 없음을 깨닫게 된다. 하나에서 다른 하나로 넘어가는 움직임을 보여주어야 한다.

인간은 정적인 프레젠테이션을 보거나 듣도록 만들어지지 않았다. "과거에는 이러했지만, 지금은 저러합니다."라는 정적인 발표는 효과가 없다. 상대방이 거래를 전혀 이해하지 못하는 변화맹을 유발할 수 있다. 앞에서 소개한 세 가지의 변화하는 시장의 힘은 변화맹의 가능성을 극복한다. 세 가지 시장의 힘을 하나로 모으면, 시장이 당신의 위대한 아이디어에 도움을 주기 위해 움직이는 방식에 마음의 눈을 열게 된다.

나의 동료인 조는 다음과 같이 발표를 진행했다.

"최근 몇 년 동안, 신공항 건설 사업에서는 큰 변화가 없었습니다. 사실, 이미 죽은 시장이라고 할 수 있었습니다. 그런데 갑자기 시장이 달아오르고 있습니다. 세 가지 요소가 시장을 변화시키고 있습니다. 첫째, 은행들이 항공 프로젝트에 대출을 제공하기 시작했습니다. 둘째, 연방 항공국FAA이 건축 허가를 발급하고 있습니다. 셋째, 우리의 주요 경쟁자는 이해 상충 때문에 거래의 입찰에서 제외되었습니다."

상대방은 조의 항공 사업 제안이 합리적이라고 생각할 것이다. 은행의 새로운 대출 가능성과 공항에 대한 연방 항공국의 압박, 그리고 경쟁이 치열하지 않을 것이라는 사실이 결합되어 거래가 성사될 수 있는 기회를 창출한다.

내가 거래의 성공으로부터 얻은 중요한 교훈 중 하나는 상대방이 이전의 거래를 좋아하지 않는다는 사실이다. 상대방은 움직임을 보고 싶어 하고, 다른 투자자들이나 파트너들에게 뒤처졌다고 무시당할 법한 거래를 좋아하지 않다. 복사기 판매원이 "아직도 그 모델을 쓰신다고요? 우리 창고에 50대나 묵혀두고 있는 그 모델이요?"라는 식으로 말하는 것도 같은 이유 때문이다.

위대한 아이디어의 소개

위대한 아이디어를 소개하는 데에는 15분이 걸리지 않는다. 단 1분이면 된다. 위대한 아이디어는 자세히 설명할 필요가 없다. 아마 당신은 그렇지 않을 것이다. 본능적으로 자세히 설명하고 싶기 때문이다. 먼저 스스로를 소개하고, 그다음으로 상세하게 설명하고 싶을 것이다. 나 역시 비슷한 충동을 느낀다. 게다가 설명하기에 적합한 시점처럼 느껴질 때도 있다. 하지만 그렇지 않다. 상대방은 아직 거래를 원하지 않는다. 그래서 설득의 온도는 아직 낮다. 시시콜콜하게 설명한다면 설득의 온도가 차갑게 식어버릴 것이다. 자세한 설명은 나중으로 미루자. 먼저 '아이디어 소개 패턴'을 활용하여 위대한 아이디어를 만들어야 한다. 벤처 투자가인 제프 무어Geoff Moore가 1999년에 개발한 이 패턴은 지금도 여전히 효과가 있다.

<아이디어 소개 패턴>
"[현재 시장의 제안]에 불만이 있는
[상대 고객]을 위한
나의 아이디어/제품은 [새로운 아이디어 또는 제품 카테고리]
[주요 문제/솔루션 기능]을 제공한다.
[경쟁 제품]과는 다르다.
나의 아이디어/제품은 [주요 기능 설명]이다."

다음은 '에너지 기술 1000'이라는 아이디어에 대한 짧은 소개 예시다.

<예시 1>
"노후된 태양 전지판에 불만이 있는

캘리포니아와 애리조나에 큰 건물이 있는 기업을 위한

나의 제품은 플러그 앤 플레이 태양열 가속기이며

기존 패널보다 35% 더 많은 에너지를 공급한다.

기존 패널에 교체 비용이 들었던 것과는 달리,

제품이 저렴하고 움직이는 부품이 없다."

이것으로 충분하다. 1분 안에 이러한 패턴으로 위대한 아이디어를 소개할 수 있다. 다른 예를 살펴보자.

<예시 2>

"컴퓨터 모니터에 작업 공간이 충분하지 않은

바쁜 경영진들을 위한

나의 제품은 비주얼 어레이이다.

모든 책상에 잘 맞는 서로 연결된 8개의 평면 모니터를 제공한다.

모니터가 2~3개인 일반적인 DIY 솔루션과 달리

비주얼 어레이를 사용하면 임원들이 혼란스러운 창 없이

엑셀, 파이어폭스, 워드, G메일, 스카이프, 포토샵, 익스플로러, 트레이딩 데스크를 동시에 사용할 수 있다."

조가 공항 사업을 소개한 소개 패턴은 다음과 같다.

<예시 3>
"주식과 같은 위험한 투자에 불만이 있는

10% 이상의 현금 수익률을 필요로 하는 투자자들을 위하여

나의 공항 거래는 현재의 현금 흐름을 제공하는

위험성이 낮고 원금을 상당히 보호할 수 있는 프로젝트이다.

대부분의 개발 프로젝트와 달리

원하는 시간에 현금화할 수 있다."

 분명 이러한 방식은 상대방의 주의를 끄는 데 많은 도움이 될 것이다. 하지만 중요한 것은 상대방의 주의를 끌었다고 하더라도, 그것을 우리 맘대로 좌지우지할 수는 없다는 사실이다. 곧 상대방의 주의를 쉽게 다룰 수 없음을 깨달을 것이다. 또한 잘못된 움직임으로 몇 초 만에 주의를 빼앗길 수도 있다.

사람의 집중력이 작동하는 기본 원칙은 다음과 같다. 우리는 공간과 시간을 통해 움직임을 알아차린다. 움직임이 중요할 수 있다. 그런데 여기에 한 가지 문제점이 있다. 인간은 움직이는 것들로부터 도망쳐야 했다. 이 전제를 시작으로 설득을 할 때 상대방의 주의를 끌되, 위협은 없애야 한다. 이것이 내가 아이디어 소개 패턴을 믿고 의지하게 된 이유이다. 아이디어를 소개하는 모든 방법 중에서 크록 브레인의 위협 회피를 가장 적게 유발하기 때문이다.

신경과학자 에비앙 고든Evian Gordon은 우리 주변의 위험과 위협을 최소화하는 것이 '뇌의 근본적인 구성 원칙'이라고 지적했다. 앞에서 설명했듯이 크록 브레인은 위협에 대해 깊게 생각하지 않는다. 그저 반응할 뿐이다. 지금 눈앞에 있는 뱀이 방울뱀인지, 살모사인지는 중요치 않다.

물론 이 본능적인 방어 메커니즘은 진화에 유리했다. 문제는 우리가 사회적 상황(예를 들어, 미팅이 진행될 예정인 회의실)에 있을 때도 자신의 안녕에 대한 잠재적인 위협을 감지한다는 것이다. 예를 들어, 거절을 당할 수 있다. 창피를 당할지도 모른다. 거래를 달성하지 못하거나, 체면을 잃을 수 있다. 이러한 사회적 위협이 나타나면, 뇌의 위협 회피 시스템이 아드레날린과 다른 신경 전달 물질을 주입하기 시작한다. 긴장감이 엄습한다. 누구나 이런 감정을 느껴본 적 있을 것이다. 청중 앞에 서 있는

데 그 순간, 청중들이 주의를 기울이지 않는 것처럼 느껴진다면 심박수는 증가하고, 얼굴은 홍조를 띠며, 땀을 흘리기 시작한다. 인간은 사회적 위협에도 대응한다.

인간은 사회적 상호작용을 위한 존재이다. 따라서 사회적 상황을 잠재적인 위협으로 생각하지 않았다면, 지금부터라도 그렇게 생각해야 한다.

한 연구에서는 피실험자들에게 다른 참가자들과 함께 디지털 '공'을 던지는 컴퓨터 게임을 하도록 했다. 얼마 후, 피실험자의 온라인 파트너들은 자기들끼리만 공을 주고받기 시작했고, 피실험자는 혼자 공을 받지 못하게 되었다. 연구원들은 뇌 스캔을 통해 피실험자의 반응을 관찰했고, 그 결과 사회적 위협이 물리적 위협을 받았을 때와 동일한 뇌의 위협 대응 체계를 촉발시킨다는 것을 찾아냈다. 설상가상으로, 뇌는 의식적으로 위협을 느끼기 훨씬 전에 위협에 반응하기도 한다.

아이디어를 전달할 때, '아이디어 소개 패턴'을 사용하지 않으면(또는 아이디어를 전달할 수 있는 극도로 통제된 다른 방법을 사용하지 않으면), 문제가 발생할 수 있다. 첫째, 상대방이 당신의 불안감을 눈치챌 수 있다. 둘째, 상대방이 불편해하는 것을 보면 당신은 더 긴장할 것이다. 셋째, 끝없는 피드백 루프가 시작될 것이다. 상대방이 당신의 불안감을 감지하면, 그의 몸 안에서도 비슷한 위협 반응이 촉발된다. 발표는 이제 막 시작했고, 할 일이 너무 많은데 부정적인 피드백 루프에 휘말려서는 안 된다. 적어도 지금은 심각한 오작동을 다루기에는 너무 이르다.

아이디어 소개 패턴은 아이디어를 기본 요소로 분류한다. 무엇이고, 누구를 위한 것이며, 누구와 경쟁해야 하느냐이다. 걱정도 없고, 두려움도 없고, 드라마도 없다.

발표의 1단계에서 취해야 할 조치를 확인해 보자.

- 먼저 발표가 20분 정도로 길지 않을 것임을 알려준다. 이후에도 시간을 질질 끌지 않을 것이라고 알려준다. 그러면 상대방은 편안함을 느낄 것이다. 이렇게 말하면 상대방의 크록 브레인은 발표에 집중하고, 안전하다고 느낄 것이다.

- 그런 다음 단순히 긴 성공 이력이 아니라, 성공의 실질적인 기록에 대한 이력을 제공한다. 이력에 대한 말이 길어질수록, 정보가 쌓이는 것이 아니라 평균화된다는 증거는 수두룩하다.

- 다음으로, 당신의 아이디어가 갑자기 얻은 영감에서 온 것이 아님을 보여준다. 아이디어에 추진력을 부여하는 시장의 힘이 있고, 당신은 얻기 힘든 기회를 활용하고 있음을 보여주어야 한다. (경쟁이 있을 것이라고 인정하여, 당신이 비즈니스의 현실을 모르는 초보자가 아님

을 보여주어라.)

• 뇌는 움직이는 것에 주의를 기울이기 때문에, 아이디어가 기존의
시장에서 새로운 시장으로 이동한 것임을 보여주어야 한다. 이렇
게 하면, 거래를 무시하게 만드는 변화맹을 유발하지 않게 된다.

• 마지막으로, 아이디어 소개 패턴을 사용하여 위대한 아이디어를
소개한다. 이제 상대는 자신이 누구인지, 누구를 위해 경쟁하는지,
누구와 경쟁하는지, 당신의 아이디어가 경쟁자보다 더 나은 점은
무엇인지를 정확하게 알게 된다. 이 단순한 패턴은 당신의 아이디
어를 쉽게 파악할 수 있도록 해주고, 무엇이 진짜인지에 집중하게
해준다. 이 전략은 위협적인 반응을 일으키지 않기 때문에 효과가
매우 좋다.

그러나 이 방법을 사용하여 발표의 모든 것을 단순화하고 축
소해야 한다는 뜻은 아니다. 이다음 단계에서 복잡하고 상세한
정보를 제공해야 한다.

2단계:
예산 및 비법 소스 공개

    어렵지 않게 상대방의 주의를 유지했다. 1단계에서는 약 5분 (또는 그 이하) 안에 자신과 위대한 아이디어를 소개하기만 하면 된다. 2단계에서는 상대방의 주의를 유지하는 것이 더 어려워진다.

    이제 당신은 그 위대한 아이디어가 실제로 어떤 문제를 해결하고 어떻게 작동하는지 설명해야 한다. 작동 방식을 설명하기 시작하면 크록 브레인이 위협받을 가능성이 높아진다.

    지난 몇 년 동안 기업인들은 복잡한 아이디어를 좀 더 단순하게 만들어야 한다는 엄청난 압력을 받아왔지만, 이를 실질적인 성공으로 승화시킬 수 있는 방법을 생각해 낸 전문가는 없었다. 내가 10년이나 그런 사람을 찾았지만, 지금까지 본 적이 없다.

흔히 프레젠테이션이 간략하면 효과가 좋다고 한다. 정보를 요약하고, 이해하기 쉽게 만들고, 개념을 '실행의 요약'으로 정리한다면 상대방이 좋아할 것이라고 한다.

그런데 내가 알아낸 바에 따르면, 통념과 다르게 간략함은 그다지 중요하지 않다. 정말 그렇다면, 누구나 간략함을 추구했을 것이다. 너무 간략하다면 순진하거나 세련되지 않게 보일 수도 있다. 너무 많은 정보도 문제지만, 너무 정보가 적어도 문제이다.

당신의 진짜 목표는 상대방의 마음에 맞는 메시지를 전달하는 것이다.

아이에게 말할 때를 생각해보자. 그저 말을 짧게 하고 싶은 게 아니다. 예를 들어, "저녁 먹기 전에 간식을 먹으면 안 돼."라는 말을 "저녁 전, 간식 안 돼."라고 줄여서 말하고 싶지 않을 수도 있다. 오히려 훨씬 더 길고 복잡하게 이유를 설명하고 싶을지도 모른다. 다시 말하지만, 중요한 것은 아이의 마음은 당신과 다르다는 것이고, 그래서 아이가 이해할 수 있게 말해야 한다는 것이다. 크록 브레인의 사고 방식을 이해하는 것이 매우 중요한 이유다. 문제를 해결하는 대뇌피질로 생각해낸 아이디어는 이를 수용할 크록 브레인을 위해 의도적으로 반복되어야 한다.

나는 이러한 작용을 이해하기 위하여 노력했고, 얼마 되지 않아 이를 뒷받침하는 인지심리학 이론인 '마음의 이론'을 알게 되었다. 당신이 마음의 이론을 가지고 있다면, 다른 사람들의 생각, 욕구, 의도가 어떻게 그들의 행동을 유발하는지 이해할 수 있다. 어떤 상황을 한쪽으로만 보려 하면 마음의 이론은 약해진다. 당신이 마음의 이론을 강하게 가지고 있을 때, 사람들이 어떻게 다른 관점을 가지고 있으며, 상황의 다른 측면을 알고 있는지를, 그리고 사람들의 욕망은 언제나 당신의 욕망과 같지 않음을 알게 된다. 또한 강력한 마음의 이론은 통계를 포함하는 어떤 것이든 매우 단순화할 필요가 있다는 것을 알려준다. 크록 브레인은 가능성을 추론하려 하지 않는다. 뇌가 자발적으로 통계를 생각하도록 만들어지지 않았기 때문에 발전된 사회는 통계를 위한 복잡한 공식과 방정식을 만들어내야 했다. 일반 청중이 어떠한 '복잡함'을 좋아하고 싫어할지에 대한 논쟁은 계속되고 있지만, 한 가지는 확실하다. 사람들 사이의 관계에는 상세한 정보가 수없이 많다는 것이다. 뇌는 복잡한 인간관계를 이해하는 데 매우 뛰어나다.

나의 경험을 돌이켜보면, 무엇보다도 중요한 두 가지 깨달음을 얻을 수 있다.

• 깨달음 1: 정보를 얼마나 많이 주느냐, 조금 주느냐가 중요한 것이

아니라 마음의 이론이 얼마나 훌륭한지가 중요하다. 즉, 자신의 정보를 상대방의 마음에 얼마나 잘 맞출 수 있는지가 중요하다.

· 깨달음 2: 중요한 내용을 청중의 주의력 한계 내에 설명해야 한다. 이 한계는 약 20분 정도이다.

주의력의 첫 번째 요소, 새로움

앞에서 지루한 발표를 가장 큰 문제 중 하나로 지적했다. 대부분의 프레젠테이션이 지루해질 수 있다는 단점이 있다. 사실 프레젠테이션은 대부분 장황하다. 임원이나 학자들 사이에서 프레젠테이션이 시작되면 청중의 주의력이 빠르게 소모된다는 것은 의심의 여지가 없는 사실이다. 관련 연구에 따르면 사람들은 특정 아이디어에 몇 분 이상 집중하지 못한다. 심지어 어떤 사람들은 몇 초라고 믿는다. 어느 쪽이 사실이든, 사람들의 주의력은 왜 흔들리는 것일까? 주의력은 통제가 불가능할 정도로 흔들린다. 사람들의 마음은 산만하기 그지없다. 청중의 내부와 외부에서 산만한 주의력은 계속해서 발표를 방해한다. 게다가 주의력이 소모되지 않는다고 하더라도, 뇌는 여전히 인지 능력을 아끼려 한다. 당신과 당신의 아이디어를 파악하기 위해 가능한 한 적은 에너지를 사용하고 싶어 한다.

무엇이 상대방의 관심을 사로잡게 할까? 일단 관심을 끌면 어떻게 해야 계속 집중하게 할 수 있을까?

정보가 새로우면 주의를 기울이고, 그렇지 않다면 주의력은 흩어진다. 당신은 이미 알고 있다. 만약 당신의 물건이 지루해 보이고 시각적인 자극도 주지 못하고, 차갑고 딱딱한 사실들로 가득 차 있는 데다 스파게티같이 엉켜 있다면, 아무도 당신에게 관심을 기울이지 않을 것이다.

관심보다 더 중요한 것은 없다. 상대방의 마음을 얻지 못하고 설득이 실패하는 가장 큰 이유가 듣는 이를 집중시키지 못해서라는 사실에는 의문을 제기할 수 없다.

다르게 생각해보면, 상대방이 몇 시간이고 당신에게 주의를 기울이려고 한다면, 발표가 좋든 나쁘든 효과가 있을 것이다. 하지만 당신에게는 그만한 시간이 없다. 당신에게 할애된 시간은 20분 정도이다. 만약 별 관심을 끌지 못한다면 당신이 소개하려는 아이디어는 5분 만에 사람들의 관심 밖으로 멀어질 것이다.

주의력이란
무엇인가

사람들의 주의를 통제하기 위해서는 먼저 이를 파악해야 한다. 주의력은 모호하고 포괄적인 용어이며, 유동적인 단어인 것 같다. 하지만 마티니 한 잔을 만들려고 해도, 재료를 알아야 한다. 마티니를 예로 든 이유는 주의력이 사회적인 작용의 윤활제로 작용하는 화학물질이 혼합된 칵테일이기 때문이다. 이 완벽한 칵테일을 어떻게 만들고 언제 내놓아야 할지를 이해해야 한다.

그럼 재료는 어떻게 알아내야 할까? 알아낼 필요가 없다. 연구원들이 두뇌 스캐너와 하드코어 신경과학 칩을 통해 인간은 욕망과 긴장을 동시에 느낄 때 진지하게 주의를 기울인다는 사실을 알아냈기 때문이다.

뇌 스캔을 통해 주의는 욕구와 긴장 사이의 섬세하고 불안정한 균형을 이루는 행위임을 알 수 있었다. 그래서 도파민과 노르에피네프린이라는 두 가지 신경 전달 물질의 존재로 귀결된다.

도파민은 욕망의 신경전달물질이다.
노르에피네프린은 긴장의 신경전달물질이다.
이 두 가지가 결합해 주의를 집중하게 만든다.

상대가 분열되지 않고 완전히 주의를 집중하길 바란다면, 이 두 가지 신경전달물질을 제공해야 한다. 이 두 가지 화학물질은 함께 작용한다. 상대방의 크록 브레인을 통과하기 위해서는 이 두 가지의 물질이 필요하지만, 이들을 촉발시키는 메커니즘은 다르다.

도파민을 유발하고 욕구를 생성하려면 보상을 제공해야 한다.

노르에피네프린을 유발하고 긴장감을 생성하려면 뭔가를 빼앗아야 한다.

지금부터 욕망과 긴장을 유발하는 패턴을 배우게 될 것이다.

도파민을 터트리는 법

도파민은 보상을 추구하는 뇌의 화학물질이다. 도파민이 인간을 어떤 행동으로 유인하는 데는 약 0.05초가 걸린다. 당신이 원하는 것을 보거나 들을 때, 뇌에서 도파민 수치가 상승한다. 당신이 호기심이 많고 개방적이며 관심 있는 행동을 하는 사람을 볼 때, 그들에게 동기를 부여하는 것은 도파민이다. 강한 커피 한 잔, 요힘베 뿌리, 코카인, 차가운 약을 먹으면, 뇌의 도파민 수치가 증가한다. 도박에서 많은 돈을 따거나 롤렉스 시계나 지위를 상징하는 제품을 구매할 생각을 할 때도 마찬가지이다.

뇌에서의 도파민 방출은 음식, 성, 약물과 같은 쾌락적 활동과 관련이 있다. 하지만 뇌 스캔 기술 덕에 도파민이 정확히 쾌락의 경험을 위한 화학물질이 아니라는 것을 알게 되었다. 정확하게는 보상을 기대하는 화학물질이다. 그렉 번스Greg Berns 박사는 자신의 저서 『만족Satisfaction』에서 "어떻게 하면 당신의 뇌에 도파민이 더 많이 흐르게 할 수 있을까? 새로움을 주면 가능하다. 상상력에 관한 다양한 실험을 통하여 새로운 사건들이 도파민 방출에 매우 효과적이라는 것이 확인되었다. 세계는 예측할 수 없다. 따라서 당신의 뇌는 새로움에서 자극을 받는다."라고 설명했다. 번스 박사는 또한 "당신이 언제나 새로운 것을 좋아하지는 않을지도 모른다. 하지만 뇌는 언제나 새로운 것을 좋아한다."라고 덧붙였다.

즉, 유쾌한 방법으로 상대방의 기대를 깨뜨린다면 신선함을 줄 수 있다.

상대방의 뇌에 새로운 것을 주입하면 도파민의 분비가 일어나고, 욕구가 일어난다. 예를 들어보자.

짧은 제품 체험판은 신선함을 준다.
새로운 아이디어는 신선함을 준다.
복잡한 주제에 대한 좋은 비유는 신선함을 준다.

밝은 물체, 움직이는 물체, 고유한 모양, 크기, 구성 모두 신선함을 준다.

당신은 청중에게 온전히 주목받고 싶을 것이고, 청중의 주의를 산만하게 만들 수 있는 것을 모두 없애고 싶을 것이다. 이를 위해서는 청중에게 새로움을 선사하라.

도파민의 양면성

지금까지 나는 뇌로 유입되는 정보의 순수한 양이 어느 정도이며, 이 모두가 한꺼번에 처리될 수 없는 이유를 설명했다. 감각을 통하여 얻는 모든 정보와 데이터는 뇌의 작은 부분으로 결집된다. 무엇을 무시하고 무엇에 반응할지를 가려내는 방법이 있어야 한다. 도파민은 인체가 어떤 것에는 반응하고 어떤 것은 무시하도록 동기를 부여한다.

월스트리트 저널 기자 제이슨 츠바이크Jason Zweig의 런던 대학교의 연구에 따르면, 기대했던 것을 얻을 때는 도파민이 방출되지 않지만, 예상치 못한 이득의 형태로 새로운 것을 얻으면 도파민이 폭발한다고 한다. 반면에, 당신이 기대했던 보상이 실현

되지 못한다면, 도파민은 말라버리고, 부정적인 감정이 생기기 시작한다.

앞서 이야기했던 마티니 제조법처럼 칵테일에 들어있는 도파민의 양이 적당해야 한다. 도파민이 충분하지 않으면 당신이나 당신의 아이디어에 관심이 없어질 것이다. 반대로 너무 많으면 두려움이나 불안감을 자극하고 만다.

앞에서 위대한 아이디어를 간략하게 소개하는 것이 얼마나 중요한지 설명했다. 하지만 간략하다고 무조건 좋은 것은 아니다. 도파민의 방출에서도 그 이유를 알 수 있다. 사람들은 일정 수준의 지적 복잡성을 즐긴다. 사람들은 설명할 수 없지만 설명할 수 있을 것 같은 일에 호기심을 느낀다고 한다. 발표에서 새로움이 중요한 것도 이 때문이다. 호기심은 크록 브레인이 흥미를 느끼게 만든다. 더 배워도 안전할 것이라고 느끼는 것이다. 호기심은 정보의 차이에서 비롯된다. 당신이 알고 있는 것과 알고 싶은 것의 차이가 바로 호기심이다. 호기심에는 중독성이 있고, 당신은 위대한 아이디어에 대한 상대방의 호기심을 자극하고 싶을 것이다.

상대방이 당신의 아이디어를 충분히 이해할 수 있을 정도로 잘 알고 있다고 느낄 때 호기심은 충족된다. 당신이 인지하든 인지하지 못하든, 상대방이 만족하면 설득은 끝난 것이다.

새로운 정보는 후퇴와 탐구 중 하나의 반응을 유발할 수 있다.

호기심은 새로운 정보가 만족스러운 지적 경험을 위한 첫 번째 단계인 탐구의 길로 들어섰을 때의 느낌이다.

당신의 발표가 상대방에게 새로운 것이 발견될 것이라는 신호를 주면, 상대방의 뇌에서는 도파민이 방출된다. 예상치 못한 (그리고 기분 좋은) 보상은 예상했던 것보다 더 많은 도파민을 방출한다. 그러나 도파민에는 어두운 면도 있다. 상대방이 기대한 보상을 얻지 못할 때는 도파민 수치가 빠르게 하락한다. 그리고 도파민 수치가 빠르게 떨어지면 인간은 스트레스를 받게 된다. 상대방은 당신으로부터 새로운 정보를 받아들이기를 멈출 뿐만 아니라, 당신이 이미 전달한 정보를 잊어버리기 시작한다.

요약하면 보상에 대한 기대는 도파민을 발생시킨다. 도파민은 새로움의 대상이다. 하지만 도파민만으로는 주의를 집중시키지 못한다. 도파민은 호기심, 흥미, 욕구를 일으키는 화학물질이지만, 긴장을 유발하는 노르에피네프린이 없으면 주의력을 집중시키지 못한다. 그래서 나는 노르에피네프린을 각성의 화학물질이라고 부른다.

집중력의 두 번째 재료, 긴장

새로움과 욕망은 주의력을 유발하는 공식의 절반일 뿐이다. 그 공식을 완성하는 나머지 절반은 긴장이다. 먼저 정의를 내리는 것부터 시작하겠다. 긴장은 사회적 대면에 실질적인 결과가 개입되는 것이다. 그것은 무언가를 얻거나 잃을 것이라는 명확한 깨달음에 대한 반응이며, 상대방에게 상당한 위험이 있음을 알리는 것이다. 사람이 긴장하는 이유는 결과가 있기 때문이며, 그래서 중요하다.

어떤 결과도 없다면, 주의를 기울일 이유가 없고, 긴장할 이유도 없다. 긴장하는 이유에 대해서 알면 도움이 될 것이다. 여기서 우리는 상대를 밀어내는 것(푸시)과 상대를 우리 쪽으로 끌어당기는 것(풀)의 상호작용에 관심을 갖는다. 상대방을 조종하려는 것이 아니다. 설득의 어느 부분도 상대를 조종하는 것과는 관련이 없다. 다만 상대방이 긴장하도록 하는 것이다. 상대방이 집중하게 만들고, 상대방에게 활력을 불어넣기를 원한다면, 그가 긴장하도록 해야 한다. 상대방의 뇌에 노르에피네프린을 주입하면 그를 긴장하게 만들 수 있다.

그래서 우리는 새로움과 긴장 사이의 관계를 알아야 한다. 두 가지 모두 없다면, 아보카도 농부인 데니스는 64만 달러를 잃었을 것이고, 「죠스」는 역대 최악의 영화 중 하나가 되었을 것이며, 프랑스 웨이터인 베누아는 겨우 입에 풀칠만 하며 살았을 것이다.

지금까지 주의력을 신경전달물질의 혼합물로 생각한 적은 없을 것이다. 그런데 왜 지금에 와서 이렇게 생각해야 할까? 우리는 신경전달물질이 무엇인지 확실히 알지 못한다. 솔직히 그다지 깊게 생각하지도 않는다. 다만 다음의 이유 때문에 가치가 있을 뿐이다.

주의력을 만들어내는 칵테일의 두 가지 재료는 새로움과 긴장이다. 이들 두 가지는 프레젠테이션이 이루어지는 20분 동안은 피드백 고리 안에서 함께 작용한다. 하지만 이후에는 당신이 무슨 짓을 하고 얼마나 노력을 하든, 균형을 잃고 작용을 멈출 것이다.

긴장은 갈등에서 비롯된다. 경험이 부족한 발표자들은 카리스마(새로운 것의 순수한 형태)에 의존하기를 원하고, 이야기에서 모든 갈등을 피하려고 노력한다. 그들은 모두가 친절하게 행동하기를 바란다. 절대 표정을 찡그리지 않고 미소만 보여주기를 바란다. 왜일까? 일상에서라면 갈등은 스트레스와 긴장을 줄 수 있으니 되도록 피하려고 노력하는 게 맞다. 그러나 이야기와 프레임 기반 발표에서는 갈등을 두려워할 필요가 없다. 아니, 오히려 갈등을 만들어야 한다.

다음에 설명하게 될 기본적인 패턴은 지금까지 내가 일을 하는 동안 상당한 도움이 되었다. 이 패턴이 너무 단순하고 기본적일 뿐 아니라 긴장을 높이는 데 쓰였다는 사실이 놀라울 수도 있다. 하지만 분명하게 도움이 되었다.

긴장의 패턴에는 세 가지가 있는데, 각 패턴에서 긴장은 점점 더 높아진다. 프레젠테이션 중에 상대방의 주의력이 떨어진다고 느낄 때 언제든지 사용할 수 있는 전형적인 대화 패턴이다.

<낮은 강도의 푸시/풀 패턴>

푸시: "어쩌면 우리는 서로에게 맞지 않을지도 모릅니다."

[잠깐 중지. 푸시를 이해할 때까지 기다린다. 분명 사실이어야 한다.]

풀: "하지만 해낸다면, 우리는 힘을 합쳐 놀라운 성과를 낼 것입니다."

<중간 강도의 푸시/풀 패턴>

푸시: "거래에는 단순한 아이디어 이상의 것이 있습니다. 샌프란시스코의 벤처 캐피털은 아이디어에 관심을 가지지 않습니다. 거래의 결과를 고심하지 않습니다. 그저 거래의 배후에 있는 사람들이 누구인지만 신경 쓰죠. 그럴 수도 있습니다. 저는 아이디어가 특별하지 않다는 것을 알게 되

었습니다. 중요한 것은 열정과 경험, 그리고 진실성을 가진 책임자가 있다는 거죠. 당신과 저의 생각이 다르다면 절대 해내지 못할 겁니다."

[잠깐 중지.]

풀: "하지만 말도 안 되는 생각이죠. 분명히 당신은 똑똑한 아이디어보다 사람을 더 중요하게 생각해요. 나는 전에 숫자에만 신경 쓰는 기업용 로봇을 만난 적이 있어요. 그리고 당신은 분명히 로봇이 아니에요."

<고강도 푸시/풀 패턴>

푸시: "당신이 저에게 보이는 두 가지 반응을 보면, 우리가 잘 맞는 것 같지 않습니다. 당신은 신뢰할 수 있고, 확신할 수 있는 거래만 해야 할 것 같아요. 그러니까 이번 건은 마무리하고 다음 거래에 함께하기로 하죠."

[잠깐 중지. 응답을 기다린다. 짐을 꾸리기 시작한다. 상대방이 붙잡지 않으면 떠난다.]

푸시와 풀은 양방향의 관계이기 때문에 동시에 작동하면 충분한 긴장을 유발한다. 상대방을 계속해서 끌어당기기만 하면, 과도한 압박이 되고 지나치게 도움을 구걸하는 모양새가 된다. 물론 균형이 필요하다. 반대로 계속 밀어내기만 하면 상대방은 이를 깨닫고 멀어질 것이다.

푸시/풀의 가장 유명한 예로 드라마 「매드맨」의 돈 드레이퍼 Don Draper가 있다. 그는 발표 중에 고객으로부터 부정적인 반응을 얻고는 다음과 같은 푸시 전략을 사용한다.

"여기에서 더 볼 일은 없는 것 같군요. 이제 그만하죠."

드레이퍼는 이렇게 말하면서 악수를 하고, 시간을 내 주어서 고맙다는 인사를 하며 일어서 자리를 뜨려 한다.

나는 이 장면을 여러 번 보았고, 그때마다 상대를 제때 밀고 당기는 완벽한 푸시/풀 방식에 감동받는다. 주인공의 이러한 행위는 고객의 뇌에서 노르에피네프린을 폭발시킨다.

영상 속에서 고객은 놀라서 "이걸로 끝입니까?"라고 물으면서 긴장감이 높아진다. 드레이퍼는 대꾸한다.

"당신은 내 말을 못 믿고 있어요. 왜 우리가 연극을 하느라 시간을 낭비해야 합니까?"

고객은 그 압박에 반응한다. 드레이퍼의 아이디어에 갑자기 관심을 가지고 주의를 기울이며 드레이퍼에게 다시 앉기를 청한다.

지금까지 나의 경험 중에서 가장 뛰어난 푸시/풀의 패턴은 몇 년 전 컨퍼런스에서 어떤 청중이 나에게 자신의 의지를 강요하려 했을 때였다.

나는 100억 달러 규모의 시장에서 가장 영향력 있는 투자자 몇 명에게 거래를 제안할 기회를 얻었다. 어떻게 저항할 수 있을까? 나는 곧 있을 컨퍼런스에서 비공개로 일대일 미팅을 하기로 되어 있었다. 컨퍼런스 주최자들은 이러한 특권을 제공한

대가로 1만 8,000달러를 청구했고, 회의에 필요한 준비를 해주었다.

나는 기꺼이 비용을 지불했고, 새로운 사업을 창출할 수 있는 좋은 기회를 기대하며 회사 제트기를 타고 덴버로 날아갔다. 아침 식사 후, 나는 들뜬 마음으로 회의장으로 향했다. 그런데 회의실을 보고 아연실색했다.

회의실 안에는 25명의 사람들이 있었다. 인원도 너무 많았지만, 그 외에도 문제가 있었다. 상대방은 투자자나 구매자가 아니었다. 그들은 실사 애널리스트였다. 나는 고개를 저었다. 믿을 수 없었다.

실사 애널리스트란 이름에서 짐작할 수 있듯, 사실과 수치를 바탕으로 거래를 분석하고 평가하는 사람들이다. 이 사람들은 대뇌피질을 활용하는 유형으로, 숫자에 관한 모든 것을 다루고 감정을 피하도록 훈련되어 있어서 설득이 어렵다. 멋진 옷을 입은 로봇들이 당신의 말과 행동에서 결점을 찾으려 주시하고 있다고 상상해 보라. 한 명만 상대해도 쉽지 않은데, 25명이다. 게다가 거래의 결정권을 쥔 의사결정자도 아니었다. 아마도 최악의 청중이었을 것이다.

테이블과 의자는 나를 둘러싸듯 U자 모양으로 놓여 있었다. 나는 당황했지만 발표를 시작했다. 먼저 56페이지에 달하는 멋진 마케팅 자료를 나눠주었다.

그 책자는 수익을 증폭시킬 수 있는 분기bifurcation라는 새로운 종류의 금융기법 뒤에 숨겨진 수학적인 요소를 설명했다. 나는 청중들이 그 책자를 한 페이지씩 뜯어보고 있는 와중에 발표를 시작했다. 완벽하게 설명한 것 같았다. 하지만 나의 발표는 전부 도파민이었고 노르에피네프린은 없었다. 다시 말해서 보상에 대한 약속만 있을 뿐 긴장이 없었다. 고개를 들면서, 사람들이 미소 띤 얼굴로 질문을 퍼부을 것을 기대했다. 하지만 나를 돌아보는 얼굴들은 돌처럼 차가웠다. 침묵이 흘렀다. 질문은 없었다. 25개의 콘크리트로 된 석상을 들여다보는 기분이었다. 내 경력 중에 그런 반응은 이전에도 이후로도 없었다. 그렇다고 상대방에게 닿을 수 없었다는 뜻은 아니다. 그들이 강력한 분석 프레임을 가지고 있어서, 쉽게 부술 수 없었다는 뜻이다.

나는 "질문이 없으시다면 책자를 다시 돌려주십시오."라고 말했다. 나는 그들의 입장에서 생각했고 부드럽게 청중을 자극했다. 어떤 경우에는, 좀 더 공격적으로 자극해야 할 때도 있다. 순간 나는 내가 막 보상 프레임을 만들었다는 것을 깨달았다. 청중은 이제 잃을 것이 생겼고, 질문을 쏟아내기 시작했다. 이후 2년 동안, 당시 회의에 참석한 사람들에게서 5백만 달러 이상의 거래를 얻어냈다.

상대방의 주의를 집중시키기 위해서는 긴장을 유발해야 하는데, 긴장은 낮은 수준의 분쟁이다. 분쟁이 없다면 상대방이 예의 바르게 듣고 있더라도, 실제로는 공감하지 않고 있을 수 있다. 상대방은 '사람도 좋아 보이고, 아이디어도 괜찮은 것 같긴 한데, 난 지금 여기에 신경쓸 때가 아니란 말이지.'라고 생각하고 있을 것이다.

이건 자신감 문제이다. 나 역시 긴장을 만드는 것을 두려워하곤 했다. 어떤 식으로든 상대방을 화나게 만들 수 있는 행동은 모두 두려웠다. 물론 상대방과 행복한 합의를 이룰 때는 기분이 좋다. 애정이 흘러넘친다고 생각할지도 모른다. 하지만 균형이 어긋나지 않은 상태로 너무 오래 지속되면 지루하다. 마지막에 상대방은 일어나서 "정말 좋았습니다."라고 말한 다음 떠날 것이다. 상대방은 일종의 도전을 원한다. 쉬운 답을 원하지 않는다.

나의 가장 중요한 프레젠테이션 중 몇 가지가 실패한 단 하나의 이유가 있다면, 내가 친절하고 관객들이 친절했으며, 우리 모두가 서로에게 매우 정중했기 때문이다. 긴장이나 분쟁은 없었다. 분쟁은 흥미로운 인간관계의 기본이다.

사업가로서 우리는 이미 해결된 문제를 감상하는 것이 아니라, 문제의 해결책을 찾기 위해 함께 모인다. 밀고 당기기와 긴장의 고리 등을 통해 상대방이 극복해야 할 도전이 없다면, 당신에게는 상대를 설득할 서사가 없는 것이다.

설득의 서사는 일련의 긴장이 이어지는 고리라고 생각할 수 있다. 밀고 당기고, 긴장을 조성하라. 그다음 해결하라.

당신과 상대방 사이에 긴장이 없다면, 상대방은 무슨 일이 일어나는지에 대한 관심도 없고 감정적 개입도 없다. 다시 말해, 당신이 무엇을 하고 있는지, 왜 그것을 하고 있는지, 그리고 당신이 떠난 후 당신에게 무슨 일이 일어나는지에 대해 별로 신경 쓰지 않는다. 긴장의 고리가 없다면, 당신이 제시하는 서사는 매력적이지 않다.

발표의 핵심을 전달하라

일단 욕구와 긴장을 만들어 주의를 집중시킨 다음에는 발표의 핵심을 전달할 준비를 한다. 당신이 제공하는 도파민과 노르에피네프린의 칵테일은 적절히 섞여 있다고 하더라도 상대방의 뇌에 단 몇 분 동안 작용할 뿐이다. 따라서 빠르게 움직여라. 앞에서 이야기했듯이 아무리 열심히 해도 결국 상대방의 욕구는 공포로 변하고, 긴장은 불안으로 바뀔 것이다.

짧은 발표에서 가장 큰 문제는 주목을 받기 위해 어떤 정보를 소개하느냐다. 즉 어떤 것을 남겨둘 것인지, 어떤 것을 빼놓을 것인지를 결정하는 것이다. 여기에 대하여 설명하기 위해서는 회사 매각이나 자금 조달의 틀에서 설명하는 것이 좋을 것 같다. 무엇보다 내가 가장 잘 알고 있는 시장이기 때문이다(나는 자본 시장에서 약 15년 동안 일했다). 또 다른 이유는 **빠른** 데이터와 **빠른** 피드백을 쉽게 얻을 수 있었기 때문이다. 여기에서 나는 한 가지 방법을 찾아낼 수 있었다.

사실 발표의 핵심을 전달하는 것은 간단하다. 가장 중요한 요건은 당신의 마음에서 일어나고 있는 일이 상대방의 마음에서 일어나고 있는 일이 아님을 이해하는 것이다. 1장에서 설명한 대로 크록 브레인을 위한 정보를 포장한다. 큰 그림, 강렬한 대비, 시각적 요소, 새로움, 검증된 증거로 포장한다.

프레젠테이션에서 이러한 부분에 너무 많은 시간을 할애하지는 않도록 하자. 지금부터 소개할 항목들은 대부분의 발표가 다루어야 하는 중요한 문제들을 나열한 목록임을 기억하라. 이것들은 전제 조건이다. 프레젠테이션에서 보여주고, 관련성을 가져야 하는 최소한의 정보이다.

당신이 사업 계획을 멋진 요약이나 그 외의 발표로 바꾸었다고 하더라도, 비참하게 실패할 수 있음을 명심하라. 잘했다는 것은 정보를 체계화하고 발표하는 새롭고 천재적인 방법을 사용해냈다는 의미가 아니다. 정보를 위하여 또 다른 구성 이론이 필요한 것은 아니다. 기본적인 것만으로도 충분하다. 우리에게 필요한 것은 상대방이 너무 분석적으로 생각하지 않도록 막으면서 자료를 발표하는 방법이다.

위대한 아이디어를 위한 계획을 세울 때 어디에 집중해야 할지를 선택한다면, 나는 예산을 제시하는 것부터 시작하라고 하겠다. 사람들이 이 부분에서 자주 실수를 하기 때문이다. 그러니 이것만 잘해내도 남들보다 앞서나갈 수 있을 것이다.

숫자와 예측

고든 벨Gorden Bell은 자신의 저서 『하이테크 벤처High Tech Ventures』에서 "스타트업들은 기업의 금전적 가치를 극대화하기 위해 종종 터무니없이 공격적이고 낙관적인 계획을 준비하는데, 이것은 성공할 가능성이 매우 낮다."라고 적었다. 제품이든 회사든 당신의 재정 예측은 다음과 같은 기본적인 질문에 답해야 한다. 계획이 잘못될 경우, 당신의 기업은 몇 분기 동안 비즈니스를 지속할 충분한 현금을 가지고 있는가? 당신은 예산을 잘 짜는 방법을 알고 있는가?

그러나 이러한 주제에 접근할 때 주의해야 할 점이 있다. 경험 많은 구매자와 투자자는 당신이 이렇게 할 것이라 예상한다.

1. 예산이 '보수적'이라고 말한다.

2. 터무니없이 공격적이고 낙관적인 계획을 준비한다.

예를 들어, 투자자들에게 모든 프로 포마(pro forma: 현금 유출입이나 예상 가격 등에 대한 견적_역자 주)는 똑같아 보인다. 하키 스틱을 닮은 급상승 차트는 현재 우리는 많은 돈이 필요한 상태이며 투자만 해 주면 언젠가 그 돈을 다시 벌어들일 수 있다는 뜻이다.(이 일이 가능할 때도 있지만, 대부분은 그렇지 않다).

비현실적인 예산과 잘못된 비용 계산은 성장하는 회사, 특히 신생 기업들에게 가장 큰 위험이다. 그렇다면 당신의 계획에 분명 영향을 미치게 될 의심으로부터 어떻게 벗어날 것인가? 어렵고 높이 평가되는 경영진의 능력이라고 할 수 있는 당신의 예산 편성 능력을 입증하는 데 집중하라. 누구나 하는 수익 예측에는 시간을 낭비하지 말라.

당신의 경쟁력은 무엇인가

상대방에게 예산을 소개하면, 상대방은 '이 아이디어의 경쟁자는 누구인가'라는 의문을 갖게 될 것이다. 아이디어의 매력은 그 아이디어가 어떤 산업에 속해 있고 얼마나 많은 경쟁을 하는지에 따라 결정된다. 그러나 직면한 경쟁을 적절한 용어로 설명하는 사람은 없다. 발표에서 이 부분을 공략해보자.

경쟁의 두 가지 주요 요소는 다음과 같다.

1. 새로운 경쟁자들이 경쟁에 뛰어드는 것은 얼마나 쉬운가?
2. 고객이 제품을 다른 제품으로 교체하는 것이 얼마나 쉬운가?

길게 설명하지 마라

시장에서 반짝 빛나고 사라지지 않으려면 당신의 경쟁력이 무엇에 기반을 두고 있는지를 보여주어야 한다. 그러면 경쟁을 이길 수 있는 힘을 보여줄 것이다. 거의 모든 발표에서, 특별한 무언가가 필요하다. 이것을 '비법 소스'(다른 경쟁자를 이길 수 있는 분명한 우위)라고 지칭하겠다.

너무 화려할 필요는 없다. 위대한 아이디어의 기본을 설명하는 데 10분 이상 걸리지 않도록 하라. 거래를 제안하고 프레임을 쌓는 데에는 마지막 5분이 필요하다.

당신은 발표를 빨리할 필요가 없다고 생각하는가? 여유롭게 한 시간 정도 발표를 하고 싶은가? 나는 주의력의 한계를 믿지 않는다. 어떤 투자 은행가는 "제가 전화번호를 한 시간 동안 읽어주더라도 사람들은 저에게 집중할 겁니다."라고 자랑했다. 과학이 잘못된 것일까? 도파민과 에피네프린 칵테일에 대해서는 완전히 잊어버려야 할까?

영화배우인 제리 사인펠트Jerry Seinfeld를 생각해보자. 그의 영화 「코미디언」은 코미디 비즈니스의 비하인드 스토리에 관한 것이다. 영화에서 사인펠트는 관객 앞에 서는 것이 얼마나 어려운지를 보여준다. 그는 세계 어디에서나 가장 인정받는 인물 중 한 명이다. 아마도 지구상에서 가장 잘 알려진 코미디언일 것이다. 물론, 크리스 록Chris Rock, 데이브 샤펠Dave Chappelle, 로빈 윌리엄스Robin Williams도 유명하지만, 사인펠트 역시 유명한 코미디언이다.

영화에서 코미디의 새로운 소재를 찾는 일이 얼마나 어려운지를 엿볼 수 있다. 사인펠트는 어느 무대에나 설 수 있고, 청중은 그가 10억 달러가 넘는 텔레비전 수익을 창출하는 현대의 가장 뛰어난 연예인 중 한 명이라는 것을 분명히 알고 있다. 사람들은 그렇게 인기 있고 재미있는 사인펠트를 만나게 되면 흥분한다. 하지만 그 흥분은 그리 오래가지 않는다고 한다.

"제가 무슨 말을 하든 들어주는 것은 단 3분입니다."라고 사인펠트는 말한다. "하지만 그다음에는 사람들의 관심이 급격하게 줄어듭니다. 유명세는 의미 없습니다. 3분이 지나면 무조건 다른 코미디언만큼 재미있어야 합니다. 단 3분밖에 걸리지 않습니다."

 여기에서 끝이 아니다. 사인펠트가 3분이라는 시간을 알게 된 것은 그가 단 3분의 질 좋은 콘텐츠를 구상하려면 한 달 동안 노력해야 하기 때문이었다. 그가 처음 투어에 나갈 때, 3분에 관련된 내용이 그의 공연 소재의 전부였다. 20분 동안 청중의 주의를 끌려면 몇 개월을 더 노력해야 한다. 세계에서 가장 유명한 코미디언이 20분 공연을 위한 재료를 얻는 데 수개월 동안 노력해야 하고, 청중이 그에게 관심을 잃는 데 단 3분이 걸린다는 사실은 생각해볼 가치가 있다. 3분 후에는 재료가 좋아야 한다. 그렇지 않으면, 관객들은 그를 저버릴 것이다.

 그래서 제리 사인펠트 이야기를 염두에 두고 생각하면 왜 발표를 할 때 시간이 그렇게 중요한 요소인지 이해하기가 쉬워진다. 당신은 다른 사람의 이야기를 얼마나 오랫동안 흥미롭게 들을 수 있는가? 인간의 주의력 한계의 세 배에 달하는 1시간 동안 전화번호를 읽어주는 지루한 발표를 할 수 있는 사람도 있을 것이다. 하지만 그러려면 그 사람은 사인펠트나 다른 어떤 연예인보다도 훨씬 더 똑똑하고 카리스마 넘치는 사람이어야 할 것이다.

3단계:
거래 제안

 발표의 세 번째 단계에서 반드시 해야 하는, 그것도 잘해야 하는 한 가지는 고객이 당신과의 비즈니스에서 무엇을 얻을 수 있는지를 설명하는 것이다. 시간이 부족하기 때문에 빠르게 진행하고, 다시 프레임 작업으로 복귀해야 한다.

 당신이 그들에게 무엇을 전달할 것인지, 언제 전달할 것인지, 어떻게 전달할 것인지를 명확하고 간결하게 설명한다. 이 과정에서 그들의 역할이 필요하다면, 그들의 역할과 책임은 무엇인지를 설명한다. 자세히 설명하지 말고, 반드시 알아야 하는 요약된 내용을 전달하여, 고객이 전체를 파악하도록 만들어라.

당신이 제품, 서비스, 투자, 무형의 어떤 것 중 무엇을 제공하는지는 중요하지 않다. 여기에는 이행 과정이 포함되며, 이를 설명해야 한다.

고객이 무엇을 얻게 되는지에 관하여 의문이 남지 않도록 간략하면서도 자세한 정보를 제공하라. 그러면서도 당신의 거래로 얻을 수 있는 가장 중요한 보상은 당신이라는 사실을 기억해야 한다.

4단계:
뜨거운 인지를 위한 프레임 쌓기

앞서 발표의 첫 세 단계를 설명했다. 이를 통해 당신은 상대방의 주의를 집중시키는 방법을 알게 되었을 것이다. 상대방은 기본적인 사안, 즉 당신이 누구인지, 왜 이 아이디어가 중요한지, 어떻게 작동하는지, '비법 소스'가 무엇인지, 그리고 거래에 응할 시 자신이 무엇을 얻는지 알게 된다. 하지만 당신은 단지 보여주고 말해주는 것 이상을 해야 한다. 이것은 고객과 투자자를 설득하는 자리고, 당신은 거래를 위해 여기에 왔다. 이제는 구체적이고 실행 가능한 것을 제안할 시간이 약 5분 정도 남았다. 충분히 설득력이 있다면 상대방은 당신이 가진 것을 얻으려 할 것이다.

다음 단계에 진입한 것을 축하한다.

나는 거래를 위하여 투자금을 모으면서 투자자들이 냉정하고 합리적인 계산만을 따르지 않는다는 것을 알게 되었다. 당신은 맞은편 테이블에 앉아 있는 사람이 당신의 말을 분석하는 기계라고 생각하는가?

> 상대방은 당신의 거래에 대해 자세히 알기도 전에 당신의 거래를 좋아할 수도 있고(혹은 두려워할 수도 있고), 그것이 무엇인지조차 알지 못한 채 '예' 또는 '아니오'를 결정할 수도 있다. 이것이 뜨거운 인지이다. 무언가를 완전히 이해하기 전에 그것이 좋다고 결정하는 것, 그것이 뜨거운 인지이다.

우리는 경영자, 컨설턴트, 은행가, 재무학 교수들로부터 사업은 분석적인 활동이라고 들었고, 그렇게 믿게 되었다. 합리적인 생각이다. 비즈니스 결정에는 매우 질서정연한 세 가지의 단계가 있다. 문제를 식별하고, 해결책을 검토하고, 판단을 내리는 것이다. 물론 옳다. 완벽한 경제의 세계에서는 당연한 행동이다. 백지 상태에서 '내가 어떻게 결정을 내려야 할까?'라고 자문

한다면, 같은 대답을 할 것이다. 조사하고 분석하고 결정하라. 사람들이 컴퓨터나 합리적 경제학자들처럼 생각한다면, 그처럼 행동할 것이다. 하지만 사람은 그렇지 않고, 현실도 그렇지 않다. 여기에서 흥미로운 점은 사람들이 결정을 내릴 때는 '철저하게 생각'했거나 '결정 행렬을 사용했기 때문'이라고 믿는다는 것이다. 사람들은 자신이 똑똑하고, 신중하며, 논리적인 의사결정자라고 생각한다.

하지만 사람은 의사결정을 할 때 그다지 분석하지 않는다. 오히려 직감을 따른다. 잭 웰치Jack Welch는 자신의 전기에 '강력한 분석'이라는 제목이 아니라 '직감으로부터 곧바로'라는 제목을 붙였다. 조지 소로스George Soros는 『재무의 연금술』의 다음 쇄를 개정할 때 플라비아 심발리스타Flavis Cymbalista 박사의 연구를 포함시킬 예정이다. 심발리스타 박사는 사람이 생각이 아니라 몸으로 결정을 느낀다고 믿는다.

사람에게는 컴퓨터가 갖고 있지 않은 측면이 있다. 경제학자들이 이야기하기를 좋아하는 '합리적인 경제적 주체'도 마찬가지이다. 사람의 몸은 살면서 직면하는 상황들과 대응 방법을 '알고' 있다.

"뇌 스캐너는 당신이 결정하기 전에 당신의 결정을 알 수 있다"는 「와이어드」지에 등장한 자극적인 기사의 제목이다. 기사의 첫 번째 줄은 맥스 플랑크 연구소의 신경과학자인 존-딜런 헤인즈John Dylan Haynes의 연구를 언급하며 "당신은 이 이야기를 읽기로 결정했다고 생각할지 모르지만, 사실 당신의 뇌는 당신이 인지하기 훨씬 전에 그 결정을 내렸다."라고 지적했다. 헤인즈는 "당신의 결정은 뇌 활동에 의해 예정되어 있다. 의식하기도 전에 대부분의 작업은 이미 끝난 상태다."라고 말한다.

그가 뇌에서 발견한 패턴은 실험 대상자가 의식적인 선택을 했다고 느끼기 약 7초 전에 버튼을 왼손으로 누를지, 오른손으로 누를지를 정확하게 예측했다. 여전히 당신은 이성적으로 생각하고 이후에 결정을 내린다고 믿는가? 하지만 이런 생각을 가진 이들은 줄고 있다.

이성보다 앞서는 감정

사람들은 각 상황의 장단점에 대한 상세한 인지 분석을 바탕으로 서로 친구가 되거나, 다른 진로를 선택하거나, 주말에 어떤 스포츠를 볼 것인지를 결정하지 않는다. 생각해 보면, 대부분의 중요한 결정은 평가나 분석과 같은 차가운 인지가 아니라, 뜨거운 인지에 의해서 내려진다. 우리의 삶에서 뜨겁지 않은 결정은 거의 없을 정도이다.

선택과 대안, 선택지에 대해 수집한 데이터는 결정을 내리는 데 사용되지 않는다. 다만 이후에 결정을 정당화하기 위하여 사용된다. 사람들은 마음에 드는 차를 구입하고, 매력적이라고 생각되는 직업과 집을 선택한 다음, 수많은 사실과 설명으로 다른 사람에게 자신의 선택을 정당화한다. '왜 이 거래를 하는 것일까?' 또는 '왜 이런 투자를 하는 것일까?' 여기에 사실과 설명은 필요하지 않다. 우리는 우리가 무엇을 좋아하는지 안다. 심지어 우리가 합리적 접근법(찬반 목록 작성)을 시도할 때도, 최종적인 결정이 마음에 들지 않으면, 다시 처음으로 돌아가서 마음에 들 때까지 목록을 다시 쓴다.

조지 소로스가 퀀텀 펀드를 시작할 때 그와 함께 1,000달러를 투자했다면 오늘날 약 400만 달러를 벌었을 것이다. 하지만 그는 등골이 오싹하다거나, 그 외 신체적인 반응에 따라 따라 수억 달러 규모의 투자 전략을 변덕스럽게 바꾼 것으로 유명하다.

소로스와 재정적 의사결정을 연구한 심발리스타는 "신비롭게 들릴지 모르지만, 사실, 인간의 사고는 항상 미묘한 신체적 긴장에 의해 달라진다. 트레이더들은 이러한 신체적 긴장을 분리하고 식별하며, 현재 마주한 시장 문제의 분석과 연관시키는 방법을 배울 필요가 있다. 소로스는 분명 돈을 벌기 위해 이론과 본능을 결합하는 방법을 배웠다."라고 썼다.

조지 소로스의 의사결정은 제롬 브루너Jerome Bruner 박사의 연구와 일치한다. 브루너에 따르면, "인지 기능에는 두 가지 모드가 있는데, 이들은 각각 경험의 순서를 정하고, 현실을 구성하는 독특한 방식을 제공한다." 브루너 박사는 두 가지 모드 중 하나가 패러다임 모드(paradigmatic mode, 감지 모드)라고 말한다. 패러다임 모드에서 대상은 발표 내용을 이해하고 '정밀하게 추론된 분석, 논리적 증명 및 경험적 관찰'의 관점에서 메세지를 분석한다. 즉, 당신이 제공하는 정보는 냉정하게 분석된다. 만약 당신이 청중을 이러한 상태로 만든다면, 청중이 당신을 설명하기 위한 공식을 찾고 있다는 뜻이다. 당신의 청중이나 상대는 패러다임 모드에서 오직 한 가지 일, 즉 분석을 시도한다. 분석적인 패러다임 모드에 따라 사고하는 사람은 당신의 창의적인 개념, 미래 예측, 인간적 추론을 모두 무시할 것이다. 계산에 포함되는 것은 차갑고 정확한 사실뿐이다.

발표 중에 우리는 차가운 대뇌피질과 연결되어선 안 된다. 상대방을 패러다임 모드로 들어가게 해서도 안 된다. 지금 당장 상대방이 우리가 제시한 수치를 정량적으로 분석할 필요는 없다. 물론 우리의 수치는 자세한 조사를 거칠 것이고, 그들이 우리의 말을 제대로 확인해보는 게 두려운 것도 아니다. 하지만 관계가 확실하게 정착되면 나중에라도 냉정하게 분석할 시간은 충분히 줄 수 있을 것이다.

차갑고 이성적인 분석, 자신과 생각에 대한 비감정적인 판단을 피하기 위해 사람은 프레임을 쌓아서 뜨거운 인지를 만든다. 나는 우연히 프레임을 쌓다가 이 사실을 알게 되었다.

프레임을 쌓는 방법

내가 하는 일 중 하나는 파트너와 함께 특히 리스크가 높은 부도 채무를 사는 것이었다. 이 일은 아주 잘하지 않으면 큰 손해를 입는 어려운 게임이다. 나의 파트너는 2008년부터 2010년까지 약 2억 5천만 달러에 달하는 거래를 했다.

하지만 이 분야에서 2억 5천만 달러는 우리가 함께 일하는 수십억 달러 규모의 헤지펀드들과 월가의 거물들인 씨티은행, 골드만 삭스, JP모건 사이에서는 아주 작은 규모이다. 우리가 성공할 수 있었던 것은 경계를 늦추지 않고 2천만~5천만 달러의 작은 거래를 빠르게 성사시킨 덕분이었다. 우리는 코끼리 사이를 달리는 가젤과 같았다. 우리는 거대한 발이 날아오는 것을 감지하면서 곧바로 도망쳤다. 만약 JP모건이나 체이스맨하탄, 골드만 삭스에게 밟히더라도, 그들은 우리를 밟았다는 사실조차 모를 것이었다. 그 정도로 그들은 우리에 비해 거물이기 때문이었다.

2008년 6월, 시장은 엄청난 폭락의 초기 단계에 접어들고 있었다. 이 폭락은 2009년 3월에야 바닥을 벗어나게 된다. 우리는 상황이 좋지 않다는 것을 알고 있었다. 하지만 앞으로 상황이 얼마나 더 나빠질지는 알 수 없었다. 피닉스의 주택 시장은 한 달 만에 9%나 폭락했다. 다우존스 산업지수가 하루에 100포인트씩 하락했다. 월스트리트의 어떤 트레이더이건 한 번의 실수로 완전히 사라질 수도 있었다. 이런 변동성 속에서는 조심스럽게 거래해야 한다.

압박을 받는 자산을 매입한다고 하면 어려운 일처럼 들리지는 않는다. 결국 시장은 무너지고 있었고 모든 사람들은 독성 자산을 매도해야 하기 때문이다.

당시 나는 가장 큰 금융 센터 은행 중 한 곳에서 트레이딩 데스크와 거래를 하고 있었다. 거래에 대한 또 다른 관점이 필요해서 동료 마이크에게 전화를 걸었다. 그는 이런 종류의 거래를 해 본 경험이 많았다. 게다가 언제나 다른 사람 의견은 도움이 되었다. 나는 가격이 비싸다고 생각했고, 거래에 대해 확신할 수 없었다.

　수요일 밤늦게까지 회사에서 일을 하고 있는데 전화벨이 울렸다. 거대한 금융 중심지인 월스트리트 은행의 한 트레이더였는데, 그때가 다섯 번째 전화였다. 나의 크록 브레인에서 위협 경보가 울리기 시작했다. 3천억 달러짜리 은행이 왜 그렇게 집요하게 나에게 구애하는 것일까? 시장에 나보다 좋은 구매자들이 있지 않을까? 하지만 트레이더와 이야기를 시작하자, 그가 일반적인 방식으로 영업을 하고 있는 게 아님을 알 수 있었다.

　그는 "오렌, 일단 우리가 이 거래를 통과하고 당신이 거래를 성사시킬 수 있다는 것을 알게 되면, 우리의 수석 트레이더인 존 킨케이드John Kincaid에게 소개시켜 줄게요."라고 말했다. "당신처럼 거침없는 사람이에요. 두 사람이 서로 잘 맞을 겁니다. 존은 내가 다루지 못하는 규모의 거대한 거래를 소개해줄 거예요."

　뜨거운 인지의 첫 단계, 흥미 유발이었다. 나는 수석 트레이더를 만나 더 큰 규모의 거래를 소개받고 싶었다.

　그가 말을 계속 이어나갔다. "지금 시장은 혼돈의 상태잖아요. 프랑스, 영국, 남아프리카 공화국에서 이번 건에 참여시켜 달라고 애걸하고 있어요. 하지만 당신이 열심히 하고, 재트레이딩을 하지 않는다고 하면, 당신이 우리와 함께할 겁니다."

　사실이었다. 시장은 혼돈에 빠져 있었고, 모두가 플레이어였다.

　뜨거운 인지의 두 번째 단계인 보상이었다. 비록 내가 구매자였지만, 그는 나 자신을 증명하라고 요구하고 있었다. 나는 그에게 깊은 인상을 남겨서 거래를 진행하길 바랐다.

그는 "다음 주까지 시간을 주고 싶지만, 시장 상황이 여의치 않아요. 금요일까지 결정하셔야 합니다. 거절해도 괜찮아요. 강요하지 않겠습니다. 하지만 금요일에는 답을 주셔야 합니다."라고 말했다.

뜨거운 인지의 세 번째 단계인 시간 프레임이었다. 그는 내가 자유의지를 가지고 있다고 느낄 만큼 충분한 시간을 주었다. 이것은 시간적 압박이 아니라, 그저 합리적인 시간적 제약이었다. 결국, 그 결정은 내가 내려야 할 것이었다.

그는 "굳이 말할 필요는 없지만 우리는 올해 SEC의 제재 없이 1,500억 달러 규모의 트레이딩을 이끌어 냈어요. 지금 우리 자신과 파트너의 평판을 매우 까다롭게 살펴보고 있습니다. 잘해야 해요. 도박도, 누락된 유선 번호도 안 돼요. 깨끗해야 해요. 우리는 정당한 가격을 제시할 겁니다. 그게 조건이에요. 따르실 건가요?"

뜨거운 인지의 네 번째 단계인 도덕적 권위였다. 나는 샌디에이고 외곽에서 2억 5천만 달러를 벌어들인 정도였지만, 규칙을 알고 있고 일을 제대로 할 수 있다고 그에게 장담했다.

처음부터, 나는 그가 영업을 하고 있다고 생각하지 않았다. 나의 일반적인 거래 절차는 그가 쌓아 올린 네 개의 프레임에 의해서 방해를 받았다. 그는 완벽하게 프레임을 쌓아 올렸다. 나는 흥미를 느꼈고, 그에게 깊은 인상을 남겨서 거래를 성사시키려고 했다. 그는 나에게 빠듯한 스케줄을 제시했지만, 부담감은 없었다. 훌륭한 도덕적 가치를 가졌다는 것을 증명하려고 열심히 노력했다. 나는 꼭두각시였다. 차가운 분석적 의사결정 과정은 단순히 흔들린 것이 아니라 중단되고 꺼졌다. 대뇌피질이 단락되었고, 크록 브레인은 인지적 진흙 속에서 행복하고 차분했다. 나는 거래를 하고 싶었다. 다음 날, 그에게 다시 전화를 걸어 "문서를 보내주세요. 하겠어요!"라고 말했다.

설득이 나한테 먹혔다는 건 의심의 여지가 없다. 다행히 마이크에게도 먹혔다.

마이크 핸슨은 곧 나에게 전화를 걸어 나에게서 거래를 낚아챘다고 자랑했다. 신께 감사할 일이었다. 2년이 지났을 때, 그는 15%의 손실을 보았고, 매일 가치는 하락했다. 그에게는 뼈 아픈 거래였고, 나에게는 다행이었다.

덕분에 나는 네 가지 프레임의 뜨거운 인지에 대해서 제대로 배웠다.

몇 년이 지난 지금, 이 기술이 다양한 종류의 설득에서 효과가 있음을 알게 되었다. 게다가 나와 상대방 모두에게 재미를 준다. 이러한 인지 과정은 뜨겁고 감성적이며 빠르게 진행된다.

대상이 분석적이고 차가워지기 시작하면 프레이밍 쌓기와 뜨거운 인지가 설득에 적용된다.

설득에 이를 적용할 때는 2장에서 설명한 프레임만 구현하면 된다. 다만 프레임을 차례로 쌓아 올려 뜨거운 인지를 만들어내는 방법, 즉 인지과학자들이 원하는 것을 만들어내는 방법을 배우기만 하면 된다.

무엇보다 우리는 상대방이 우리를 좋아하게 만들려고 애써서는 안 된다. 어떤 것을 좋아하는 과정은 천천히 진행되며, 지적인 대뇌피질의 작업이다. 우리는 뜨거운 인지 능력을 만들어내는 뜨거운 프레임을 원한다. 프레임을 쌓아 올려 크록 브레인이 원하는 것을 보장하고, 사람들을 움직여 거래를 성사시키는 것이다. 당장 시도해보자.

다음의 네 가지 프레임을 빠른 순서로 쌓아 올려야 한다. (이를 올바르게 수행하면 설득의 마지막 부분인 훅 포인트로 빠르게 이동할 수 있다.)

뜨거운 인지 1: 흥미 프레임

뜨거운 인지 2: 보상 프레임

뜨거운 인지 3: 시간 프레임

뜨거운 인지 4: 도덕적 권위 프레임

뜨거운 인지 1:
흥미 프레임

2장에서 프레임 기반 설득 이론에 대해 이야기했고, 흥미 프레임을 설명했다. 이제 그것을 사용해보자. 목적은 상대의 크록 브레인에 거대한 도파민을 주입하고 욕망을 만드는 것이다. 나는 상대방이 확실히 원하고 있지만 당장 얻을 수는 없는 것을 소개하여 도파민을 자극했다.

내가 최근에 사용한 흥미 프레임을 소개한다. 당시 나는 발표를 하고, 거래를 제안했지만, 눈 깜빡할 새에 기술적인 질문을 받고 말았다.

"남은 시간 동안 재정적인 상세 내용을 살펴보려고 합니다. 그 전에 제가 마음에 들었는지, 이 거래가 마음에 들었는지를 알아보려고 합니다. 만약 그렇다면 당신은 저의 파트너 조슈아를 만나게 될 것입니다. 그는 무척 재미있고 좋은 사람이지만, 약간 별난 구석이 있죠."

나는 이렇게 말하고, 사람들이 내게 집중하고 있는지 잠시 살폈다. 보통은 이 말을 하면 다들 집중하지만 말이다. 사람들은 재미있고 약간 별난 캐릭터에 대한 이야기를 듣고 싶어한다.

"시장이 요동쳤던 작년에, 1,000만 달러 규모의 작은 거래를 진행했습니다. 규모가 너무 작아서 쉬워 보였고, 저 혼자 일했어요. 은행이 마지막 순간에 전화를 걸어 발을 빼기 전에는 모든 것이 순조로웠습니다. 은행은 아무 설명도 하지 않고 그냥 철수했습니다. 덕분에 계획에 300만 달러의 구멍이 생겼습니다. 거래가 결렬될 위기였어요. 예상치 못한 사건이었고, 회사에서 이 일을 알게 되면 저를 해고할 것이라고 생각했습니다. 그래서 조슈아에게 도움을 요청해야 한다고 생각했죠."

청중은 기대하고 있었다. 문제가 어떻게 해결되었는지 알고 싶어 했고, 조슈아가 누군지 호기심을 느꼈다.

"조슈아가 제게 '오렌, 이게 좋은 거래야?'라고 물었어요. 저는 '네, 좋은 거래예요. 모든 걸 말씀드릴게요.'라고 답했죠. 하지만 조슈아는 계속 들으려고 하지 않았어요. 설명도 들으려 하지 않고 점심을 먹으러 갔습니다. 제가 무엇을 했어야 할까요? 저는 투자자들과 저 자신을 구해야 했어요. 저는 조슈아를 설득하기 위해 무엇이든 해야 한다고 생각했어요. 하지만 조슈아는 그냥 점심을 먹고 싶었던 것 같아요. 그렇게 제가 모든 걸 포기했을 때였습니다. 이사회한테 전화가 한 통 걸려오더군요. 놀랍게도 3백만 달러를 다시 투자받았다고 했습니다. 알고 보니 조슈아가 초밥을 먹으면서 휴대전화로 이사회에 전화를 걸었던 거죠. 조슈아는 제게 어떤 보증서에도 서명하라고 요구하지 않았어요. 심지어 파일을 보여달라고 하지도 않았어요. 조슈아가 나서지 않았다면 저의 투자자들은 많은 돈을 잃었을 것이고, 제

평판은 타격을 입었을 겁니다. 조슈아는 그런 사람입니다. 직접 보세요!"

상대방이 듣고 싶어 하는 종류의 이야기였다. 신비로운 조슈아는 누구이며, 어떻게 그를 만날 수 있을까? 어떤 일이 벌어졌는지에 관한 이야기가 아니었기 때문에 효과가 있었다. 사실 지루한 이야기였다. 중요한 것은 그 일이 누구에게 일어났고, 인물들이 상황에 어떻게 반응했는지다. 아무도 당신이 무엇을 목격했는지에 대해서는 관심이 없다. 다만 사람들은 누군가가 강요를 당하고, 긍정적으로 장애물을 극복하는 것을 보고 싶어 한다. 흥미 프레임의 구축은 상대방이 당신의 발표를 듣고 있는 이유를 감안했을 때 큰 의미를 가진다.

상대방은 새로운 세계를 방문하여 새로운 것과 흥미로운 아이디어를 배우고, 독특하고 흥미롭고 재능 있는 사람들의 삶에 끼기를 바란다. 그렇기에 당신에게 시간을 할애한다.

당신이 힘든 상황에서 어떻게 행동하는지 알기 전에 진지하게 당신과의 비즈니스를 고려하는 사람은 없다. "나는 좋은 사람이야."라고 말해봤자 아무런 소용이 없다. 이는 뒷받침할 만한 이야기가 없어 쓸모없는 분석적 사실이다.

사람들은 당신이 장애물에 어떻게 맞섰고, 극복했는지를 알고 싶어 한다. 그들은 당신의 성격이 드러나는 상황에서의 당신에 대해 알고 싶어 한다. 당신이 장애물을 극복하기 위해 필요한 어떤 수준까지 감내하고, 어떤 게임을 하든지에 관계없이 함께하는 사람이 누구인지를 알고 싶어 한다.

브루너 박사에 따르면, 이런 종류의 이야기는 상대방을 내러티브 사고방식으로 전환시킨다. 서사 중심의 사고방식에서, 사람들은 '시간이 지남에 따라 물리적인 일을 하려고 노력하는 인간 행위자'의 관점에서 사건을 이해하려고 한다. 그리고 이 간단한 진술에서 중요한 통찰력을 끌어낸다. 당신의 위대한 아이디어는 아마도 추상적인 개념일 것이다. 솔직히 인정해보자. 무엇을 고려해야 할까? 재정적인 측면, 무수한 타임라인, 일부 고객의 주문, 마케팅 계획, 인터넷 주소, 똑똑한 새로운 아이디어들일 것이다. 또 추정, 정보 기술, 경쟁 분석, 시장 타이밍도 고려해야 한다. 그런데 이런 종류의 정보는 너무 추상적이다.

상대방의 뇌는 추상적인 개념을 좋아하지 않는다. 모든 추상적인 개념은 대뇌피질까지 끌어올려 느리고 고통스럽게 처리된다.

설명을 위해 인간적인 서사가 필요한 이유는 이 때문이다. 이러한 내러티브는 대뇌피질로 보내어 처리할 필요가 없다. 예를 들어 조슈아의 이야기는 현실 세계에서의 인간 캐릭터를 닮아 있다. 상대방은 그 내면의 인간적인 요소에 공감한다.

흥미 프레임이 내러티브에 가장 잘 맞는 이유는 무엇일까? 크록 브레인의 수준에서 내러티브를 해석하는 방법은 다음과 같다.

내러티브 모드에서 크록 브레인은 인간 캐릭터들이 현실적인 시간대에서 현실 세계의 장애물을 마주 보고 있는 것으로 이해한다. 크록 브레인은 시간대에 따라 사건을 분류하는데, 이렇게 하면 우리가 이전에 했던 경험과 연관짓기도 쉽고 세상을 이해하기도 좋기 때문이다. 당신의 설명에서 사건의 전개가 분명하게 느껴지면, 신뢰가 높아진다. 시간대에 맞게 정확하게 느껴지는 내러티브는 강력한 진실성과 정확성을 전달할 것이다.

반대로 사실과 수치에는 진실을 느낄 수 있는 메커니즘이 내장되어 있지 않다. 사실과 수치만 제시하면, 우리는 상대방이 상상력보다 논리적 엄격함을, 느낌보다 지적인 능력을, 이야기보다 이론을 사용하도록 유도하는 패러다임 모드를 작동시키게 된다. 상대방을 이러한 냉철한 상태로 만들어서는 안 된다. 현실 세계의 장애물을 극복하고 있는 인물들을 소개하는 짧고 강력한 내러티브는 뜨거운 인지에 불을 붙일 수 있고, 이는 상대방을 패러다임의 분석적인 사고 모드에서 밀어낼 수 있다.

이런 종류의 흥미 프레임을 만들기 위한 기본 공식이 있다.

패턴 소설이든 논픽션이든, 모든 내러티브와 마찬가지로, 흥미 프레임에는 구조가 요구된다. 구조가 없으면, 이야기는 의도도 없고, 지루해진다. 다음은 당신의 이야기에 흥미로운 결말을 만들어줄 극적인 구조를 만들기 위한 패턴이다.

<흥미 프레임을 만들기 위한 내러티브>
· 인물을 정글에 집어넣어라.
· 짐승들이 그를 공격하게 하라.
· 그는 안전한 곳으로 갈 수 있을까?

정글에 집어넣는다는 것은 힘든 상황에 처하게 만든다는 비유이다. 공격하는 짐승들은 갈등과 긴장으로, 이 사람이 직면하고 있는 문제들을 뜻하며, 그가 안전한 곳을 찾게 되는 동기이다. 일단 그가 정글을 벗어나면 긴장이 풀리고 내러티브의 구조가 완성된다. 따라서 흥미 프레임을 사용하는 동안에는 그가 안전하지 못한 상태가 되어야 한다.

이는 갈등과 긴장을 느끼게 만드는 강한 감정을 타고 상대방을 빠르게 압도하는 서사적 구조를 만들어 줄 것이고, 결국에는 뜨거운 인지에 불을 당길 것이다.

언제나 극단적인 사건의 관점에서 상황을 이야기할 필요는 없다. 하지만 등장인물의 감정적 경험에 대한 관점은 언제나 극단적이어야 한다. 이것이 좋은 내러티브를 만든다. 왜 이 패턴을 사용해야 할까? 정글 속 사람의 공식은 현실 세계에서 추진력과 집념, 자신감, 그리고 현실과의 연관성을 보여주는 행동을 위한 인간적이고 능동적인 방식으로 서사를 전달하게 한다.

내러티브를 전달할 때, 당신을 흥미롭게 만드는 것은 당신에게 어떤 일이 일어났느냐가 아니라, 특정 상황에서의 대응 방식이다. 내러티브에서 감정의 힘은 어려운 장애물과 대면하고, 그 장애물을 극복할 방법을 찾는 인물에서 비롯된다.

매력적인 내러티브를 가진 흥미 프레임 패턴의 또 다른 예를 소개하겠다. 할리우드 시나리오 작가에게서 배운 '시한 폭탄'이라는 패턴이다.

· **사람을 정글에 집어넣어라.**
얼마 전에 1,800만 달러짜리 거래를 했는데, 그 거래에서 나는 투자자들에게 640만 달러를 유치하는 책임을 맡았습니다. 나머지 돈은 은행이 줄 예정이었죠. 약 10일이 걸렸고, 640만 달러에 대한 약속을 받았습니다. 그런데 마감이 72시간도 남지 않았을 때 예상치 못한 일이 벌어졌어요.

· 짐승들이 공격한다.

투자자 중 한 명인 제프 제이콥스가 무단으로 이탈했습니다. 은행은 그의 서명 없이는 돈을 송금하지 않을 것이고, 거래는 성사될 수 없을 위기였습니다. 그날은 금요일 오후였습니다. 1,800만 달러짜리 거래 전체가 위험에 처했습니다.

나는 최악의 상황을 상상했습니다. 어쩌면 그는 말리부 수영장 바닥에 벽돌과 유서를 담은 봉투를 쥔 채 가라앉아 있는지도 모를 일이었죠. 주말 내내 그를 찾았지만, 찾지 못했습니다. 월요일 아침이 되자 내가 제프 제이콥스나 그의 돈 중 하나를 찾아내야 할 시간이 8시간도 채 남지 않았어요. 전화가 계속 걸려왔습니다. 수화기 너머에는 다른 투자자들, 은행, 판매자, 파트너들이 있었습니다. 전화가 걸려올 때마다 상대방은 점점 더 화를 냈어요.

· 그가 정글에서 벗어날 수 있을까?

나는 컴퓨터 앞에 앉아서 컨설턴트와 업계의 세일즈맨들에게 이메일을 보내기 시작했습니다. 제이콥스에 관한 어떤 정보든 제공하는 사람에게 1,000달러를 제안했죠. 그들 중 한 명이 내게 또 다른 주소와 전화번호를 알려주었고, 전화를 걸자 어떤 여성이 받았습니다.

운 좋게도 제이콥스 부인이었어요.

"제이콥스의 아내라고요?" 제가 물었죠.

"그래요." 그녀가 답했습니다.

마음이 요동쳤습니다. "제이콥스 부인, 통화가 되어 다행입니다. 남편을 대신해서 서류에 서명해 주시겠어요? 부인도 서명할 수 있거든요. 정말 감사합니다. 제가 직접 차로 갈 수도 있습니다. (당시 제이콥스 부인이 사는 팜 스프링스까지 가려면 차로 40시간이 걸렸다.)"

"제프에게 도움이 된다고요?" 부인이 친절하게 묻더군요.

"네!"

"당신을 위해서라면 하겠지만…."

"감사합니다!" 전 중간에 말을 잘랐습니다.

그런데 이번에는 제이콥스의 아내가 제 말을 잘랐어요. "하지만 나는 그 개자식이랑 11년째 별거 중이에요. 그놈을 도와주느니 지옥에 가겠어요."

그 말을 듣자마자 모든 것을 버리고 동쪽 끝인 뉴욕에서 서쪽 끝에 있는 팜 스프링스로 향하는 가는 제트기에 올랐습니다.

내러티브 패턴 구축의 중요한 네 번째 단계는 인물을 정글의 가장자리로 끌어들이되, 완전히 빼내지 말라는 것이다. 최종적인 해결책이 없다는 사실이 내러티브를 만들어내기 때문이다.

흥미를 갖고 감정적 사건, 즉 뜨거운 인지를 작동시키기 위해, 나는 이야기를 완성하지 않고(결말은 최종적으로 멋지게 등장할 것이다), 다음 프레임인 보상 프레임으로 넘어가겠다.

뜨거운 인지 2: 보상 프레임

2장에서 언급했듯이 보상 프레임은 거래에서 가장 중요한 당사자를 상대방이 아니라 당신 자신으로 만드는 것이다. 이 작업에 성공하면 프레임은 뒤집힌다. 당신이 거래에 참여하더라도 상대방이 당신의 주의를 얻으려고 한다.

내가 캘리포니아 랜초 산타페Rancho Santa Fe에 있는 헬렌 우드워드Helen Woodward 동물 보호소를 방문했을 때를 보상의 간단한 예로 소개할 수 있다. 프레임이 뒤집히면서, 나의 힘이 훼방을 받고, 지위가 장악되었던 경험이었다.

나는 전형적인 영웅의 모습으로 "집 없는 유기견을 구하러 왔어요."라고 선언하듯 동물 보호소에 발을 들였다. 사실이었다.

나에게 가장 깊은 인상을 남긴 개는 나와 함께 집에 가서 밥을 먹고 치료를 받는 보상을 받게 될 테니까 말이다. 마음에 드는 개를 발견했고, 비용을 지불하고 구조를 완료할 준비가 되었다. 좋은 곳인 것 같았다. 그런데, 잠깐!

"실례합니다, 선생님."

입양 상담사였다. 20대 초반이었다. 만약 그녀가 당신의 동생이었다면 아마 당신은 그녀에게 헤어 젤은 작작 그만 쓰고 보라색 반짝이 아이섀도는 지우라고 잔소리를 했을 것이다.

"선생님 집은 어떤가요? 아이가 있으신가요? 어떤 직업을 가지고 계신가요? 만약 뒷마당이 크지 않다면 이 개는 추천하지 않습니다. 선생님이 직장에 있을 때 개는 누가 돌보죠? 그분들 번호는 어떻게 되며, 선생님 수입은 얼마인가요?"

어이가 없었다. 머리에 분홍색 브릿지를 드문드문 넣은 23살의 자원봉사자는 내가 집 없는 개의 구원자가 아닐 수도 있다고 말하고 있었다. 나의 영웅 프레임은 산산조각이 났다. 그때부터 나는 나 자신을 방어하느라 바빴다. 내가 정말로 좋은 사람인지 알려주려 다양한 예를 들었다.

나는 질문에 답을 했고, 그녀가 고개를 끄덕이자 나는 비용을 지불하고 동물을 구조할 준비가 되었다. 아니, 그다음에는 신청서를 작성해야만 했다. 그러고 나서 입양이 승인되었는지 확인하러 몇 시간 후에 다시 오라고 했다. 나는 영웅처럼 보호소를 들어갔지만, 보호소는 나를 신청자로 만들어버렸다. 이제 나는 대소변을 제대로 가리는지도 알 수 없는 유기견을 구조할 수 있을 정도로 충분히 훌륭한 시민이라는 것을 증명해야 했다. 나는 흔한 선택지가 되었고, 유기견은 보상이 되었다. 보호소가 프레임을 뒤집었다.

이제 발표에서 보상 프레임을 사용하는 예를 들어보자. 설득을 위하여 구체적인 예부터 시작해서 보상 프레임을 만들 때 쓸 수 있는 좀 더 일반적인 패턴을 살펴볼 것이다. 다음은 발표가 끝날 때까지 사용할 수 있는 방법이다.

"여러분, 제 거래를 소개할 수 있게 되어서 기쁩니다. 언제나 구매자들을 만날 수 있는 것은 아니거든요. 우리는 즐거운 시간을 보냈다고 생각합니다. 하지만 이제는 회의를 마무리해야 합니다. 또 다른 회의가 있어서요. 우리는 바쁘고, 이런 거래는 많지 않으며, 있다 하더라도 거기엔 제가 참여하지 않죠. 저를 원해주셔서 다행입니다. 하지만 진지하게 생각해보면, 저는 투자자를 선별해야 합니다. 일이 더 진전되기 전에, 여러분을 제대로 파악해야 하죠. 여러분의 약력은 가지고 있고, 평판도 알고 있습니다. 하지만 함께 투자를 할 때는 신중해야 합니다. 게다가 파트너인 조슈아에게 여러분을 소개해야 하는데, 그는 당신이 좋은 파트너인지 알고 싶어 합니다. 우리가 왜 함께 일해야 할지를 알려주실 수 있나요?"

이 설명에서 나는 무엇을 한 것일까? 보상 프레임을 전달했다. 보상 프레임에는 기본적으로 다음과 같은 내용이 포함된다.

1. 나는 더 나은 거래를 가지고 있다.
2. 나는 함께 일하는 사람을 까다롭게 고른다.
3. 당신과 함께 일할 수 있을 것 같지만, 더 많이 알아야 한다.
4. 나에게 직접 자료를 달라.
5. 우리가 좋은 파트너가 될 수 있을지 알아야 한다.
6. 지난번 사업 파트너들은 당신을 어떻게 평가했는가?
7. 거래가 샛길로 빠질 때는 어떻게 처리하는가?
8. 나의 동업자는 까다롭다.

보상 프레임은 상대방의 크록 브레인에 당신이 '강하고, 도움이 필요하지 않으며, 함부로 거래하지 않는' 사람이라는 신호를 보내 인지를 뜨겁게 만든다.

「아메리칸 사이콜로지스트The American Psychologist」에 글을 기고하는 로버트 자혼크Robert Zajonc 박사는 이러한 뜨거운 인지의 중요성과 감정적인 절차의 중요성을 설명한다.

예를 들어, 상대방이 "당신은 친구이다."라고 말했는지 "당신은 악인이다."라고 말했는지를 판단하는 것은 중요하지 않다고 지적한다. 정말 알아야 할 것은 애정이 담긴 말인지, 비난의 의도가 담긴 말인지를 파악하는 것이다. 어떤 단어가 쓰였느냐는 메시지의 차가운 부분이다. 그래서 중요하지 않다. 애정이 담긴 말인지 비난인지는 뜨거운 부분이다. 연구원들은 메시지의 뜨거운 부분에 22배나 많은 정보가 주어진다는 것을 발견했다.

다른 프레임과 달리 보상 프레임은 확신의 강도에 크게 의존한다. 앞서 언급한 패턴에서 나는 상대에게 전달하는 보상 프레임의 외부적인 공식을 제시했다. 즉 상대방에게 말하는 내용이다. 그러나 보상 프레임은 단어를 통해서만 만들어지는 것이 아니다. 내부적인 조직 방법이기도 하다. 당신이 보상 프레임을 완전히 활성화하고 배치하기 위해서 전달해야 하는 암시는 다음과 같다.

내가 보상이다.
당신은 나에게 깊은 인상을 주려고 한다.
당신은 나의 인정을 받기 위해 노력하고 있다.

시간이 지나면서 이런 것을 잘하게 되면 보상 프레임은 말과 설명에 달려 있지 않음을 알게 될 것이다. 누가 보상인지, 무엇이 보상인지에 대한 확신의 강도가 더 중요하다.

뜨거운 인지 3:
시간 프레임

나는 보잉사에 지오마크라는 회사의 거래를 홍보할 때 시간 프레임을 사용했다.

"저의 회사인 지오마크는 좋은 거래 건입니다. 과장이라고 말하지 마세요. 당신도 같은 생각이라는 것을 알고 있습니다. 지금 상황을 보세요. 당신의 회사 본사에서 세 번째 회의를 열고 있습니다. 보잉 쪽에는 보잉사의 임원 4명, 엔지니어 3명, 컨설턴트 2명이 계시는군요. 왜 오신 걸까요? 거래를 바라기 때문이죠. 당연하죠. 중요한 거래라는 걸 다들 아니까요. 여러분을 압박하려고 이러한 사실을 악용할 생각은 없지만 무시할 수 없는 사실입니다. 그래서 우리는 다음 주에 그 거래에 대한 결정을 내려야 합니다. 왜 일주일 내로 결정하냐고요? 제가 일부러 시간을 촉박하게 잡은 게 아니라 시장 상황 때문입니다. 가혹하지만 현실이 그렇죠. 7월 18일까지 여러분은 결정을 하셔야 합니다."

시간이 의사결정에 미치는 영향은 백여 년 동안 연구되었지만, 인간의 본성은 변하지 않았다. 거의 모든 경우에 시간의 압력이 더해지면 의사결정의 질이 떨어진다. 예를 들어 구매자에게 차량 판매가 당일에 종료된다고 하면, 판매가 더 쉽다. 왜 이러한 전략이 효과가 있을까? 인간의 머릿속에는 희소성 편향이 존재하며, 잠재적으로 거래가 사라질 수 있다는 공포감을 불러 일으킨다. 하지만 희소성을 부과하면 효과가 좋다고 해서 너무 자주 쓰는 것은 좋지 않다. 1980년대의 싸구려 판매 전략으로 거래를 오염시키고 싶지 않다. 우리는 상대가 우리를 전문가로 생각해주기를 바란다. 우리를 신뢰하기를 바란다. 그래서 나는 시간 압박을 사용하지 않는 경향이 있다. 극단적인 시간의 압박 은 강요로 느껴진다. 어쨌거나 시간은 모든 거래에서 중요한 요 소이다. 당신은 공정함과 압박 사이의 적절한 균형을 찾고, 실 시간 제한을 설정해야 한다.

다음의 시간 프레임 패턴을 사용하고 따를 수 있다.

"시간의 압박을 받는 건 모두 싫어합니다. 하지만 기반이 탄탄 한 좋은 거래는 열차를 타는 것과 비슷합니다. 아니, 그보다는 열차 그 자체라고 해야겠군요. 역에 들러 투자자들을 태우고, 정 해진 시간에 출발합니다. 시간이 되면 기차는 역을 떠나야 해요.

제가 마음에 든다면, 그리고 거래를 원한다면 결정할 시간이 충분히 있습니다. 별로 끌리지 않는 거래를 할 이유는 없죠.

하지만 이 거래는 저나 당신, 그리고 어느 한 사람보다 중요합 니다. 거래는 계속 진행되고 있습니다. 모든 사람들이 협력해야 하는 중요한 경로, 그러니까 실제 일정이 있어요. 그래서 우리는 15일까지 결정해야 합니다."

이게 전부다. 이 이상 할 필요는 없다. 간단한 패턴으로 시간
의 제한을 정하면 된다. 노골적이거나 공격적으로 재촉할 필요
도 없다. 기차가 정해진 날짜와 시간에 역을 떠난다는 말의 의
미는 누구나 알고 있다.

뜨거운 인지 4:
도덕적 권위 프레임

뜨거운 인지에 대한 생각을 주도하는 로버트 자혼크는 "우리
는 끊임없이 서로를 평가하고, 서로의 행동을 평가하고, 그 행
동의 동기와 결과를 평가한다."라고 말했다. 물론, 이것이 우리
가 프레임을 쌓는 이유이다. 무슨 일이 벌어지든, 우리가 무엇
을 하든 우리는 평가받을 것이다. 그럼 기왕이면 원하는 평가를
받도록 하자. 자혼크는 이러한 평가를 '욕망'이라고 말한다.

따라서 재정적인 문제를 설명하기 가장 좋은 방법과 우리의
제품을 가장 잘 시연하는 방법을 사용하고 싶더라도, 가장 중요
한 것은 '욕망'을 만들어야 한다는 사실이다. 설득에서 우리의
효율성에 기여하는 다른 요소들도 있다. 하지만 가장 중요한 것

은 '욕망'을 만들어내는 것이다. 어떻게 해야 할까? 상대방의 마음에 욕구를 만들어내고 설득을 하려면 발표자는 뜨거운 인지를 사용해야 한다.

상대방의 크록 브레인에 '욕망'이 자리 잡기 전까지 당신의 정보는 대체로 무시당하거나 적어도 큰 인상을 주지 못할 것이다.

지금까지 보상 프레임, 흥미 프레임, 시간 프레임의 사용 방법을 살펴보았다. 이제는 프레임을 사용하여 뜨거운 인지와 '욕망'을 일으키는 방법에 관한 예를 살펴보자.

세계에서 가장 영향력 있는 정치인들은 시키는 일을 정확하게 해 줄 부하들이 있다. 모든 정치인은 자신의 뜻을 따르는 부하직원들로 구성된 지층을 가지고 있다.

미국 대통령을 예로 들어보자. 만약 극비리에 적군의 거점을 공습하라고 명령한다면, 부하들은 계속해서 그의 명령을 실행할 것이다. 여기에는 전투기 조종사도 포함된다. 대통령은 국민들을 전쟁으로 이끌 수도 있고, 수백만 명에게 영향을 미칠 법안에 서명할 수도 있다. 그가 대면하는 모든 상황에서, 그의 프레임은 어떤 적보다 강하다.

다른 국가 지도자들처럼, 미국 대통령은 명령을 받는 데 익숙하지 않다. 대통령이 되기 위해 어떤 일을 겪어야 하는지, 얼마나 많은 인신공격을 받는지를 생각해보라. 자신이 한 말에 대한 프레임이 계속해서 재구성된다고 생각해보라. 그러나 일단 대통령이 되면, 당신은 현대 역사에서 가장 정교하고 강력한 프레임 중 하나를 가지게 될지도 모른다. 하지만 대통령마저도 거의 맹목적으로 명령에 따르는 사람이 한 명 있다. 바로 백악관 주치의다. 그가 대통령에게 "뒤에 가서 옷을 벗으세요."라고 말하면, 대통령은 군말 없이 말을 들을 것이다.

모든 사회적 상황에는 기본적이고 인간적이며 당연한 기능들이 존재한다. 이를 사회적 상호작용의 의식적 요소라고 하자. 모든 사람은 사회적 만남을 통해 세상을 항해한다. 그 사람의 실질적인 의도는 중요하지 않다. 모든 사회적 만남은 프레임으로 이루어진다. 이런 점에서 대통령 주치의와 같은 의사는 우리에게 명령을 할 수 있다. 그뿐 아니라 그들의 프레임은 너무나 강력해서 우리는 무력해진다. 어쩌면 의사의 프레임은 세상에서 가장 강력할지도 모른다. 정말일까? 자세히 알아보자.

살려면 의사의 명령을 따라야 한다. 게다가 우리는 의사들을 존경한다. 심장내과의사, 방사선과의사, 내과의사, 외과의사는 당신과 당신이 사랑하는 사람의 생명을 구할 수 있다. 그래서 의료 전문가를 대할 때는 짜인 각본을 따라야 한다. 외과의사가 서 있을 때 우리는 앉는다. 만약 외과의사가 앉으라고 하면, 앉아서 진료를 받는다.

말 그대로 의사가 하라는 대로 반응하게 된다. 우리는 자동적으로 의사의 말을 따른다. 의사는 우리에게 반응하지 않는다.

우리가 의사에게 복종한다. 의사는 우리가 말할 때 알았다는 의미로 고개를 끄덕일 뿐이다.

진료를 봐주는 외과의사는 자신이 원하는 옷을 입는다. 멋진 정장을 입을 때도 있고, 편안해 보이는 평상복을 입을 때도 있다. 반면 우리는 우리의 낮은 지위를 확인받기라도 하듯이 속옷도 입지 않은 채 초록색 가운을 걸친다. 만약 우리가 이런 우스꽝스러운 가운을 입고 거리에 나가야 한다면, 마음에 상처를 입을 것이다. 외과의사는 부유하며 명망 있는 대학의 학위와 존경받는 지위, 약 수십 년 동안 획득한 전문 지식을 가지고 있으며, 말 그대로 생사를 결정하는 힘을 가지고 있다.

우리는 이 대본을 따르도록 되어 있다. 그런데 예외인 사람도 있다. 테레사 수녀가 바로 그런 예이다.

1991년 12월, 테레사 수녀는 캘리포니아 라호야La Jolla에 있는 스크립스 클리닉과 연구 재단에서 세균성 폐렴과 심장 관련 문제로 치료를 받았다. 세계적으로 유명한 인물이 치료를 받게 되자 의사들이 테레사 수녀를 보러 몰려왔다. 여기에서 프레임이 충돌했다.

의사의 프레임에는 다음과 같은 세 가지 규칙이 있다.

규칙 1: 시키는 대로 하라.
규칙 2: 나의 전문적인 지식을 따르라.

규칙 3: 삶과 죽음에 대한 나의 결론을 받아들이라.

그러나 테레사 수녀는 의사의 대본을 따르지 않거나, 프레임을 따르지 않는 사람이었다. 테레사 수녀의 프레임은 다음과 같았다.

1. 물질적인 부는 아무 가치도 없다.
2. 생사는 중요하지 않다.
3. 억압받는 사람들을 도와주도록 하라.
4. 돈 많은 사람이 천국에 가는 것은 낙타가 바늘귀를 통과하는 것보다 어려운 일이다.

수녀의 프레임은 돈이나 전문적인 지식이 아니라 높은 도덕적 권위를 바탕으로 작동했다.

억압받는 사람들을 도와주도록 하라. 생사는 중요하지 않다.

의사의 프레임은 테레사 수녀를 만난 후 도미노처럼 무너져 내렸다. 수녀는 의사의 지위나 삶과 죽음에 대한 통제력에 반응하지 않았다. 심지어 그녀는 죽음도 별로 걱정하지 않았고, 이전에도 의사의 명령을 자주 무시했다. 의사들이 테레사 수녀의 프레임에 빠지면서, 놀라운 일이 일어났다. 의사들은 테레사 수녀에게 깊은 인상을 줄 수 없었고, 이들의 프레임은 무너졌다.

덕분에 테레사 수녀는 미국의 의사들이 전에는 생각도 못 했던 행동을 하게 했다. 북부 샌디에이고의 부유한 해안가 마을인 라호야에 오기 전, 테레사 수녀는 미국과 멕시코 국경 너머에 있는 가난한 티후아나Tijuana를 방문했다. 그곳에서 그녀는 미국과 멕시코, 라호야의 부자와 티후아나의 빈자 사이의 엄청난 격차에 대해 알게 되었다. 그래서 의사들의 방문을 받았을 때 기회라고 생각했다. 테레사 수녀는 의사들에게 사회에 어떤 것을 환원하고 있는지 물었다. 그러고는 불과 40km떨어진 티후아나의 의료시설을 본 적이 있는지 물었다. 그들 대부분은 아니라고 대답했다.

그러자 테레사 수녀는 티후아나의 이동 진료소를 돕기 위해 시간과 자원을 기부하겠다고 약속해 달라면서, 의사들에게 자신의 병실 밖에 있는 장부에 이름을 적어달라고 부탁했다.

지배적인 프레임에 익숙한 의사들은 테레사 수녀에게 성공을 과시하는 것으로는 깊은 인상을 심어줄 수 없었다. 테레사 수녀의 대의명분에 따라 시간과 전문성을 투자하겠다고 약속해야만 했다.

20일 후, 테레사 수녀가 병원을 떠날 때쯤이 되자 남부 캘리포니아에서 가장 부유하고, 똑똑하고, 가장 교육을 잘 받고, 가장 높은 사회 계층은 테레사 수녀의 프레임에 동요했다. 티후아나 봉사를 약속한 의사의 수는 이 사실을 증명해주었다. 의사들은 어땠을까? 크게 노력한 것도 아닌데 이들의 프레임은 흔들리고, 부서지고, 방해를 받았다. 지위가 높은 외과의사의 권력 프레임이 무너지고, 테레사 수녀의 프레임이 이겼다. 「로스앤젤레스 타임즈」에 따르면 "1992년 1월 16일, 캘커타의 테레사 수녀는 의사들과 간호사들로부터 티후아나의 가난한 사람들을 위해 이동식 의료 병원의 자원봉사 네트워크를 설립하겠다는 약속을 받은 후, 스크립스 클리닉과 연구 재단 병원에서 퇴원했다."

수녀는 건강을 돌보라는 의사들의 조언에 "물론이죠."라고 답했다.

뜨거운 인지와 차가운 인지

뜨거운 인지는 상대방의 크록 브레인이 당신과 당신의 위대한 아이디어를 원하도록 만드는 신속한 방법이다.

하지만 이것이 영업 기술은 아니다. 프레임을 쌓는 일은 그저 영업 전략 중 하나일 뿐이다. 기존의 영업 기술은 합리적인 설명으로 대뇌피질을 좇는다. '판매'는 내가 가장 싫어하는 세 가지 일을 하도록 유혹한다.

즉, 간청하고, 대뇌피질에 합리적으로 호소하고, 상대를 공격하는 질문을 던진다. 그러나 뜨거운 인지는 영업 기술처럼 상대를 공격하지 않는다.

· **뜨거운 인지는 원초적이다.**

흥분할 때마다 대뇌피질이 어떤 일을 하도록 만드는 것은 어렵다. 크록 브레인은 잠재적인 신체적 또는 사회적 위협으로부터 우리를 보호하기 위해 뇌 기능을 사로잡는다. 어떤 분석도 이루어지지 않는다. 따라서 뜨겁고 생생한 것과 우리 바로 앞에서 움직이는 것에 반응하는 것이 훨씬 쉽고 자연스럽다.

· **뜨거운 인지는 피할 수 없다.**

감정의 표현을 통제할 수는 있겠지만, 감정을 가지고 경험하는 길에서 벗어날 수는 없다.

· **뜨거운 인지는 즉각적이고 지속적인 경향이 있다.**

방금 본 영화가 마음에 드는가? 포드 머스탱의 새로운 모델이 마음에 드는가? 달팽이 먹는 것을 좋아하는가? 분석할 필요가 없는 문제들이다. 이들은 뜨거운 인지에 포함된다. 마주한 순간에 바로 느끼게 될 것이다.

뜨거운 인지와 차가운 인지를 정의하는 가장 좋은 방법은 초

콜릿과 시금치를 비교하는 것이다. 잔인하지만 부정할 수 없는 진실을 알고 있을 것이다. 시금치는 몸에 좋고, 많은 영양소를 가지고 있으며, 더 많이 먹어야 한다. 하지만 초콜릿을 받으면 먹고 싶다.

당신의 설득이 잘 진행되고 있는지 가늠하는 테스트는 다음과 같다.

'상대방이 당신의 물건을 사고 싶어 하는가? 팀의 일원이 되고 싶어 하는가? 당신의 아이디어에 투자하고 싶어 하는가?'

상대방이 당신의 프레젠테이션을 좋아하기 전까지 얼마나 많이 생각해야 하는가? 얼마나 완전하게 아이디어를 제시하고 생각해야 하는가? 상대방이 '좋은' 것인지 '나쁜' 것인지 결정하기 전에 얼마나 합리적인 분석을 완료해야 하는가? 나는 상대를 설득할 때 평가를 기다리지 말라고 주장하고 싶다. 그렇게 된다면 상대방은 차가운 인지에 빠져 당신이 괜찮은 사람인지, 당신이 제시한 거래가 괜찮을지 판단하려 할 것이다. 그보다는 프레임을 쌓고, 뜨거운 인지를 촉발시키고, 욕망으로 이어지는 즉각적인 평가를 만들도록 하라.

크록 브레인을 겨냥한 뜨거운 인지가 그렇게 강력하다면, 왜 대부분의 사람들은 대뇌피질을 겨냥한 차가운 인지를 바탕으로 프레젠테이션을 진행할까?

나의 생각은 이렇다. 우리의 이성은 대뇌피질이 크록 브레인보다 훨씬 더 똑똑하다고 말한다. 우리는 똑똑한 대뇌피질로 메시지를 만들면, 그 메시지가 이를 이해할 수 있는 상대방의 대뇌피질로 전달될 것이라고 추정한다. 대뇌피질은 매우 유능한 문제 해결사이기 때문에 일리 있는 생각일 수 있다. 대뇌피질은 언어와 수학, 창조적인 능력이 뛰어나다. 마치 스스로 생각할 수 있는 맥가이버칼과 비슷하다.

반면 크록 브레인은 고무로 된 막과 같아서 단순한 작업에 잘 어울린다. 몇 가지 감정에만 반응하는데, 그런 감정들은 범위가 매우 한정적이다. 크록 브레인은 대뇌피질의 똑똑한 아이디어를 이해하기에는 너무 단순하게 생각한다. 상대방의 유능한 대뇌피질과 감정적이고 단순한 크록 브레인 중 어느 쪽의 결정을 믿어야 할까? 우리는 직관적으로 대뇌피질을 믿어야 한다고 생각한다. 하지만 이는 잘못된 판단이다. 1장의 주제를 다시 생각해보자. 어떤 프레젠테이션이나 메시지도 크록 브레인 시스템의 생존 필터를 통과하지 않고서는 뇌의 논리를 담당하는 중심에 도달하지 못할 것이다. 그리고 우리가 진화한 방식 때문에, 이러한 필터들은 설득을 매우 어렵게 만든다.

이제 당신은 내가 무슨 말을 하려는지 알 수 있을 것이다. 상대방의 크록 브레인이 당신의 제품을 원하도록 만드는 데 에너지를 집중하라. 왜냐하면 아무리 상대의 대뇌피질에게 당신의 제품을 팔려고 해도, 대뇌피질은 기껏해야 당신의 아이디어를

'좋아하는 것'에 그치기 때문이다.

뜨거운 인지는 어떤 것을 '알고 있다'는 내적 확신이자, 느낌이다. 차가운 인지는 어떤 것이 좋고 나쁜 것인지 평가함으로써 '알고 있다'는 확신이다.

앞에서 말했듯이, 뜨거운 인지는 대단히 빠르다. 뜨거운 인지는 고대의 뇌 구조인 뇌간과 중뇌인 크록 브레인을 통해 발달한다. 차가운 인지는 분석적이며, 대뇌피질에서 생겨난다. 차가운 인지는 문제를 계산하고 해결책을 제시하는 데 시간이 걸린다. 이것은 대뇌피질이 시간을 들여 정보를 모으고 문제를 해결하는 방식이다. 아마도 "냉정하게 객관적인 사실만을 알려주세요."라는 표현을 들어봤을 것이다. 차가운 인지는 결정의 매트릭스에서 사실을 노동 집약적으로 처리하는 것이다.

뜨거운 인지는 즉시 이루어지지만 차가운 인지가 완료되는 데는 몇 시간 또는 며칠이 걸릴 수 있다. 대부분의 프레젠테이션은 상대방을 차가운 인지로 유도하려고 한다. 또한 사실과 정보를 가지고 핵심 아이디어를 합리화하려고 노력한다.

뜨거운 인지는 가치를 암호화한다. 상대방에게 감정적으로 이끌리는 막대한 금전적 이득에 대한 기대를 심어준다. 실제로 이득을 얻는 순간에는 그다지 흥미롭지 않다. 어떤 연구자는 "돈이 만들어지기 훨씬 전에 인간의 뇌는 음식, 음료, 장식품, 그리고 문화적인 가치가 있는 다른 물건들에 대한 보상 강화 체계를 얻어냈다."라고 설명했다. 뇌는 돈을 음식, 장식품 그리고 마약과 똑같이 생각하고 그것을 간접적으로만 사용함으로써 얻을 수 있는 효용을 기억한다. 뇌에는 금전 등록기나 대차대조표가 없다.

조지 소로스는 "계몽주의 철학자들은 이성을 믿었다. 그들은 이성이 완전하고 정확한 현실을 그려내기를 기대했다. 이성은 자신을 발견해주기를 기다리고 있는 현실을 비추는 탐조등처럼 작동하게 되어 있다."라고 적었다.

하지만 앞에서 이야기했듯이 현실은 발견되기만을 기다리는 것이 아니라 프레임이 되기를 기다리는 것이다. 네 개의 프레임을 빠르게 차례로 쌓으면 상대방의 뜨거운 인지에 닿을 수 있으며, 이는 상대방이 욕망을 발견하도록 돕는다. 또한 프레임 쌓기가 완료되면 약 30초 동안 상대방의 주의를 집중시킬 수 있다. 하지만 이 모든 일이 제대로 안 풀릴 수도 있다. 그렇다면 그 짧은 시간 안에 상대방의 욕구를 행동으로 옮길 방법을 찾아야 한다. 하지만 어떻게? 이제 어떻게 해야 할까?

5장

절박함을
티내지 말라

"

지난 몇 년간, 나는 많은 거절을 당했다. 거절은 절대 익숙해지지 않기 때문에 불편하다. "안 된다."라는 답을 들으면 실망감을 느끼는 것은 당연한 일이다. 누구나 마찬가지이다. 거절당하는 것을 좋아하는 사람은 없다. 누구나 피하고 싶고, 중요한 일에서는 거절당할까 봐 불안해한다.

사업가, 친구, 이웃, 시민으로서 우리는 다른 사람에게 무언가를 원할 때, 모든 사람의 마음을 관통하는 가느다란 공감의 실이 있다고 믿으며, 타인으로부터 좋은 대우를 받을 것이라고 생각한다. 하지만 현실은 그렇지 않기에 사람들은 거의 항상 불안해하고, 상대에게 도움을 청한다.

하지만 누군가를 설득할 때 절박하다는 신호를 보내는 것은 매우 좋지 않다. 프레임 통제에 있어서 최악이라고 할 수 있다. 절박해 보이면, 나의 지위는 낮아지고, 뜨거운 인지는 멈춘다. 쌓아 올린 프레임은 무너진다.

거의 매일 수백만 달러짜리 의사결정을 내리는 투자 은행가들과 이야기해보면 검증받기를 바라는 행동(요구)이 거래를 망가뜨리는 지름길이라고 말한다.

"

막다른 길에
서다

12년 전, 나는 내가 투자한 기술 회사를 위해 돈을 마련하려고 했다. 그 회사는 현금을 빠른 속도로 소진하고 있었다. 나는 대규모 투자자를 찾아야 했기 때문에 매일 최고의 벤처 캐피털 회사에 50통 넘게 전화를 걸었다. 안내원이나 비서들과 수없이 이야기를 나눴고, 음성 메시지를 남기라는 말을 수없이 들었다. 하지만 내게 전화를 할 만큼 흥미를 보이는 사람은 없었다.

우리 회사는 좋은 아이디어를 가지고 있었지만, 전화로 설명하기는 어려웠다. 설명하기 위해서는 직접 이야기를 나누는 시간이 필요했기 때문에, 대면 회의가 절실했다. 나는 계속 고집을 부렸고, 몇 명이 전화로 프레젠테이션을 해달라고 했다. 하지만 결과는 좋지 않았다. 가라지 테크놀로지 벤처스Garage Technology Ventures의 빌 라이허트Bill Reichert는 "왜 누군가 그것을 만들고, 사용하고, 투자하고 싶어 하는지 전혀 모르겠군."이라고 말했다. 소프트뱅크 벤처 캐피털의 론 피셔Ron Fisher는 "자네를 위해 하는 말이네. 다시 생각해 보게."라고 했다.

클라이너 퍼킨스Kleiner Perkins 벤처 캐피털의 비노드 코슬라Vinod Khosla는 연락이 닿자마자 곧바로 자신의 부하 직원에게 전화를 돌려 버렸다. 명백히 막다른 골목이었다. 나는 북미에서 가장 큰 벤처 캐피털의 회사들로부터 계속해서 거절당했다. 계속해야 할지 의문이 들었다. 마음속에서 끊임없는 갈등이 일었다. 계속해야 할까? 아니면 포기해야 할까? 하지만 이미 되돌아갈 수 없는 지점을 지난 뒤였다.

당연한 말이지만, 현대 비즈니스에서 이보다 더 중요한 진리는 없을 것이다. "끈기는 결과를 낸다." 나는 끈질기게 버텼다. 결국 일류 벤처 캐피털의 회사들을 대상으로 네 번의 미팅을 잡게 되었다. 하지만 미팅을 잡는 것은 두 단계의 과정 중 하나일 뿐이다. 깊은 인상을 남기고 설득에 성공하거나, 빈손으로 집에 가야 했다. 당시에는 아무 소득도 없이 집으로 돌아가는 데 익숙해지고 있었다. 자신감이 떨어지고 있었다. 나는 설득에 능하다는 것을 알고 있었다. 그런데 계속 설득이 실패하고 있었다.

다른 문제도 있었다. 말하기 부끄럽지만, 어차피 공식적으로 기록된 사항이니(UCLA의 앤더슨 경영대학원이 경영학석사 과정에서 내 거래를 사례 연구 대상으로 삼았기 때문이다.). 당시 내 계좌에 든 돈은 1,000달러도 안 되었다. 그리고 이제 회사는 단 하나의 프레젠테이션만을 앞두고 있었다. 현금이 바닥나고 영원히 문 닫기 전에 주요 벤처 캐피털의 회사에게 투자받을 수 있는 마지막 기회였다.

무엇이 잘못되고 있는지 설명하기 위해 이론을 만들어보려고 했지만, 아무것도 생각해내지 못했다. 나는 뭘 잘못하고 있을까? 뭔가 잘못하고 있긴 했다. 마지막 미팅에서 다시 같은 실수를 저지르기보다는, 나 자신을 다시 분석하고 구성하기로 결정했다. 나는 겸손하게 예전 직장의 선배 피터와 이야기를 나누었다.

피터 역시 업계의 신이라 불릴 만한 대가였고, 나는 그가 많은 돈을 벌 수 있도록 여러 가지 큰 거래를 성사시키는 데 도움을 주었다. 누군가 나를 도울 수 있다면, 그것은 피터이리라.

그의 사무실 문을 닫고 앉는데, 그가 나를 도와줄지 아니면 그냥 잔소리만 할지 확신이 없었다. 나는 피터에게 만나주어서 고맙다고 인사했고, 그는 입을 열었다.

"오렌, 자네가 일하는 걸 주의 깊게 지켜봤네. 뛰어날 때도 있지만 문제도 많았어."

"맞아요." 나는 다가올 잔소리에 대비하며 말했다.

"자네는 일관성이 없어. 어떤 때는 환상적인데, 어떤 때는 실망스러워. 어떤 날에 어떤 오렌일지 알 수가 없었어."

나 자신을 방어하고 싶었지만, 고개를 끄덕이고 조용히 있는 것이 지금으로서는 최선이라고 생각했다. 피터는 말을 이었다.

"2년 전 자네는 무적으로 보였네. 우리 역사상 가장 수익성이 높은 거래인 소마텍스 건에 도움을 주었어. 그때로 돌아가야해."

내가 어떻게 잊어버릴 수 있을까? 내가 없었다면 이루어지지 않았을 거래였다. 내 덕분에 사람들은 부자가 되었다. "기억하죠."라고 나는 말했다.

"그때 이후로 몇 건 더 거래를 성사시킨 후 자네는 파트너가 되었어."

당시 나는 파트너, 즉 투자 은행에서도 가장 탐나는 자리를 얻기 직전이었다. 또한 허쉬와의 계약 건으로 회사에 백만 달러 이상을 안겨주었다. 이후에도 나는 거대 기업과 몇 건인가 계약을 성사시켰다. 경쟁자들은 우리를 존경하고 부러워하며 우리의 멋진 여정을 지켜만 봐야 했다.

"자네는 강하고 자신감이 넘쳤지. 우리 모두 자네의 거래를 정말 좋아했는데…."

피터가 말끝을 흐렸다. 나는 내가 인터넷의 장밋빛 전망에 현혹되어 갑자기 회사를 그만두는 바람에 그가 실망하고 상처받았다고 생각했다.

"죄송합니다. 그런데 지금 정말 힘들어요. 기회는 한 번뿐인데, 실패하면 모든 것이 무너질 겁니다."

그는 나를 보고 고개를 끄덕였다. 그다음 한 시간 동안 피터는 나에게 질문했고, 나는 세 번의 실패한 벤처 캐피털의 미팅을 재연했다. 그가 눈썹을 치켜올리면서 미소를 짓더니 곧 웃음을 터뜨렸다. 그는 나의 말을 끊으면서 물었다.

"왜 갑자기 잘 안 풀리는지 알겠군."

"왜죠?" 나는 물었다.

그는 잠시 시간을 끌다가 마침내 말했다.

"혼자 일하니까 안전 장치가 없잖아. 그래서 절박해 보여."

나는 그의 말에 집중했다. 물론이었다. 인정을 바라는 전형적인 태도, 절망의 신호, 현금이 거의 바닥난 기업가가 운영하는 가난한 회사를 바라는 투자자는 없다! 물론 투자자는 당신이 돈이 필요하다는 것을 안다. 하지만 도움이 필요하다거나 절망의 신호를 보내는 것은 "나는 언제 터질지 모르는 폭탄을 들고 있다."라고 말하는 것과 같다. 모든 사람은 방어적인 자세로 대응할 것이다. 그들의 첫 반응은 '도망쳐!'일 것이다.

자기방어는 크록 브레인이 만들어내는 무의식적인 반응이다. 이것이 내가 설득에 실패하는 결정적인 이유였다. 원래는 훌륭했을 거래가 상대방에게 깊은 인상을 남기지 못한 이유가 바로 이것이었다. 절박함은 공포와 불확실성을 유발하여 상대방의 크록 브레인을 장악한다. 좋은 방법이 아니다. 크록 브레인의 목표는 토론하고 고려하고 분석하는 것을 좋아하는 상위의 뇌를 효과적으로 차단함으로써 추가적인 위협을 방지한다. 위협은 즉각적인 조치를 요구한다. 시간을 지체해서는 안 된다.

절박함은 위협의 신호이다. 그래서 크록 브레인은 이를 피하고 싶어 한다. 즉, 상대방은 절박한 사람을 피한다.

나는 피터가 옳다는 것을 알고 있었고, 피터가 절박함을 벗어나라고 조언할 때 귀를 기울였다. 나의 상황은 절망적이었지만 피터는 게임을 즐기라고 조언했다. 내가 지니고 있던 내면의 힘, 자신감, 침착함의 원천을 찾으라는 것이었다. 말은 쉽지만 실천은 어려웠다.

설득이 잘될 때는 좋은 아이디어가 상대에게 깊은 인상을 남겼다고 믿게 된다. 또는 위대한 아이디어에 대한 멋진 설명이 인상적이었으며, 설득력이 있었다고 믿는다. 그러나 설득이 실패하면 자신이 진행한 프레젠테이션을 다른 관점에서 바라보기 시작한다. 문제가 상대에게 있는 것이지 나에게 있는 것이 아니라고 믿는다. 상대방이 위대한 아이디어의 가치를 알아보지 못했거나, 잘못된 상대를 골랐다고 믿는다. 그러나 시각이 다르다고 설득이 실패할 리는 없다.

나는 실패한 세 번의 미팅 중에서 마지막 미팅을 다시 생각해

보았다. 실리콘 밸리의 벤처 캐피털 그룹은 내 거래에 관심이 있었다. 내가 전화하자 담당자는 "경영 요약은 훌륭했어요. 당신의 아이디어도 좋았고요. 제대로만 운영된다면 대기업이 되어 상장될 수도 있다고 생각했습니다. 화요일에 와서 파트너십에 대한 프레젠테이션을 진행해주기를 바랍니다."라고 말했다.

나는 북쪽으로 날아갈 계획을 세웠고, 기회라고 생각했다. 하지만 그곳에 도착하자 기시감이 들기 시작했다. 언젠가 이미 경험했던 기분이었다. 고속도로가 내려다보이는 사무실에서 고작 한 시간 동안 진행된 회의였다. 회의실에는 지금까지 방문했던 다른 회의실들처럼 검은 가죽 의자, 긴 회의 테이블, 하얀 판자, 이젤이 놓여 있었다.

그 시절에 거래가 이루어질 때를 떠올리게 하는 것이 있다면 보드마카의 알코올 냄새였다. 그때는 화이트보드에 그린 광범위하고 추상적인 다이어그램 없이는 거래를 제대로 제안할 수 없었다.

지금 나는 분명하게 말하고 우아하게 의견을 전달했다. 침착한 자신감을 내뿜으며 상대방의 눈을 바라보았다. 지금도 남아 있다면 게티 미술관에 걸릴 정도로 예술적인 차트를 화이트보드에 그리면서 설명하는 나의 목소리는 극적인 음색과 함께 오르락내리락했다.

어느새 30분이 지났다. 할 말이 훨씬 더 많다고 느꼈지만, 맞은편의 참석자들이 시계를 힐끔거리는 게 보였다. 이제 마무리할 시간이라는 것을 알았다. 거의 완벽한 타이밍에 농담을 건네자 방 안에 웃음이 가득 찼다. 나는 프레젠테이션을 마무리했다.

지금 나는 모든 발표자들이 발표를 마친 후에 직면해야 하는 잠깐 동안의 어색한 시간을 보내고 있었다. 위험한 베타 트랩이자 상황을 망치기 가장 쉬운 시간이었다. 이때의 작은 실수들이 거래를 망치곤 한다. 약간의 실수는 지난 20분 동안의 모든 성과를 없애버릴 수 있다. 게다가 언제나 무언의 목적이 있어서 불안했다. 그것은 바로 상대방에게 돈을 받아야 한다는 것이었다. 그래서 세 번째 발표가 끝날 무렵, 실리콘 밸리 최고의 벤처 투자가들 앞에서 나는 불안하고 절박해졌다. 그들의 돈이 많이, 그리고 당장 필요했다. 갑자기 지금이 얼마나 중요한 순간인지를 깨달았다. 만약 이들이 거절한다면 세 번 연속 거절당한 게된다. 회사에는 더 이상 여유가 없었다. 두렵고 불안했다. 나는 이런 말을 하고 말았다.

· 좋은 거래라고 생각하세요?
· 그래서, 어떻게 생각하시죠?
· 원하신다면 바로 계약을 체결할 수 있습니다.

이 말들은 인정을 받으려는 가장 순진한 행위였으며, 가장 치명적인 형태의 절박함이었다. 그 순간 기회는 사라졌다. 상대의 흥분은 두려움과 불안으로 바뀌었다. 그리고 물론, 나는 투자 제안을 받지 못했다.

| 02 |

절대
절박해지지 말라

간단하고 단순하다. 절박함은 약점이다. 인정받기를 바라면서 약점을 내보이는 것은 사형선고나 마찬가지이다. 잔인하게 들릴지 모르지만, 사실이다. 절박함은 모든 사회적 상호작용에 극적으로 영향을 미친다.

간단히 말해서, 절박해 보인다면 프레젠테이션이 끝난 뒤의 시간을 버틸 수 없다. 인정을 바라고, 절박함을 정의하고, 발표 후 잠깐의 베타 트랩이나 다른 지점을 통과하는 방법에 대하여 알아보자.

청중이 점점 불편해한다는 사실을 눈치채기는 쉽다. 그래서 당신은 사람들이 언제 흥미를 잃어가는지 알 수 있다. 있을 때를 파악할 수 있다. 그들이 시계를 바라보고, 당신으로부터 몸을 돌리고, 신경질적으로 기침을 하고, 읽고 있던 파일의 폴더를 닫는다. 청중의 마음이 멀어지는 신호는 많다.

청중의 불편한 마음을 알아차리는 순간부터 거래를 놓치고 있음을 느낄 수 있다. 불안은 두려움으로 변하기 시작하고, 그러면 상대방에게 받아들여지기를 바라는 행동을 하게 된다. 청중의 실망감이 약간이라도 느껴지면, 우선 청중에게 절박함을 보이면서 검증을 바라게 된다.

이제 우리의 뇌는 무의식적으로 '만약 그들이 나와 거래하기로 한다면, 모든 것이 괜찮을 것이다.'라고 생각한다. 이것은 우리의 뇌가 거절로 인한 스트레스와 두려움을 해소하고 싶어 하는 것이다. 만약 운이 좋아서 상대방이 거래를 하기로 결정한다면, 모든 것이 다시 잘될 것이다. 이렇게 생각하면 우리는 즉시 기분이 나아지고, 불안감이 사라지고, 심박 수도 정상으로 돌아오고, 통제감을 느낀다.

하지만 실망의 순간에 겪게 되는 당황스러움 때문에, 상대방에게 절박함의 신호를 보내게 된다. 상대방은 이러한 마음을 알아차릴 가능성이 높고, 우리가 원하는 것을 주지 않으려 할 것이다. 왜 이런 일이 벌어질까?

실제로 우리가 상대에게 절박함의 신호를 보내게 되는 때는 다음과 같다.

1. 상대방이 우리에게 줄 수 있는 것(돈, 주문, 직업)을 원할 때

2. 상대방의 협력을 얻어야 하는데 얻을 수 없을 때
   청중들은 어느 순간에 언제나 비협조적이 된다. 청중들은 다른 곳, 즉 보통 문자 메시지를 보내거나 이메일을 스캔하거나 전화를 받는 것으로 관심을 돌린다. 그들은 회의실에 드나드는 사람들의 방해를 허용하거나 우리가 요점을 말하기도 전에 말을 끊는다.

3. 상대방이 우리의 설득을 받아들이면 마음이 안정될 거라고 굳게 믿을 때
   상대방에게 인정받아야 한다고 생각하면서, 우리 자신을 가두어 버린다. 우리가 원하는 상대의 행동을 바랄수록, 절박함은 더 분명하게 드러나며, 반대로 상대방이 우리에게 원하는 것을 줄 가능성은 줄어든다. 일종의 악순환이다.

4. 마지막으로, 대상이 우리의 말에 관심이 없는 것처럼 보이거나, 물러나기 시작하거나, 다른 것으로 시선을 옮겼을 때
   그 순간, 우리는 자연스럽게 공포 반응을 보이게 되고, 무의식적으로 욕구가 표출될 가능성이 높아진다. 공포와 불안은 자연스럽

고 반사적인 감정으로 관리하기 매우 어렵다. 가장 일반적인 사회적 의식조차도 우리를 위태롭게 할 수 있는 상황들로 가득 차 있기 때문에, 상대의 지위와 프레임 지배에 굴복하는 반응인 절박함을 피하기 위해 주의를 기울여야 한다.

절박함을 없애려면

절박함을 없애는 강력한 방법 중 하나는 모든 사회적 상호작용에 언제든 사용할 수 있는 강력한 시간 프레임을 가지고 참여하는 것이다. 이러한 프레임은 당신이 다른 곳에서도 필요한 사람임을 크고 분명하게 전달한다.

하지만 이 방법은 절박함을 없애기 위한 광범위하고 포괄적인 해결책 중 하나일 뿐이다. 기본 공식은 다음과 같다.

1. 아무것도 바라지 않는다.
2. 잘하는 일에만 집중한다.
3. 이 자리에서 떠날 수 있다는 의사를 밝힌다.

이 세 단계를 실행하면 뇌의 공포 회로가 진정될 것이다. 심박 수, 땀, 빠른 호흡, 불안감이 천천히 가라앉을 것이다. 일단 스스로가 통제가 되면, 다른 사람들에게 깊은 인상을 주고 그들이 실제로 당신을 쫓아오도록 만들 수 있다. 가장 중요한 것은, 떠날 수 있다는 의지가 대부분의 상대에게 나를 존중하게 만드는 요소인 자기 통제력, 힘, 자신감을 보여준다는 것이다. 절박함을 보임으로써 상대방이 당신을 검증하게 만드는 행동을 통제하는 것은 중요하다. 다른 사람들이 이 문제를 어떻게 해결하고 있는지 자세히 살펴보자.

영화 「타오 오브 스티브Tao of Steve」에서 주인공 덱스는 사회적 상황에서 높은 지위를 유지하기 위해 금단의 기술을 사용한다. 이 기술은 덱스가 자신의 삶을 이끌기 위해 사용하는 도교 철학 중 하나이다.

덱스는 뉴멕시코주 산타페에 사는 초등학교 선생님의 조교로, 여러 명의 룸메이트와 함께 살고 있다. 그는 배가 나오고, 담배를 피우고, 거칠고 단정하지 못한 모습으로, 미국 매니슨 애비뉴의 남성들의 이미지와는 정반대이다. 겉으로 보면, 덱스는 사회적으로 성공한 사람이 아니다. 하지만 놀랍게도 사실은 그 반대다.

덱스는 도교 철학의 수행자이지만, 전혀 그렇게 보이지 않는다. 도교는 기원전 500년경 중국에서 시작된 동양의 철학적, 종교적 전통이다. 도교는 철학자 노자의 책을 바탕으로 하고 있다. 도교는 불교와 마찬가지로 우주와 연결되고 자신의 욕망을 조절하는 것에 중점을 둔다.

영화에서 덱스는 대중문화에서 영감을 얻은 자신만의 도교를 개발했다. 그는 그것을 '스티브의 도교'라고 부르는데, 덱스가 추구하는 냉정함과 사회적인 침착함을 실현하는 스티브라는 세 사람의 이름에서 따서 지었다. 세 명의 스티브는 스티브 맥퀸 Steve McQueen, 스티브 오스틴Steve Austin, 그리고 스티브 맥가렛 Steve Mcgarrett이다.

스티브 맥퀸은 소위 말하는 쿨cool한 멋이 드러나는 인물이다. 그는 반영웅적인 인물로, 자신의 세대에서 가장 많은 돈을 받는 배우가 되었다. 「매그니피센트 7Magnificent Seven」, 「대탈출」, 그리고 「불리트Bullitt」와 같은 영화들에서 맡은 역할들로 수많은 여성 팬들을 확보했으며 '남자 중의 남자'라는 명성을 갖게 되었다.

잭 로드Jack Lord가 맡은 스티브 맥가렛은 1960년대 인기 있는 「하와이 파이브-오」 드라마에서 엘리트 범죄 조직을 담당했던 형사이다. 그는 항상 나쁜 놈들보다 한발 앞서는 뛰어나고 헌신적인 수사관이었다.

리 메이저Lee Majors가 맡은 스티브 오스틴은 1970년대 히트작인 「6백만 달러의 사나이」의 바이오닉이었다. 오스틴은 실험적인 비행기 추락 사고에서 살아남은 전직 우주비행사였다. 그는 바이오닉 부품으로 살아남아 비밀 정부 기관의 요원이 되었다.

세 명 모두 여유롭고 냉정한 모습으로 주목받았다. 배우들은 자신이 처한 상황에서 침착함을 유지함으로써 이런 감정을 잘 전달했다. 심지어 나쁜 사람들이 들이닥치는 상황에서도 절대 당황하지 않는다.

덱스는 세 명의 스티브들이 멋진 자동차나 바이오닉 다리를 가지고 있어서가 아니라 도의 세 가지 주요 규칙을 이해하기 때문에 숭배의 대상이 되었다고 믿는다.

- 욕망을 없애라. 바라지 말라. 바라는 것이 스스로 당신에게 다가오도록 하라.
- 타인 앞에서 뛰어나야 한다. 타인에게 당신이 잘하는 것을 보여주어라.
- 물러나라. 중요한 순간에, 당신이 타인을 좇기를 바랄 때는 오히려 물러나라.

스티브의 타오는 당신이 당신의 발표를 끝낼 때 사용하기에 완벽한 철학이다. 절박함을 느낄 때 충동을 억누르기 위해 사용하라. 사람들은 가질 수 없는 것을 원한다. 그러니 발표를 마친 다음에는 청중을 거부하라. 물러나라. 그러면 당신의 불안감은 사라지고, 청중에게 강력한 보상을 주는 효과가 있을 것이다. 오히려 상대방이 당신에게 다가올 것이다.

마지막
기회

드디어 네 번째이자 마지막 프레젠테이션을 하는 날이 되었다. 6개월 전만 해도 나의 통장에는 수십만 달러가 들어있었다. 지금은 내가 타는 포르쉐 렌트비의 절반도 안 되는 468달러가 들어있었다. 집세도 내지 못하고, 밥도 먹지 않아야 했다. 그럼에도 불구하고, 나는 머릿속으로 같은 말을 반복했다. '나는 이 사람들이 필요하지 않아. 그들은 내가 필요해. 내가 최고야.'

나는 실리콘 밸리 남쪽에 있는 가장 큰 벤처 캐피털 회사인 엔터프라이즈 파트너스Enterprise Partners 앞에 섰다. 오후 4시가 다 되어가고 있었다. 안에 있는 사람들은 퇴근 준비를 하고 있었다. 나는 그들에게 전기를 공급하고, 방에 불을 밝혀야 했고, 무엇보다 지금이 나에게 절체절명의 순간이라는 사실을 잊어야 했다. 만약 그들이 나의 절망감을 감지한다면, 나와 내 파트너는 또 빈손으로 돌아가야 할 것이다. 나의 마지막 기회였다.

나는 피곤해 보이는 투자자들의 방으로 걸어 들어갔다. 그들은 하루 종일 프레젠테이션을 들었고, 심지어 인사도 건네지 않았다. 불안한 마음이 들었다.

상대는 나에게 공격적인 질문을 연발했다. 시장은 충분히 큰지, 경쟁이 너무 많지는 않은지 큰 소리로 물었다. 어떤 사람은 심지어 우리의 아이디어를 비웃기도 했다. 설상가상으로 우리를 그곳에 소개해준 파트너(스폰서)는 우리에게 인터넷 기업을 고집하는 이유에 대해서 물었다. 그러면서 컴퓨터 소프트웨어를 만드는 것에 집중하라고 제안하기도 했다. 공식적으로 자신이 거래에 찬성하지 않는다고 말하는 셈이었다.

하지만 그 어떤 것도 중요하지 않았다. 나는 완전하고, 철저한 발표를 진행했다. 정확히 20분 동안 엄격한 재정 상품을 멋진 인터넷 포장지에 담아냈고, 마지막에는 보상 프레임을 활용해 우리의 계획을 제안한 뒤 이제 그들이 자격을 보여줄 차례라고 말했다.

내가 투자자들에게 한 말은 다음과 같다.

1. 이 거래는 앞으로 2주 안에 모든 투자자를 모을 것이다.
2. 벤처 캐피털 자금은 필요 없지만 신규 상장에 힘을 보태줄 이름이 필요하다.
3. 당신들은 흥미로운 파트너이다. 하지만 당신들은 정말 적절한 투자자인가? 나도 당신과 당신의 회사가 우리의 거래에 가져올 수 있는 관계와 브랜드 가치에 대해 알고 싶다.

그게 다였다. 나는 완전히 녹초가 되었다. 그 순간, 가만히 앉아서 침묵하는 것 외에는 어떤 정신력이나 에너지도 남지 않았다. 이제 내가 돌처럼 엄격한 얼굴을 하고 있을 차례였다. 나는 그들의 반응을 기다리면서, 인정을 바라지도, 절박해 보이지도 않는 얼굴로 앉아 있었다.

놀랍게도 상대방은 나에게 빠져들었고, 몇 분 만에 거래를 성사시켰다. 그들은 내가 가진 것을 원했다. 나는 멋진 도입으로 나 자신을 만회한 뒤 자신있고 침착한 태도로 발표를 마쳤다. 모든 것이 완벽한 조화를 이루었다.

우리는 이후 한 시간 동안 모든 변수에 대해 이야기했다. 논의 결과, 내 사업의 투자 가치는 나의 당초 예상보다 600만 달러나 더 많은 1,400만 달러로 책정되었다.

나의 은행 계좌 속 돈은 468달러로 줄어 있었지만, 다음 날 엔터프라이즈 파트너스는 공식적으로 투자에 동의했다. 그리고 며칠 후, 그들은 210만 달러를 나의 계좌로 송금했다. 나는 잊지 않고 현금 인출기에서 잔액 전표를 뽑아, 거기에 선명하게 인쇄된 210만 달러라는 숫자를 직접 확인했다. 30일 후, 엔터프라이즈는 추가로 400만 달러를 지불하며 자금 조달을 완료했다.

이 일에는 어려움도 많고 엄청난 노력도 필요하지만, 이런 순간은 역시 짜릿하다. 물론 나는 확실한 결과를 바란다. 대출을 갚아야 하고, 직장을 유지해야 하며 돈도 필요하고, 거래 역시 꼭 따내야 하고, 뭐 그런 것이다. 하지만 이것이 유일한 이유는 아니다. 내가 이 일을 하는 이유는 그만큼 재미있는 일이기 때문이다. 거래를 성사시키는 사람이라면 모두 그 과정에서 결코 잊지 못할 최고의 순간이 있다는 것을 알고 있다. 중요한 이해관계가 걸린 회의를 준비하고, 입에 침이 고이는 프레젠테이션을 하고, 자신만만하게 거래를 성사시키는 것에서 얻을 수 있는 만족감이다.

절박해지지 말라. 이러한 교훈을 배우지 못했다면, 나는 지금까지의 모험을 즐기지 못했을 것이다.

6장

10억 달러짜리 승부

이 건은 규모가 상당하고, 위험성도 높은 거래였다. 이 투자 건을 제대로 설명하려면, 이 거래에 뛰어들기 몇 달 전으로 거슬러 올라가야 한다. 내 방법의 핵심 아이디어와 작동 방식을 이보다 더 잘 보여주는 거래는 없을 것이다. 마치 한 편의 영화 같은 경험이었다. 수억 달러의 돈이 걸린 위험한 거래이기도 했다. 그럼 본격적으로 이야기를 시작해보겠다.

나는 로스앤젤레스에서 160km나 떨어져 있었고, 서둘러 돌아갈 이유도 없었다. 그럴 만한 이유가 있었다. 업계가 죽어버렸기 때문이다. 미국 경제 붕괴는 신용시장을 장악했고, 1년 넘게 거래를 동결시켰다. 수년 동안 거의 쉬지 않고 일을 했는데, 더는 일할 이유가 없었다. 몸속에 아드레날린이 넘치는 순간을 좋아했던 나는 할 일이 없다는 생각에 울적해졌다. 일에서 느껴지는 짜릿함을 사랑했기 때문이다.

나는 4억 달러 이상을 모금한 이사회실에서 마치 액션 스포츠를 할 때와 같은 아드레날린을 느끼곤 했다.

하지만 경제가 악화되고 거래 창구가 닫히면서 모든 것이 사라졌다. 1년이 지났지만, 경제는 여전히 정상으로 돌아오지 않았다. 나는 모든 것으로부터 벗어나기로 결심했다. 비즈니스 거래는 나에게 늘 성과를 안겨 주었고 덕분에 원하는 것은 무엇이든 할 수 있는 상황이었다. 나는 친구, 동료, 모든 사람들에게 이제는 쉬겠다고 말했다.

그리고 앞으로 무엇을 할지 생각하면서 진지한 시간을 보낼 생각이었다. 안자-보레고 사막에서 1주일을 보내기 위해 떠난 휴가는 2주로 늘어났다. 나는 오코틸로 웰스Ocotillo Wells라는 작은 마을의 모든 것을 즐기고 있었다. 하지만 즐길 거리가 그리 많지는 않았다. 그날은 섭씨 25도의 건조한 12월이었다. 주말 손님들 대부분은 캘리포니아 남부의 솔튼 호 동쪽 끝에 있는 이 마을에서 사라져버렸다. 고독함이 기분 좋게 느껴졌다. 나는 하루의 대부분을 산악자전거와 사막의 암반 위에서 빈둥거리면서 보냈다. 해가 지는 모습을 사진으로 찍곤 했다. 편안한 생활이었다. 누군가 나를 열심히 찾고 있는 줄은 몰랐다.

---- 01 ----

거인들의
싸움

높은 사막과 해안을 가르는 산맥 너머의 로스앤젤레스에서 샘 그린버그Sam Greenberg는 나를 절박하게 찾고 있었다. 그는 사무실에 앉아 좌절감을 느끼며, 어떻게 해야 나에게 연락할 수 있을지 고민하고 있었다. 내 전화기는 꺼져 있었다. 이메일 자동 응답기는 켜져 있었지만 내가 어디에 있는지는 알 수 없었다.

그린버그는 10억 달러 규모의 거래를 고민 중이었다. 불황 전에 그랬듯이, 내가 거래에서 중요한 역할을 해주기를 바랐다. 그린버그는 행동력이 뛰어난 사람이었다. 그는 팔로마 공항에 전용기를 두고 있었는데, 사치를 부리기 위해서가 아니라 다음 사람보다 더 빨리 거래를 성사시키기 위한 도구였다. 그는 나를 찾아서 비행기를 보내고, 다시 나를 일터로 돌려보내곤 했다. 이러한 그의 계획은 그의 목적에 부합했다. 그린버그는 마침내 나의 지인을 찾아내어 내가 있는 호텔의 정보를 얻었고, 호텔 자동응답기에 짧은 메시지를 남겼다.

"엄청난 건이에요. 전화 줘요! 되도록 빨리요!" 그가 목소리를 높였다.

세 시간 후 나는 호텔 방에서 응답기의 빨간 불이 깜박이는 것을 보았다. 누가 이렇게 날 찾으려는 것일까? 나에게 연락할 수 있는 사람은 소수였다. 그린버그의 메시지를 들으면서 나는 한편으로는 그의 말을 무시하고 싶었고, 한편으로는 호기심이 동했다. '아니야, 10년 동안 쉬지 않고 일했고, 이제 거래는 안 하기로 했잖아. 나는 업계를 떠날 거야.'

나는 단호했지만, 그린버그에게 전화해서 내 마음을 알려 줘야 할 정도로 그에게 받은 것이 많았다. 그와 통화가 되었을 때, 내가 처음으로 한 말은 "싫어요."였다.

"아직 아무 말도 안 했어요."

그린버그가 말했다. 그는 설득에 타고난 재능이 있었다. 그래서 언제나 자신이 원하는 것을 얻어냈다. 하지만 이번에는 나도 단호했다.

"내 대답은 여전히 같아요." 나는 말했다.

"1분만 내 말을 들어봐요."

"상관없어요. 지금까지 모든 거래를 해왔잖아요. 이젠 그만하려고요."

그린버그가 말하는 거래는 근처에서 진행되고 있었다. 로스앤젤레스 외곽에 위치한 지역 공항인 데이비스 필드는 넘쳐나는 교통량 때문에 만약을 위하여 대형의 민간 고정 기지 운영 업체로 이름을 올렸고, 그 비용을 조달하기 위해서는 무려 10억 달러의 자금이 필요했다.

"제안을 거절할 수는 없어요." 그린버그가 소리쳤다. "그냥 쇼핑센터가 아니에요. 공항 건이라고요!"

"멋진 건이지만 못 하겠네요. 난 은퇴했어요."

나는 말했다. 그린버그는 몇 번인가 강하게 요청하더니 접근 방식을 바꾸었다.

"괜찮아요. 어차피 다른 사람이 줄을 서 있으니까."

그의 목소리는 점점 줄어들었다. 잠깐 말이 멈추었고, 나는 미끼를 물었다.

"누구요?"

"반스요."

"저런."

그린버그는 말했다.

"그는 해낼 수 있어요. 결국 당신은 우리가 놓친 기회가 아까

울 거예요. 자신에게 화를 낼걸요?"

 실제로 그린버그를 위하여 일하겠다는 사람은 많았다. 하지만 폴 반스가 그 일에 맞는 '최고'가 아니라는 것을 모두가 알고 있었다.

 그린버그는 일단 더 이상 나에게 강요하지 않기로 했다.

 "우리가 엄청난 거래를 따내는 동안 모래 구덩이에서 재미있는 시간 보내요."

 그린버그는 그렇게 말하고 나의 대답을 기다리지도 않고 전화를 끊었다.

 나는 웃었고, 통화 내용에 대해 생각했다. 그때까지 나는 무엇이 효과가 있고 무엇이 효과가 없는지 분석하곤 했다. 그린버그의 거래는 죽어버린 줄 알았던 시장에서 벌어지는 한 건의 거래에 불과했다. 은퇴를 포기할 이유는 아니었다. 나는 호텔 프런트에 전화해서 모든 통화를 막아 달라고 요청했다.

 2주가 지났지만 폴 반스는 예상대로 적절하게 행동하지 못했다. 물론 그는 자신감이 넘치고 분석적이며 뛰어난 정신력을 가졌지만, 독립적으로 생각하는 법을 몰랐다. 상황이 반전되거나 계획이 틀어지면 쉽게 겁을 먹었다. 그린버그가 급하게 시카고로 비행기를 띄워서 미팅을 하자고 요청했을 때, 반스는 "준비에 며칠이 필요합니다."라고 말했다.

 내 동료들이 나에 대해 알고 있는 것 중 하나는 내가 거래를 성사시키기 위해 언제 어디든 간다는 것이다. 비행기가 취소되면 운전이라도 한다. 차가 없다면 버스를 탈 것이다. 그런 이유로 그린버그는 나를 믿었다. 그는 내가 제안한 전략을 절대 바꾸지 않았다. 그래서 그린버그는 걱정했다. 두 달 동안 공항 선정 위원회를 위한 프레젠테이션을 준비했는데, 세부적인 재정 분석과 전략을 담은 프레젠테이션 패키지가 그것이었다. 그는 나라면 필요한 정보를 모두 전달하면서도 설득력 있고 극적인 발표로 거래를 성사시킬 것임을 알았다. 나라면 왜 지금 해야 하고, 왜 우리를 선택해야 하며, 위험한 길은 무엇이고, 장점과 단점은 무엇인지, 우위는 무엇인지 확실하게 알려줄 수 있을 것이다. 내가 수없이 했던 일이었다.

반스가 적합한 인물이 아님이 확인되자, 그린버그는 내가 필요하다고 확신했다.

02

다시 전쟁터로
돌아가다

그린버그의 전용기는 오전 10시도 안 되어 보레고 스프링스의 놀랄 만큼 작은 활주로에 착륙했다. 그는 15분이 채 지나지 않았을 때 차를 타고 내가 있는 호텔로 향했다. 나는 정오에 호텔 로비에서 그를 만나기로 했다.

그린버그가 내 말을 듣고 그 자리에서 나를 채용하려고 했던 것이 10년 전이었다. 나는 누군가의 밑에서 일하려는 게 아니라고 하며 거절했고, 우리는 결국 파트너가 되었다. 우리는 함께 많은 거래를 성사시켰고 그린버그 캐피탈을 금융 시장의 유수 업체로 올려놓았다.

이제 팀은 흩어졌고, 더 이상 거래는 이루어지지 않았다. 그는 오전 11시 54분에 로비로 도착했다. 그린버그는 그런 사람이었다.

그린버그는 카르타고의 전설적인 지휘관 한니발처럼 길을 찾거나 길을 터주었다. 그는 날아오르기 위하여 관계를 벼랑 끝으로 밀어 넣는 사람이었다. 그가 일하는 방식은 바로 그런 것이었다.

나는 오전 11시 30분부터 일어날 수 있는 시나리오들에 대해 생각해 보았다. 샘이 나를 흔들어 놓을 수 있는 말은 없나? 그럴 것 같지 않았다. 업계가 곧 회복될 것인가? 역시 그럴 것 같지 않았다. 나는 매일의 경쟁에서 벗어나 전화와 이메일에 묶이지 않고 평화를 누리고 있었다. 과거가 그립지 않았다.

정오가 가까워지고 있었다. 나는 로비로 향했다. 캐주얼한 옷을 입은 샘은 파란색 비닐 소파에 앉아 있었다. 처음에는 마치 초면인 것처럼 불편했지만 곧 이야기를 시작했다. 그린버그는 정색하며 말했다.

"비행기 엔진 켜둔 채로 오래 못 놔두는 거 알죠? 얼른 짐 싸서 갑시다."

시간 프레임이었다. 당연히 대응해야 한다.

"이 고도라면 25분간의 짧은 도약 후에 연료가 반은 남아 있을 거예요. 98도로 3시간 30분 동안 공회전을 할 수 있죠."라고 나는 더 강력한 전문가 프레임으로 그린버그의 프레임을 부수었다.

"배가 고파요. 당신이 점심을 살 차례예요."

그린버그는 전문가 프레임을 보상 프레임으로 반박했다. "당신은 나와 일할 때 가장 많은 돈을 벌었잖아요." 그는 침착하게 대답했다. "당신을 보세요. 내가 하는 말 한 마디, 한 마디를 놓치지 않으려고 몸을 앞으로 숙이고 있군요. 침을 흘리는 것처럼 보일 정도예요. 이 거래를 원하죠?"

"나한테 보상 프레임을 쓰는 거예요? 내가 너무 많이 가르쳤어!" 나는 그린버그의 프레임 전환에 손쉽게 대응했다. "이러다 시간 다 가겠어요. 지금은 일단 밥 먹으러 가죠. 당신이 사요. 어서 와요."

연료를 넣고, 조종하고, 내부 직원을 태우느라 시간당 8,400달러를 먹어 치우는 비행기가 활주로에서 공회전을 하는 상황에서 우리는 누가 20달러짜리 점심을 사느냐면서 서로에게 프레임을 만들고, 다시 무너뜨리기를 반복했다.

그린버그는 식당에서도 대화를 이어갔다.

"하던 일로 돌아가요."

"시장 상황을 보면 좋은 생각은 아니에요." 나는 대답했다.

그린버그는 아마 나의 반박을 예상했던 것 같다. 그는 나의 반박을 반박하기로 했다. 그래서 약간은 힐난조로 말했다.

"정확히 왜 여기에 왔습니까?"

그가 물었다.

"도망친 거예요. 자신의 우위를 잃었기 때문에 떠난 거죠."

그린버그는 계속해서 말을 이었다.

"당신이 최고 중 한 명일지도 모른다고 생각했던 때가 있었어요. 이제 당신의 이름 옆에는 '포기한 사람'이라는 꼬리표가 붙을 거예요."

그 말에 이를 악물었다. 나는 일어서서 그를 한참 쳐다보았다. 당장 자리를 박차고 나가려고 했다.

그린버그는 말했다.

"내 말이 맞으니까 화를 내는 거죠? 나와 함께 돌아가서 내가 틀렸다는 것을 증명해요. 애초에 당신은 이렇게 시간을 보내면서 느긋하게 살 수도 없는 사람이에요. 절대 이렇게는 못 살아요."

나는 그의 절박함을 느낄 수 있었다. 지금으로서는 내가 우위에 있다는 것이 분명했다. 하지만 그린버그는 상대에게 우위를 오래 내어주는 사람이 아니었다.

나는 그에게 생각할 시간을 달라고 말했다.

당시 나는 3천만 달러 규모의 거래를 주로 맡았다. 10억 달러의 규모는 이례적이었다. 내가 여태껏 해왔던 거래 중 가장 큰 규모일 것이다. 경기가 좋지 않아서 나에게까지 제안이 온 것이었다. 또한 그린버그가 사막 한가운데로 날아왔다는 사실도 나에게는 중요했다. 투자 은행의 피비린내 나는 세상에도 여전히 의리가 존재한다는 생각을 심어주었다.

나는 마침내 그린버그를 바라보며 말했다.

"이야기해봐요. 내가 복귀한다면 당신은 정확히 무엇을 제안할 건가요?"

그린버그의 눈에 불이 켜졌다. 그의 못된 말이 효과가 있었다. 그는 훅 포인트를 만들어 나를 끌어당기는 데 성공했다. 이제 기회를 잡아야 했다. 이후 15분 동안 그는 거래에 대해 설명하고, 실제로 거래를 제안하고, 전체 계획에서의 내 역할을 설명했다. 그다음 합의하고, 나에게 합리적인 조건을 제안했다. 우리는 드물게 서로 악수를 했다.

그런데 그린버그는 나에게 한 가지 중요한 정보를 숨기고 있었다. 이 건에는 거물인 경쟁자가 있었던 것이다.

03
라이벌의
등장

다음 날, 로스앤젤레스로 돌아온 그린버그와 나는 그린버그의 고층 사무실에서 실행 계획을 논의했다. 수요일이었다. 그린버그는 회의가 끝날 때쯤에야 경쟁자에 대해 알려주었다. 그가 말했다.

"내가 골드해머가 거래에 참여한다고 말했던가요?"

나는 커피를 뱉을 뻔했다.

"뭐라고요?!"

"네, 골드해머도 팀을 파견했어요. 긴장하지 마요. 우리가 무너뜨릴 수 없는 사람은 없어요."

"그걸 알면서도 말하지 않은 겁니까?"

그는 무엇이 중요하냐며 대수롭지 않게 대꾸했다. 나는 대답했다.

"우리 대부분 그들에게 졌으니까요. 골드해머는 골드해머예요. 자원이 우리보다 10배는 많고, 지금까지 쌓아온 경력도 엄청나다고요."

"그래서 당신을 데려온 거예요. 우리가 이길 수 있어요."

"아니요, 일부러 말을 안 한 거죠. 말했다면 내가 오지 않았을 거니까요. 나는 끝까지 함께하겠지만 정정당당한 행동은 아니었어요."

나는 화가 났다. 그린버그가 의도적으로 이 정보를 숨긴 데 배신감을 느꼈다. 골드해머와 맞붙었을 때 우리가 6명이면, 그들은 12~15명이 나와서 싸웠다. 하지만 잠재적 보상으로 그만한 가치가 있었던 것은 분명하다. 만약 우리가 경쟁에서 승리해 5년이라는 기간에 걸쳐 공항 건설 비용 10억 달러를 모금한다면, 그린버그 캐피털은 2,500만 달러의 수익을 얻을 것이고, 나는 그중 30%를 받기로 되어 있었다. 증명할 것도 많고, 많은 것이 걸려 있고, 얻을 것도 많았다. 내가 해야 할 일은 골드해머와 나의 오랜 숙적 티모시 챈스Timothy Chance를 무너뜨리는 것뿐이었다.

골드
해머

로스앤젤레스에 있는 골드해머 사무실은 12층 전체를 차지하고 있으며, 할리우드를 가로질러 태평양까지 보였다. 바닥에는 옥으로 된 용, 화려한 꽃병, 일본 꽃꽂이 등 동양풍의 장식품이 놓여 있다. 나는 골드해머와 싸운 적이 있었고, 사무실에 찾아간 적도 있었다. 우리 팀을 상대로 그곳에서 어떤 일이 벌어지고 있을지 머릿속으로 정확히 그려낼 수 있었다.

대회의실에서는 일곱 명의 사람들이 모여서 이번 건에 대해 논의할 것이다. 회의는 골드해머 회사가 로스앤젤레스 사무소를 이끌도록 직접 선정한 투자은행 가문의 2세 빌 마이너Bill Miner가 주도하고 있을 것이다. 사무실을 동양풍으로 꾸민 것은 그의 아이디어였다. 그는 가장 좋아하는 책인 『손자병법』을 자주 인용했다. 공항 투자 건의 배경에 대해 모두에게 브리핑을 한 후, 경쟁자인 우리 팀에 대해서 말할 것이다.

"가능성이 있는 경쟁자들이 있어요. 와일드카드는 그린버그 캐피털입니다."

업계 관계자들에게 친숙한 이름일 것이다. 가끔 골드해머와 그린버그는 서로 다른 길을 가기도 했다. 골드해머의 프레젠테이션 전문가인 티모시 챈스는 조용히 귀를 기울였을 것이다. 그는 우리를 알고 있었고, 1990년대에 나와 몇 달 동안 함께 일했다. 이후로 우리는 몇 차례 대결했다. 3년 전 한 펀드 컨퍼런스에서 그와 나는 갈등을 겪고 헤어져야 했다.

챈스와 마이너는 서로를 바라보면서, 이번 거래가 가장 중요한 거래이고 막대한 성과가 보장된 거래임을 확인할 것이다. 또한 업계에 누가 최고인지를 알려 줄 거래일 것이다.

전략 세션과
연구

그린버그 캐피털에서 열린 첫 번째 회의는 전략 세션이었다. 나와 샘 그린버그는 롭 맥팔렌Rob McFarlen과 함께 회의실에 앉아 있었다. 그린버그는 여러 가지 책임을 맡겼다. 이번 프레젠테이션은 모두에게 위험 부담이 컸다. 법정 비용만 4만 달러였다. 간접 비용을 다 합치면 10만 달러에 육박할 것이었다. 맥팔렌과 나는 거래에 필요한 숫자를 계산하는 길고 힘든 작업을 시작했다.

맥팔렌은 수학과 통계를 이용해 데이터를 분석하는 정량 분석가였고, 필요한 재무 모델의 종류를 알고 있었다. 나는 큰 그림과 스토리를 하나로 묶어야 했고, 실제 프레젠테이션을 담당할 것이다. 그린버그는 돈을 지불하고 모든 것이 그의 마음에 들 때까지 팀을 이끌어갈 것이다.

몇 시간 후, 우리는 점심을 먹기 위해 잠시 쉬면서 골드해머에 대해 이야기하기 시작했다. 그린버그는 말했다.

"티모시 챈스가 참여할지 궁금해요."

"그렇게 되기를 바랍니다. 챈스는 그들이 가진 최고의 사람이에요. 좋은 소식은 내가 그의 방식을 알고 있다는 것이죠."

"어떻게 생각해, 롭?" 그린버그가 물었다.

맥팔렌은 골드해머를 위해 프리랜서로 활동했기 때문에 이해관계가 상충하는 입장이었다. 그는 어깨를 으쓱했다.

"제 일은 숫자를 담당하는 것이지, 편을 드는 게 아니에요."

"말해 봐. 말해도 돼." 내가 말했다.

"티모시는 최고예요. 훌륭하죠. 하지만 당신도 그럴 것 같아요, 오렌."

그린버그는 내가 움찔하는 것을 지켜보며 혼자 웃었다. 내가 그에게 프레임 통제를 가르쳤는데, 이제 그는 그 기술을 나에게 사용하고 있었다. 그린버그는 항상 그랬다. 그는 언제나 같이 일하는 사람들이 한계를 뛰어넘게 만들었다. 나는 말했다.

"내가 어떻게 생각하는지 알잖아요. 티모시가 끼어든다면 쉽지 않을 거예요. 티모시는 잘해요."

우리는 거래의 자금 조달 구조를 개선시키고 있었다. 전 세계적으로 유사한 거래에 대해 조사해 보았고, 이를 뒷받침할 수 있는 훌륭한 자금 조달 전략을 가지고 있다고 느꼈다.

우리는 또한 실제로 티모시 챈스가 골드해머에서 발표를 담당한다는 사실도 확인했다. 나는 그 소식에 아드레날린이 분출되는 것을 느꼈고 늦은 밤까지 준비에 몰두했다.

지난 몇 년 동안 나는 거래를 제시하고 체결하는 방법을 하나로 결합하려고 했다. 그래서 신경경제학이라는 개념을 개발하고, 학술지를 정독하고, 교수와 연구원들을 인터뷰하고, 심지어 경영진들과 함께 다양한 설득의 기술에 대한 그들의 반응을 측정하는 실험을 하기도 했다. 하지만 이 모든 연구는 물론이고, 내가 이 주제에 투자한 1만 시간이 효과가 없다면 아무 소용도 없을 것이다. 10억 달러짜리 거래에 참여하기 위한 경쟁은 지금까지 내가 배운 것을 검증할 기회였고 그린버그 캐피털이 이긴다면, 내 방법을 입증할 수 있는 시험대가 될 것이 분명했다.

1월
중순

매일 하는 일의 리듬, 할 일 목록을 지워나갈 때의 기분, 숫자들의 맞물림, 이런 것들은 나에게 목적의식과 짜릿한 쾌감을 주었다. 그린버그에게 말하지는 않았지만, 사실 사막에 계속 있었다면 지루했을 것이다. 발바닥에 닿는 뜨거운 모래의 느낌은 좋았다. 하지만 거래를 진행하는 것만큼 짜릿한 것은 없었다.

맥팔렌이 새로운 재무 정보를 논의하기 위해 우리 집에 왔었는데, 나는 거래의 짜릿함을 설명하고 있었다.

"어떤 의미에서 나는 검투사 같아요. 죽거나 죽여야 하죠. 실패한다면, 나를 바라보는 관중은 비뚤어진 기쁨을 경험하죠."

맥팔렌은 고개를 끄덕였다. 나는 항상 그에게 분명하고 생생한 비유를 들려주었지만, 맥팔렌은 그 모든 것에 정말로 관심을 쏟을 줄 아는 사람이 아니었다. 그는 내성적인 사람으로, 오로지 자신의 재무 분석을 방어하기 위해서만 말을 하는 사람이었다.

"골드해머에서는 누가 재무 분야를 담당하는지 알고 있나요?"

"내부에서 진행하니까 브랜든 콜드웰Brandon Caldwell일 거예요."

맥팔렌이 답했다.

"그 사람은 당신처럼 일할 수 있나요?" 내가 물었다.

"내가 어떻게 일하는데요?" 맥팔렌은 궁금해했다.

"평범한 데이터로 마법 같은 일을 해내죠." 나는 말했다.

"그렇다면 아니라고 답하죠. 콜드웰은 나처럼 할 수 없어요. 짧은 시간 내에는 할 수 없죠."

맥팔렌이 말했다. 내가 맥팔렌에게서 들을 수 있는 가장 대담한 답이었다.

그린버그는 맥팔렌과 나라는 뛰어난 두 명의 전문가를 배치한 것이었다. 그렇다고 그린버그가 게으름뱅이는 아니었다. 그는 수학에 능통한 사람이었다. 나는 비즈니스를 시작했을 때 그린버그를 나의 멘토로서 존경했다. 우리 팀은 규모는 작아도 확실한 재능과 경험을 가지고 있었다. 하지만 공항 거래 건을 따내려면 많은 것을 극복해야 했다.

고객

사이먼 제프리스Simon Jeffries는 공항 계약을 소유하고 있었다. 그는 모든 것을 해결하기 위해 몇 년 동안 노력했다. 제프리스와 그린버그는 10년 이상 알고 지냈고, 때때로 업계에서 마주치곤 했다. 이제 제프리스는 알파의 지위를 가지고 있었다. 그는 골드해머와 그린비그의 프레젠테이션을 듣고 10억 달러짜리 공항 건설을 위한 투자 조달 계약을 누구와 체결할지 결정하는 사람이었다.

흥미로운 것은 챈스가 제프리스에 대해 많은 연구를 하고 있을 때 나는 아무것도 하지 않았다는 점이다. 나는 청중과 개인적인 관계, 즉 친밀감을 형성하는 데는 관심이 없었다.

내 경험에서 보면, 프레젠테이션을 시작할 때의 소소한 잡담은 무의미했다. 수백만 달러, 수십억 달러의 의사결정을 하는 사람들이 어디에서 골프를 치는지, 주차 공간을 얻는 데 어떤 어려움을 겪었는지에는 신경을 쓰지 않는다. 나는 이 사실을 오래전에 깨달았고, 다른 발표자들이 빠지는 함정을 피했다. 대신 나는 독특한 주제와 스토리에 집중해서 매력적인 인간적 서사를 만들어낼 것이었다.

서류상으로 제안된 제트파크 공항은 매우 아름다웠다. 한 유명한 건축가가 거의 2킬로미터에 이르는 유명한 데이비스 필드 활주로 주변에 4백만 제곱미터 규모의 대도시를 설계했다. 계획에는 식당, 쇼핑 및 편의 시설이 포함되었다. 당시는 렌더링에 불과했던 대부분의 건물은 유리와 강철로 지어질 예정이었다. 상세한 내용은 알려지지 않았다.

공항이 재편되면, 캘리포니아 남부 지역의 항공 교통량 증가 해결에 도움이 될 것으로 기대되었다. 2010년에만 약 3천만 명의 승객이 이 공항에서 비행기를 탈 것으로 추정되었다.

이 공항은 또한 더 작은 항공기를 위한 서비스를 제공하고, 항공 기업들에 질 좋은 사무 공간을 제공할 것이다. 여기에서 1만 개의 일자리가 창출될 것이고, 22억 달러의 경제 효과가 만들어질 것이다.

따라서 자금 조달은 중요한 문제였다. 남부 캘리포니아는 새

로운 공항이 필요했다. 그러려면 자금이 필요했다. 그린버그와
골드해머 모두에게 승리는 중요했다.

미팅
9일 전

맥팔렌은 16시간 동안 거래 구조를 재구성했다. 나는 그래픽
디자이너와 함께 발표를 위한 시각 자료를 만들고 있었다. 프레
젠테이션 중에 튀어나와 충격을 안길 시각 효과를 바랐다.

나는 또한 이야기를 구성하는 요소를 연구하고 있었다. 할리
우드 시나리오 작가인 나의 친구들은 나에게 모든 프레젠테이
션은 하나의 이야기가 되어야 한다고 강조했다.

나는 맥팔렌에게 말했다.

"흥미를 위한 훅이 있어야 해요. 영화 「죠스」의 상어에게 추적
기가 달려 있어서 상어의 위치를 파악할 수 있다면 드라마는 없
고 이야기는 흥미롭지 않을 겁니다."

나는 프레젠테이션에 인간적인 요소를 넣어 프레젠테이션의
설득력을 높이기 위해 전체를 재구성하고 있었다. 정확한 수치
에서 설득력이 나올 때도 있지만, 이번 건은 달랐다. 이번 건은
사람에 관한 이야기였다.

맥팔렌은 고개를 끄덕이더니, 다시 자신이 맡은 일로 돌아갔
다.

미팅
당일

미팅 당일 오후 2시 52분, 나는 챈스가 몇 걸음 앞서서 건물
안으로 들어가는 것을 보았다. 나는 본관 로비에 도착해 머릿속
으로 내가 할 발표의 내용을 되짚어보고 있었다. 영화 같은 이
야기, 즉 공항이 위치한 지역인 스프링힐에서 만난 사람들에 대
하여 이야기를 집중할 계획이었다.

티모시 챈스도, 그의 회사의 누구도 스프링힐은 생각도 하지
못했을 것이라는 확신이 들었다. 엘리베이터를 타고 9층으로
올라가면서 나의 전략에 자신감이 생겨났다. 재무구조가 탄탄
했고, 그린버그 캐피털은 든든한 전력을 갖추고 있었다. 하지만
내가 준비한 이야기에는 더 강한 면이 있었다. 무엇보다 인간적
인 시각이 매력적이었다.

사이먼 제프리스의 사무실은 로스앤젤레스의 주요 업무지구에
있었다. 나는 안내원에게 다가갔고, 챈스가 문자 메시지를 보내
는 모습을 보았다. 우리의 눈이 마주쳤고, 나는 눈썹을 치켜올

리는 것으로 인사를 대신하고 안내원에게 고개를 돌려 미소를 지으며 말했다.

"그린버그 팀 도착했습니다."

"자리에 앉아서 기다려 주십시오."

안내원이 말했다. 베타 트랩의 로비였다. 의자는 여섯 개가 놓여 있었다. 나는 앉지 않고 챈스를 좀 자극하려고 "본사에 마지막으로 조언을 구하는 건가?"라고 말했지만, 그는 말할 기분이 아니었다. 그는 프레임 통제가 시작되었음을 알고 있었다. 그의 말은 모두 프레임, 프레임 해체, 프레임 재구성, 프레임 뒤집기였다.

챈스는 "행운을 비네."라고 말하고는 자신의 아이폰을 내려다보았다.

드디어 제프리스는 나와서 나와 챈스와 악수를 했다.

"좋아요, 여러분, 이쪽으로 오세요." 그가 말했다.

그는 우리를 긴 복도를 따라 회의실로 안내했다. 회의실에 들어가자 그가 말했다.

"앉으세요."

챈스와 나는 불안한 표정을 주고받았다. 제프리스는 잠깐 실례한다고 말하고는 자리를 떴다. 그가 멀어지자마자 챈스는 말했다.

"서로의 앞에서 프레젠테이션을 하라고? 농담이겠지."

완벽했다. 나는 답했다.

"항상 있던 일이잖아. 그러니까 더 열심히 해야지."

제프리스는 우리가 서로의 발표를 본다면 더 노력할 것임을 알고 있었다. 그는 우리 둘 중 하나에게 10억 달러 계약을 안겨 줄 것이고, 우리가 계획대로 되지 않았을 때 어떤 반응을 보이는지 확인하고 싶어 했다.

바로 그때 세 번째 경쟁자가 들어왔다. 런던의 업체였다. 내가 예상했던 것보다 훨씬 경쟁이 치열할 것 같았다.

04

승리를 가져올
설득의 전략

두 달 전, 나는 골드해머의 규모를 가늠했고, 어떻게 해야 내가 유리한 고지를 얻을 수 있을지를 궁리했다. 두 팀은 같은 정보를 바탕으로 일할 텐데 어떻게 해야 차이를 만들 수 있을지 알아내려고 했다. 풀기 힘든 수수께끼였다. 이긴다면 10억 달러를 모금할 수 있는 기회를 얻고, 2,500만 달러의 급여를 받게 된다.

중요한 건이었지만 그저 '또 다른 기회'라고 생각하고 마음을 다잡으려고 노력했다. 그 순간이 왔을 때 압박감을 느끼거나 절박한 행동을 해서는 안 되었다. 말하기는 쉽지만, 실제 행동은 어려웠다. 몇 주 또는 몇 달 동안 준비한 프로젝트인데, 어떻게 긴장하지 않을 수 있는가? 나 역시 인간이었고, 중요한 사회적 대면에서는 감정이 앞설 수밖에 없었다. 그래서 나 자신의 심리를 통제해야 했다. 절박함을 벗어나기 위한 세 가지 규칙이 도움이 되었다.

1. **욕망을 없애라.** 바라지 말라. 바라는 것이 스스로 당신에게 다가오도록 하라.
2. **타인 앞에서 뛰어나야 한다.** 타인에게 당신이 잘하는 것을 보여주어라.
3. **중요한 순간에 물러나라.** 당신이 타인을 좇고 싶을 때 오히려 물러나라.

설득을 위한 발표를 준비하면서 나의 욕망을 없애지 못한다면, 발표 당일에 절박해 보일 것이다. 내가 간략한 아이디어 하나를 제대로 설명하지 못한다면, 평균적으로 우리보다 강한 경쟁사가 이길 것이라고 생각했다. 만약 내가 적절한 타이밍에 물러설 대담함이 없다면, 거래에 매달리는 모습을 보일 것이고, 결국 질 것이라고 생각했다. 아마도 네 가지의 발표 단계를 포함하는 간단한 게임이 될 것이라고 판단했고, 그래서 즐길 수 있어야 했다. 이를 위해 우리의 첫 번째 과제는 사이먼 제프리스의 마음을 이해하는 것이었다. 나는 제프리스의 크록 브레인을 위하여 발표에서 쓸 메시지를 정교하게 다듬었다.

먼저 올바른 어조를 사용하려고 했다. 그래서 더욱 공적인 태도를 가지려고 했다. 제프리스는 몇 년 전부터 연방항공청과 일해왔다. 아마도 '재미있는 대화'를 잘 사용하지 않을 것이고, 자유로운 유머와 분위기에는 익숙하지 않을 것 같았다. 또한 그는 시, 주, 그리고 연방 정부 기관과도 함께 일했기 때문에, 진지하고 정중한 말투를 사용하려고 했다. 소위 말하는 심각한 말투가 침울하다는 뜻은 아니다. 발표를 재미있게 하는 것은 매우 중요했다. 발표하는 사람이 재미있지 않으면, 다른 사람들은 모두 불안해진다. 가짜로 재미있다고 꾸며낼 수 없기 때문에, 내가 스스로 즐겨야 했다. 이것만으로도 욕망은 없앨 수 있을 거라고 생각했다.

두 번째로, 제대로 프레이밍을 해야 했다. 아주 간단하게 설명할 수 있다. 이번 경쟁은 돈과 수익에 관한 것이었다. 경쟁자들이 이 거래가 '돈을 빌 기회'라는 프레임을 만들 것이라고 확신했다. 지금까지 경쟁사가 해왔던 일이었다. 하지만 이 월스트리트의 거물 기업이 간과했던 것은 사이먼 제프리스가 그저 오래된 개발 회사의 대표가 아니라는 것이다.

이 재개발 계획은 이전에 여러 번 시도되었지만 실패했다. 제프리스는 1920년대부터의 역사를 가진 캘리포니아 남부의 4백만제곱미터의 땅에 공항을 건설할 것이다. 돈보다 더욱 중요한 것이 있었다. 사회적 상황에서 알파가 되고 싶은 인간의 욕망을 위한 것일 수도 있었다. 그의 뇌는 돈이 아니라 높은 지위를 바라는 일을 원했다. 그리고 이 개념에서 위대한 아이디어가 탄생했다. 이 거래는 유산을 남기기 위한 것이라는 발상이었다.

이 거래는 미국 역사의 한 조각에서 유산을 만들어내기 위한 것이었다. 사이먼 제프리스는 중요한 일을 한 사람으로 기억되길 원했다. 탐욕이 아니라 욕망에서 비롯된 거래였다. 이를 깨달은 후 열심히 노력했다. 내가 해야 할 일은 내 설득의 논리를 제프리스의 욕망에 맞추고, 그가 유산을 만들기 위한 계획의 일부가 되는 것뿐이었다.

세 번째로, 나는 뜨거운 인지를 만들기 위한 버튼을 강하게 눌러야 했다. 샘 그린버그의 비행기가 활주로에서 공회전을 하고 있던 시간은 내게 깊은 인상을 남겼다. 제트기는 매력적이고 단순했다. 순수한 뜨거운 인지였다. 제프리스와 위원회는 항공 사업에 깊이 개입했다. 그들은 비행기를 소유하거나 함께 일했다. 두 사람은 실제 조종사이기도 했다. 제트기를 사랑하는 사람에게 프레젠테이션할 때, 뜨거운 버튼을 누르기는 쉬웠다. 제트기 사진을 많이 보여주면 된다.

상대방이 의식적으로 또는 무의식적으로 자신의 사회적 이미지를 높여줄 것이라고 믿는 제품은 그의 뇌에 뜨거운 욕망을 불어넣어 줄 것이다. 사회가 가치 있게 여기는 무언가를 뇌에 보여주면, 그것을 밟고 올라서려고 할 것이다. 뇌의 보상 구조에 도파민이 쏟아져 들어올 것이고, 즐거움의 감정은 빠르게 상승할 것이다. 오락을 위한 약물에 반응을 보이는 것과 유사한 보상 구조이다. 대부분의 사람들은 페라리, 롤렉스, 아름다운 장식품, 르누아르, 세잔, 티띠앙, 드 쿠닝, 탐욕스러운 로트와일러, 해변가 저택, 이 경우에는 개인 제트기를 마주할 때, 이들의 뜨거운 인지는 미친 듯이 불을 뿜는다. 그들은 욕망과 보상을 기대하고, 좋은 감정을 느낀다.

제프리스와 위원회에 매력적인 항공 사진으로 뒤덮인 대형 포스터 보드를 보여주려 했던 이유는 이 때문이었다. 나는 몇 분에 한 번씩 아름다운 제트기가 이륙하거나 착륙하거나, 고공 회전을 하는 점점 더 자극적인 사진이 담긴 새로운 포스터 보드를 뒤집곤 했다.

파생상품이나 추상적인 금융상품을 홍보할 때 상대방의 시각적인 버튼을 누르기는 어려웠다. 이번 거래에서는 제트기가 설득을 쉽게 만들어주었다.

최종 선택까지 갈 수만 있다면, 결국 최종 경쟁은 골드해머와 우리의 싸움이 될 것임을 알았다. 골드해머는 많은 인력과 최고의 실적, 큰 영향력을 가지고 있었다. 골드해머의 강점은 훌륭했다. 지난 10년 동안 그들은 언제든지 우리를 공격했다. 우리는 규모가 작아서 무시당할 게 뻔했다. 내가 개인적으로 모을 수 있는 돈은 4억 달러였다. 골드해머는 수십억 달러였다.

프레젠테이션은 다음의 네 단계를 중심으로 구조를 짰다.

1단계: 프레임 통제, 지위 포착, 위대한 아이디어 소개

2단계: 문제/해결 방법과 우리의 장점 설명

3단계: 거래의 제안

4단계: 뜨거운 인지를 위한 프레임 쌓기

그런데 경쟁보다 더 심각한 문제가 있었다. 사이먼 제프리스와 위원회는 타고난 알파 지위를 가지고 있었다. 프레젠테이션 중에 자신의 목소리를 내고, 훼방을 놓고, 주의를 산만하게 할 것이다. 상황을 파악하고 프레임을 제어하지 않으면, 분명 그럴 사람들이었다. 어느 시점에서든, 나의 프레젠테이션 속도가 느려지면, 기회를 포착하여 알파 지위를 어김없이 보여줄 것이다. "구체적으로 어떻게 할 계획입니까?" 또는 "그 수치들을 어디서 얻었습니까?" 또는 "얼마나 비용이 듭니까?"라는 질문도 던질 것이다.

그들의 이런 질문을 막으려면, 끊임없이 푸시/풀을 배치해야 할 것이다. 이렇게 하면 그들은 물러났다가 다시 끼어들면서, 흥미를 보이고 더 많은 것을 알아내려고 할 것이다. 냉정하고

분석적인 태도를 가질 시간이 없을 것이다. 언제나 나의 입장에서 나에게 반응할 것이다. 나의 스타 파워를 일찍 확보할 필요가 있었다.

마지막 순간에 다음과 같은 생각이 머릿속을 맴돌았다.

1. 어조를 맞추고, 나 자신을 알파로 만들고, 지위를 얻고, 상대의 인지에 불을 지펴라.
2. 인간미 있는 위대한 아이디어를 배치하고, '유산 구축'이라는 주제를 포착하라.
3. 울림 있는 비주얼로 매료시켜라.
4. 뜨거운 인지를 만들어라. 제프리스와 위원회가 상세한 내용을 알기 전에 아이디어를 갈구하도록 만들어라.

상대방의 크록 브레인과 20분 동안 뜨거운 대화를 나누는 것이 내 계획이었다. 뜨거운 인지 능력으로 가득한 프레젠테이션을 해내는 것이 목표였다. 똑같이 숙련된 두 사람이 같은 아이디어를 주장하는데, 한 사람은 대뇌피질을, 다른 사람은 크록 브레인을 공략한다면 결과는 아주 다를 것이라 생각했다. 나는 상대방의 크록 브레인에 맞춰 발표 내용을 조정하고 준비를 마쳤다.

05

결전의
시간

두 달이 넘는 준비 기간이었다. 나는 챈스가 지켜보는 가운데 제프리스와 그의 위원회를 상대로 설득에 나섰다. 나는 천천히 말을 시작했다.

"지금 우리에게는 큰 책임이 주어졌습니다. 이번 결정은 누가 더 매력적인지, 누가 재무적으로 더 능숙한지를 찾는 것이 아닙니다. 누가 데이비스 필드를 위해 10억 달러를 모으는 데 필요한 올바른 아이디어를 가지고 있는지 판가름하는 것입니다. 지금까지 비슷한 시도가 있었고, 전부 실패했습니다. 그래서 이번에는 최고의 사람이나 팀이 아니라 최고의 아이디어가 승리해야 합니다. 이 활주로는 제2차 세계 대전 중에 미국을 위하여 사용되었으며, B-17 폭격기와 태평양 전쟁에 참여한 다른 전투기 편대를 수용했습니다. 지금 우리는 쇼핑센터나 쇼핑몰, 모텔을 만들자는 게 아닙니다. 우리는 공항을 만들 겁니다. 그것도 신성한 땅에 말입니다. 그래서 뜻이 옳게 구현되어야 합니다."

처음부터 프레임을 제대로 맞추어야 한다. 골드해머는 분명 처음부터 규모와 경험, 실적을 부각할 것 같았다. 나는 그들의 장점을 최소화하고 우리의 렌즈에 집중하는 프레임을 선택해야 했다. 그래서 최선의 아이디어 프레임을 선택했다. 즉, 규모와 힘을 가진 입찰자를 잊고, 아이디어의 품질에 집중하는 입찰자를 선정해야 한다고 강조했다. 규모와 힘을 가진 경쟁자들을 이길 수 없기 때문에 프레임을 전환해야 했다. 나의 위대한 아이디어 프레임이 골드해머보다 더 강력하다면 우리가 이길 수 있었다.

나는 또한 "신성한 땅 말입니다."라는 말로 긴장감을 높여서 그들의 뇌에 노르에피네프린을 주입했다. 여기에서 실수한다면 심각한 결과를 초래할 것이다.

만약 내가 그 톤을 제대로 맞추었다면, 강력한 프레임이 마련되었을 것이다. 그다음 과제는 경쟁의 프레임을 바꾸는 것이었다.

"뛰어난 경쟁사 두 곳과 경쟁하게 되어서 영광입니다. 대규모 팀, 많은 사무실, 젊고 활기찬 연구자들, 세계에서 가장 돈을 많이 버는 애널리스트를 거느리고 있죠. 일할 때 비용을 아끼지 않는 기업들입니다."

골드해머와 런던의 업체가 규모가 크고, 인력이 많지만, 나이와 경험이 부족하다는 점을 꼬집은 것이었다. 경쟁사들이 어리고, 직원만 많으며, 수수료를 걱정해야 하고, 거대하다는 프레임을 만든 것이다. 월스트리트 은행에 대한 언론의 비난과 대체적으로 부합하며, 쉽게 전달할 수 있는 아이디어였다. 나는 골드해머의 티모시 챈스가 자신의 회사가 이런 프레임으로부터 벗어날 수 있도록 상당한 공을 들이고 있음을 알고 있었다. 챈스는 내가 무엇을 해냈는지 알아차렸고, 당황했다. 시작이 좋았다.

"사이먼, 지난 3개월 동안 만났던 사람들 대부분은 시장이 평평하고 한동안 아무런 변화도 없었다고 말했습니다. 이러한 생각을 반박한다면 다른 렌즈, 즉 우리가 사용하는 렌즈를 통해 시장을 바라볼 수 있을 겁니다. 더 자세히 설명하겠습니다. 우리가 신뢰하는 시장의 세 가지 힘은 올바른 시기에 시장에 진입할 수 있는 중요한 창을 만들었습니다. 이 창이 오래 열려있지는 않을 것입니다. 하지만 지금이라면 다른 어떤 거래보다 빨리 투자자들로부터 10억 달러를 받을 수 있습니다. 시장이 움직이는 방식에 대하여 우리는 다음과 같이 분석했습니다."

"사회적 요인. 모든 사람들이 투자 은행이 위험 부담 없이 거래들에서 돈을 번다고 질려 합니다. 그래서 우리는 수수료에 대해 더 투명해야 합니다.

경제적 요인. 은행가들과 컨설턴트들이 투자자들과 함께 기꺼이 위험을 무릅쓰는 투명한 거래에 대해서는 시장의 투자금이 넘쳐납니다. 지난 분기보다 50억 달러가 더 많습니다.

기술적 요인. 친환경 건물로 친환경 인증을 받는다면 10%의 세금을 감면해 줄 정부 기관을 알고 있습니다."

"처음 접하는 소식일지도 모르겠습니다. 하지만 이 세 가지 힘은 지금 시장을 움직이는 힘이며, 우리의 전략에서 매우 중요합니다. 다시 말하지만, 우리는 잠시 열리는 시장의 창을 활용해야 합니다. 우리가 이러한 힘과 싸운다면 고전할 것입니다. 하지만 제대로 활용한다면 이 작은 시장의 창을 통과하는 몇 안 되는 거래 중 하나가 될 것입니다."

내가 오랫동안 지지해 온, 세 가지 시장의 힘이 만들어내는 패턴이었다. 간단하고 단도직입적이었다. 프레이밍이 끝나기 전에 영업과 홍보를 시작하지는 않을 생각이었다. 그렇다면 실수가 될 것이다. 다만 나는 상대방에게 시장이 움직이는 방법을 보여주려 했다. 마음은 카메라가 아니라 움직임을 관찰하고 다음에 어떤 일이 일어날지 예측하는 데 전념하는 기계이기 때문에 효과가 있을 것이다. 나는 계속해서 말을 이어나갔다.

"제 계획을 자세히 살펴보기 전에, 얼마 전 우리가 찾아낸 것을 말씀드리겠습니다. 이 프로젝트는 공항의 발전이나 공항을 재개장하는 것 이상입니다. 바로 당신이 남길 유산입니다. 당신은 역사에 이름이 기록될 것이고, 당신의 유산은 세대의 평가를 받을 것입니다."

나는 위원회를 자극했다. 이렇게 하면 도파민과 노르에피네프린이 동시에 방출될 것이다. 즉, 그들은 욕망과 긴장을 모두 자극하고 있었다.

"사이먼, 제프, 짐, (일부러 위원회 구성원의 이름을 불렀다) 여러분이 가능한 한 빨리 이 공항의 투자자들을 찾아야 한다는 것을 알고 있습니다. 시간이 촉박한 상황에서 관습적인 지혜에 의문을 제기하는 것이 얼마나 어려운지를 알고 있습니다. 하지만 언제나 하던 방식이라는 것에 의문을 가지셨으면 합니다. 최근 '통상적인' 방식이 잘못되거나 완전히 틀린 것으로 밝혀지거나, 둘 다일 때가 많았기 때문입니다. 이 시장에는 비슷한 거래들이 너무 많습니다. 지금 다른 모든 거래들과 접근 방식을 달리하지 않는다면 시간과 돈을 낭비하게 될 것입니다.

그래서 우리는 다른 경쟁자와 차별화된 계획을 만들었습니다."

그리고 나는 주제와 로고가 과감하게 인쇄된 커다란 포스터 몇 장을 뒤집었다.

"보시는 것처럼 우리의 주제는 '미국의 유산에 투자하라.'입니다. 우리의 계획은 투자자들에게 많은 이익을 안겨주겠지만 또한 놀라운 역사의 일부가 될 수 있는 기회이기도 합니다. 오늘날 잠재적 투자자들에게 손실과 수익의 이야기를 들려줄 다른 입찰자들과는 달리, 우리는 풍부한 항공 역사를 가진 공항에 대한 멋진 이야기를 들려줄 계획입니다.

'미국의 유산'이라는 주제와 우리의 재무 계획을 결합하면 효과는 뛰어날 겁니다. 우리의 접근 방식은 10억 달러를 더 빠르고 쉽게 확보할 겁니다. 우리의 위대한 아이디어는 더 빠르고, 더 확실한 자본을 얻어낼 것입니다. 우리는 항공 역사의 한 부분을 파괴하는 것이 아니라 보호함으로써 문자 그대로 영웅이 될 수 있도록 목표를 높이 설정하고 동시에 10억 달러를 확보할 것입니다."

위대한 아이디어를 소개할 때 내가 자주 쓰는 방식이었다. 왜 여기에서 이러한 방식으로 아이디어를 소개했을까? 뇌와 뇌 속의 의사 결정에는 다음의 세 가지 원칙이 있다. 첫째, 뇌의 가장 기본적인 작동 원칙으로, 욕망에 대한 결정은 의식적이지 않다는 것이다. 둘째, '영웅'이 되는 것과 같은 사회적 보상은 돈을 버는 것보다 훨씬 더 매력적이다. 셋째, 사회적 보상에 대한 아이디어, '영웅'이 되는 아이디어, 돈을 많이 버는 아이디어에 집중하면 상대방의 뇌에 도파민이 넘쳐날 수 있다. 그 목적은 무엇일까? 욕망에 불을 붙이는 것이다.

지금 막 위원회의 크룩 브레인에 도파민(욕구)과 노르에피네프린(긴장)의 칵테일을 주입했다. 이제는 지루한 부분, 즉 숫자에 대해 자유롭게 말할 수 있게 되었다.

나는 우리가 잘하는 것에 상대방의 관심을 집중시키는 프레임을 만들어서 우리와 골드해머를 차별화했다. 차별화는 새로움으로 이어진다. 새로움은 뇌에 또 다른 도파민을 흐르게 한다. 프레젠테이션은 주로 "열심히 노력했고, 뛰어난 계획을 세울 수 있었습니다."라는 말로 포문을 연다.

하지만 나의 접근 방식은 두 걸음 뒤로 물러난 다음 세 걸음 앞으로 나아가는 것이었다.

"시장의 상황이 변했다(즉, 일반적인 접근 방식은 효과가 없을 것이다)."라고 말하면서 이야기를 시작하고, "다른 것들과 다른 더 나은 방법"이 있으며 "단지 차갑고 딱딱한 숫자가 아니기 때문에 다르다. 인간의 이야기를 담고 있다."라는 말로 마무리한 것이다.

"경쟁자들은 아마 잘못된 방식을 취할 가능성이 높습니다. 자신들의 멋진 이력서에 많은 시간을 집중하고, 같은 주제를 활용하며, 세부적으로 다른 부분을 강조하겠죠. 진부한 표현에 의존하고, 자신들이 고객을 만족시키고 '최고 수준의 무결성, 서비스 및 품질'을 제공하는 '완전한 서비스 회사'라고 말할 겁니다. 오래되고 비효율적인 방법으로 얻을 수 있는 것은 아무것도 없는데, 왜 시간을 낭비하려고 하나요? 당신이 좋은 서비스와 품질을 제공하고 있다는 것은 누구나 알잖아요?"

이후 5분 동안, 나는 예산과 내가 전달할 수 있는 타임라인을 강조했다. 만약 내가 5분 안에 전체 계획을 제시하지 못한다면, 지난 두 달은 막대한 시간과 돈의 낭비가 될 것이다.

이날을 준비하면서, 아이디어의 풍부함과 정교함을 훼손하지 않고 발표 내용에서 무엇을 들어내야 하는지를 알아내기가 어려웠다. 하지만 상대방의 뇌를 분석 모드로 전환하는 냉철하고 딱딱한 세부 사항이 적을수록 성공의 가능성은 높아질 것이라고 판단했다.

프레젠테이션의 길이도 중요했다. 한 달 전 리허설에서 소요된 시간은 55분 이상이었다. 너무 길었다. 그래서 발표 내용을 줄이기 시작했다. 전체적으로 3분을 줄이고, 다시 2분을 더 줄였다. 매번 새로운 리허설에서 흥미나 뜨거운 인지 능력에 맞지 않은 상세한 내용을 잘라냈다. 프레젠테이션 일주일 전에도 핵심적인 메시지는 유지하면서 산만한 세부 사항을 쳐내며 발표를 뜨겁게 만드는 작업을 계속하고 있었다.

그래서 5분 만에 예산과 자금 조달에 관한 세부 사항을 설명할 수 있었다. 가장 차가운 부분이었다. 이제 뜨거운 인지에 해당하는 네 개의 프레임을 전달할 것이고, 그러면 설득은 더욱 뜨거워질 것이다. 하지만 '푸시/풀'이 먼저였다.

"대담한 계획처럼 보이나요? 숫자가 5% 높다거나 3% 낮다거나 하는 논의는 할 수 있을 겁니다. 하지만 위대한 아이디어는 대담할 수밖에 없습니다. 우리는 대담해야 한다고 생각합니다. 여러분이 대담한 계획을 별로 좋아하지 않는다면, 우리가 맞지 않을지도 모릅니다. 우리 팀은 사업적인 면에서 언제나 빠르게 일해왔고, 여러분은 대기업들이 하는 것처럼 느리지만 체계적으로 대응할 테니까요. 그러니 맞지 않겠죠. 우리의 계획이 너무 대담하고 우리가 서로 맞지 않는다면 어쩔 수 없다고 생각합니다."

나는 푸시/풀 패턴의 고전적인 푸시 부분을 사용하고 있었다. 상대방에게 도전하고, 긴장을 증폭시키기 위해서였다. 이제 물러설 때였다. 내가 10년 이상 고심했던 기술과 연구를 바탕으로 해왔던 일이 진가를 발휘할 때였다. 아무리 부드럽게 접근했다고 하더라도, 나는 영업을 하고 있었다. 나는 통제하려고 노력하면서 상대방이 내게 유리하게 결정하도록 만들려고 했다. 상대방에게는 일종의 스트레스와 압박이었다. 인간은 이런 종류의 압박을 받으면 특정한 방식으로 행동한다. 이러면 상대방의 크록 브레인은 자율성을 빼앗기고 있다고 느낄 수 있다. 일종의 위협이 될 수 있었다.

푸시는 상대방에게 압박 없이 결정을 내릴 수 있도록 하여, 문제에 대응한다.

인간의 뇌는 수천 년에 걸쳐 스트레스 요인에 대응하면서 진화해 왔다. 그래서 인간은 크록 브레인의 수준에서 선택의 능력을 위협하는 사회적 대면에 끊임없이 적응한다. 이것이 나의 지침 중 하나이다. 인간은 자신의 자유의지가 빼앗기고 있다는 낌새만 있어도 위협 반응을 일으킨다. 과학자들은 이것이 선택의 자율성을 감소시킨다고 말한다.

크록 브레인에게 위협이 아니라고 알린 다음에는 푸시/풀 패턴의 나머지 절반을 완성해야 한다.

"하지만 성공한다면, 우리의 힘은 결합되어 위대한 결과를 도출할 것입니다. 귀사의 항공 경험과 열정이 우리의 전략과 재정적인 노하우와 결합하면 어떻게 될까요? 우리가 개인 투자자에게 집중하면, 마치 최면에라도 걸린 듯 그는 열정을 느끼게 될 것입니다!"

이번에는 지위를 위한 아이디어였다. 인간의 뇌는 사회적 대면이 지위를 향상시키거나 감소시키는 방식을 계속해서 평가한다. 그런데 지금, 모든 경쟁자들은 우리보다 더 높은 세계적인 지위를 가지고 있었다. 깨뜨릴 수 없었다. 경쟁사는 더 많은 부와 인기, 그리고 더 많은 권력을 가지고 있었다. 그래서 나는 영역의 스타 파워가 필요했다. 그것도 지금 당장 말이다.

"우리는 이 프로젝트를 진심으로 사랑합니다."

나는 방 주변에 설치되어 있던 무거운 포스터 보드를 뒤집기 시작했다. 두께가 약 1/2인치인 크고 현실감 넘치는 포스터들이었다. 파워포인트 슬라이드는 사라지겠지만, 이들은 각인될 것이고, 당신의 발표에 현실감을 더해줄 것이다.

"골드해머나 런던의 팀에 마음이 끌리는 건 당연합니다. 대단한 사람들이죠! 젊은 에너지와 멋진 맞춤 정장으로 얼마나 많은 일을 할 수 있을까요? 그런데, 한 가지 묻고 싶군요. 스프링힐 픽업 축구에 대해서는 알고 있나요?"

이목을 집중시키는 참신한 방법이었다. 하지만 위험했다. 선을 넘을 때는 반드시 훌륭해야 한다.

"이런 질문을 하는 이유는 저 역시 조 라미레즈를 만나기 전까지 데이비스 필드의 전체 이야기와 이전에 이곳에 신공항을 건설하려는 시도가 왜 실패했는지 알 수 없었기 때문입니다."

나는 공항 거래에 관한 조사를 하던 중 조 라미레즈Joe Ramirez라는 자동차 정비공을 만난 적이 있었다. 그는 키가 크고 물결치듯 굽어진 머리를 하고 있었고, 나이에 맞지 않게 수염이 벌써 희끗희끗했다. 그는 교회에 갈 때 입을 법한 옷을 입고 미팅 장소에 나타났다. 위원회는 10억 달러짜리 계약을 위한 미팅 장소에 그가 나타난 것을 어떻게 생각할까? 누구도 예상치 못한 일이었다. 분명 재정적인 계획이나 비행 간격에 대해 설명하러 온 것은 아닐 것이다. 나는 그에게 천천히 원하는 말을 하라고 일렀다.

시간이 없었지만 서두를 수 없는 일이었다. 조는 회의실 앞으로 나와 주머니에서 접은 종이를 꺼내 들었다. 그는 미리 준비한 말을 소리 내어 읽었다.

"저는 스프링힐에서 자랐습니다. 아버지와 텍사스 댈러스에서 이곳으로 이사 온 후 이곳은 저의 고향이었습니다. 어렸을 때는 할 일이 별로 없었어요. 쇼핑몰이나 극장, 스케이트보드 공원 같은 것은 없었습니다. 그런데 축구장이 있었죠. 지금은 여기 공항이 있는 자리였어요. (그는 지도에서, 활주로 바로 옆의 한 장소를 가리켰다.) 매주 토요일과 일요일 우리는 그곳에서 축구를 했습니다. 언제나 두세 경기가 열렸어요. 누구나 쉽게 갈 수 있는 곳이었고, 저의 가장 좋은 추억이 이곳에서 있었습니다. 그러나 1997년에 알 수 없는 이유로 시에서 축구장을 포장해버렸어요. 그날 이후로 이곳은 빈 주차장이었습니다. 여러분이 도움을 줄 수 있다면 좋을 것 같습니다."

조의 얼굴에서 그의 감정을 분명하게 읽을 수 있었다. 눈치채지 못했다면 로봇이거나 외계인일 것이다. 도시가 축구장을 쓰지도 않는 주차장으로 포장해 놓았다고 말했을 때, 방 안에는 무거운 기운이 감돌았다.

감정 상태가 고조되면 강한 기억이 만들어진다. 예를 들어서 "그 연예인이 죽었을 때 너는 어디에 있었어?" 라고 물으면 곧 바로 떠오를 것이다. 뇌에서 기억을 저장하는 부위는 중요한 경험과 덜 중요한 경험을 구분해야 한다. 이때가 바로 그런 순간 중 하나였다. 감정을 구체적으로 정의하는 것은 어렵지만, 감정이 인지와 의사결정에 미치는 영향을 보여주는 것은 어렵지 않다. 감정은 우리가 가치 있는 것들을 암호화하는 방법인 동시에 사건을 우리의 기억과 연결시키는 방법이다. 만일 감정의 강도가 강하고 청중의 주의력이 높으며, 암호화가 잘되어 있고 욕망이 일어나는 순간을 만들어낸다는 것이 사실이라면, 위원회의 욕구를 만들어내는 데 있어서 더 좋은 기회는 없었다.

나는 라미레즈에게 감사하면서, 방 앞에 섰다.

"사이먼, 위원회 여러분, 아시겠지만 우리는 하루 종일 거래의 숫자를 확인합니다. 여기는 24%, 저기는 15%, 태양 전지판에 1억 달러, 터미널 하나를 건설하는 데 1억 달러, 그래서 총 10억 달러가 됩니다. 하지만 이 모두는 숫자에 불과합니다. 우리는 공항이 순전히 재정적인 거래라고 생각했습니다. 마치 사이버 공간에 존재하는 2킬로미터의 활주로인 것처럼 생각했습니다. 한 달 전에 저는 공항을 설계하고 건설하여 수익을 얻으려는 우리의 열망 속에 무엇이 잊혔는지를 깨달았습니다. 공항은 사이버 공간이 아닙니다. 지금은 활주로가 공터에 있던 1948년이 아닙니다. 50년 전에 스프링힐에 사는 사람은 1,000명도 되지 않았습니다. 여기 살던 산토끼보다도 적은 숫자였어요. 지금은 11만 5,000명의 사람들이 이곳에 살고 있습니다. 생각해 보세요. 우리는 이 방에서 80킬로미터 떨어진 주거지 한 가운데 있는 4백만 제곱미터의 땅을 어떻게 할 것인지를 결정하고 있는 겁니다."

이제 도덕성의 프레임을 활용할 차례였다. 10만 명의 주거지를 보호하는 것보다 더 중요한 가치를 내세우기는 어려울 것이다. 기본적인 프레임이었고, 인간이 사회적 동물임을 감안하면 반드시 사용해야 하는 프레임이었다. 이제는 시간 프레임이 등장할 때였다.

"5분 안에 발표를 끝내야 해서 현재 스프링힐의 거주민이자 저의 친구인 37명의 사람들을 소개할 시간이 없군요. 저는 지난 몇 주 동안 메인과 19번가에 있는 작지만 멋진 호텔에서 지냈습니다. 마을 외곽의 필드에서 픽업 풋볼을 해 본 적이 있어요. 거기에서 조를 만났습니다. 우리가 공정하게 이들을 지원한다면, 공동체는 우리를 지원할 겁니다."

방 안의 감정은 최고조에 달했다.

사이먼 제프리스는 이제 참을 수 없는 것처럼 보였다. 그는 몸을 완전히 앞으로 숙여서 의자에서 떨어질 것 같았다. "그곳에서 지냈다고요? 사람들도 만났고요?" 제프리스가 물었다. 공식적인 프레젠테이션이 일상적인 대화가 되어가고 있었다.

"그 사람들이 당신 친구고, 당신은 그 사람들 이름까지 알고 있다는 거죠?"

"제가 원래 이름을 잘 외워요. 게다가 다들 프로젝트에 대해서 할 말이 있더라고요." 내가 말했다.

"우리의 계획에 조가 그토록 좋아했던 축구장으로 돌아갈 수 있도록 공원을 포함시킨 이유가 이 때문입니다. 또한 건물에 젊은 비행사들을 위한 센터를 만들려고 합니다. 10억 달러짜리 프로젝트라면 감당할 수 있습니다. 우리가 직접 비용을 지불할 겁니다. 계획은 이렇습니다."

나는 다른 포스터 보드를 뒤집었다. 이제 우리의 발표는 쇼처럼 되어가고 있었다.

"진지하게 말하는 건가요?" 제프리스가 물었다.

"어떻게 무시할 수 있을까요? 공동체의 가치를 무시할 수 없습니다. 그들의 가치를 보호해야 해요."

지위를 얻어냈을 때의 원칙에 따라, 나는 내가 얻어낸 알파 지위와 프레임 통제의 일부를 사람들에게 나누어 주었다.

"조의 축구 경기장 복원을 포함한 공원 계획을 완성했습니다. 생각만 한 것이 아니라 실질적인 계획으로 만들었습니다. 공학적인 부분을 완성했고, 앞으로 진행될 모든 계획에 포함되었으면 합니다. 5분 전에 우리는 여기 참석하신 모든 분들께 이메일로 저희 계획을 송부했습니다. 우리가 입찰에 성공하지 않더라도 축구 경기장이 복원되었으면 합니다."

나는 마지막 포스터 보드를 뒤집었다. 머리 위로 비행기가 날아가고, 아이들은 축구를 하고, 자랑스러운 공동체 구성원들은 두 팔을 벌리고 있는 그림이었다. 모두 뜨거운 인지에 불을 지피기 위한 시각 자료였다. 마지막 문장을 위해, 나는 시간 프레임, 보상 프레임, 흥미, 도덕 프레임, 푸시, 풀, 욕구, 긴장을 모두 하나로 모았다. 프레임이 폭죽처럼 터지는 피날레였다.

"여러분, 그저 좋기만 한 아이디어는 싫은 아이디어만큼이나 나쁩니다. 좋아해서는 확신이 서지 않습니다. 좋아하기만 하는 사람과 결혼한다고 생각해보세요. 열정이 생길 리 없죠. 만약 내가 당신의 자리에 있다면 나는 무엇을 중요하게 생각할까요? '미국의 유산'이라는 아이디어를 사랑하지 않으면, 그런 말을 떠들어대는 사람을 쫓아내야 한다고 생각할지도 모릅니다.

당연한 일이기 때문에 저는 그래도 괜찮습니다. 같은 이유로 당신이 우리 계획을 좋아만 한다면, 우리를 내쫓아야 할 겁니다. 그래도 괜찮습니다. 당신이 우리의 위대한 아이디어를 사랑해야 함께 일할 수 있을 겁니다. 우리는 이 위대한 아이디어에 대해 강한 확신을 가지고 있습니다.

지금 우리가 여기 앉아 있는 동안 데이비스 필드의 터미널 페인트가 벗겨지고, 낡은 전망대가 썩어가고, 지역 공원의 포장은 망가지고 있습니다. 데이비스 필드 자치구 공항의 거의 모든 것이 낡았고, 소홀하게 관리되고 있습니다. 거의 모든 것이 시간 속에서 방치되었습니다.

그러나 이 장소를 잊어서는 안 됩니다. 이곳에서 태평양 전쟁을 치렀습니다. 폭격기의 비행대대는 이곳을 수천 번이나 지나갔습니다. 사람들은 조국을 위하여 싸우고자 이곳을 스쳐갔습니다. 그중 어떤 사람들은 이후로 조국의 땅을 다시 밟지 못했습니다.

그러니 만약 당신이 미국의 유산이라는 아이디어를 사랑하고, 조 라미레즈의 아이들이 그곳에서 뛰어놀기를 바란다면, 당신이 세기의 유산을 남긴 자본가들로 알려지기를 바란다면, 우리 팀이 적임자입니다. 우리가 누구보다 잘 알고 있기 때문입니다. 그러나 우리는 당신을 위해 일하는 것이 아니라, 여러분과 함께 일할 것입니다. 당신이 때가 되었다고 느낄 때, 우리 사무실에 찾아와 방법을 물어봐 주기를 바랍니다."

보상 프레임은 '철수'라는 한 가지 단어로 요약될 수 있다. 위원회가 내가 그들을 좇을 것이라고 예상한 순간에 나는 물러났다.

미 공군 훈련 매뉴얼에는 이런 문구가 적혀 있다.

"방금 폭격한 지역 위로 대피하는 것은 대체적으로 바람직하지 않다."

그 조언처럼 나는 물러났다.

수없이 설득을 진행하면서, 나는 사람들이 시키는 대로 하지 않는다는 사실을 깨달았다. 그들은 스스로에게 결정을 내릴 자유의지가 있다고 느껴야 한다. 그들이 반응할 수 있도록 원초적이고 피할 수 없는 감정을 만들어내지 않는 한, 그들은 무엇을 해야 할지조차 모를 것이다. 그들은 욕망과 긴장이라는 두 가지 힘을 만드는 도파민과 노르에피네프린 없이 당신의 말을 기억할 수 없다.

그 순간, 6명으로 구성된(컨설턴트는 7명이다.) 그린버그의 작은 회사가 금융업계에서 가장 규모가 크고 유명한 기업을 상대로 이길지도 모른다는 생각이 들었다. 나는 아무것도 통하지 않는 시장에서 아무것도 없이 효과적으로 이들을 설득해냈다. 나의 경력 중 가장 박진감 넘치는 20분이었다.

06

예상된
반격

티모시 챈스가 그 뒤를 이었다. 예상대로 그의 발표는 세련되고, 실용적이며, 예측 가능했다. 그는 자신의 회사인 골드해머가 최근 몇 년간 해온 많은 큰 거래, 조직의 놀라운 능력, 그리고 회사가 보유하고 있는 존경받는 이름을 소개하면서 발표를 시작했다. 그의 명함에 있는 로고는 전 세계에 알려져 있었고, 그는 그것을 최대한 유리하게 사용하고 있었다.

그가 의도하지는 않았겠지만 우스운 장면이 연출되었다. 티모시는 발표를 시작하면서 가져온 노트북을 회의실 프로젝터에 연결하려고 했다. 흔히 있는 일이지만, 그때마다 나는 웃음이 난다. 이 절체절명의 상황에서 저런 것에 5분을 낭비하다니. 우리는 프레젠테이션 내용을 3분 줄이기 위하여 이틀을 노력했는데 말이다. 곧 그 이유를 알 수 있었다. 빔 프로젝터의 화면이 선명해지자, 화면의 오른쪽 하단 모서리에 42라는 작은 숫자가 드러났다. 맙소사! 슬라이드가 자그마치 42개였다. 시간이 꽤 걸릴 것 같았다.

티모시는 골드해머의 장점과 누구나 알고 있는 정보를 검토한 후, 현재의 시장 상황에 관하여 장황하고 상세한 의견을 내놓기 시작했다. 스크린에서 그가 비추고 있는 차가운 인지의 내용이 우리의 뇌를 얼어붙게 했고, 회의실은 차갑게 식어버렸다. 티모시는 멋졌고, 목소리도 좋았다. 하지만 중요한 문제가 아니라 데이터에 대해서만 이야기했다. 왜 지금인지, 방법은 무엇인지, 중요한 경로는 무엇인지에 대해서는 언급하지 않았다.

그는 골리앗과 같은 대규모의 회사들이 자주 사용하는 확실하게 검증된 방법에 의존하고 있었다. 그들은 크고 성공적이기 때문에, 자신들이 그럴 만한 능력이 있다고 판단했다. 그래서 종종 목표 달성 방법에 대해서는 직접 언급하지 않는다. '당연히 잘 되겠지.'라고 청중이 생각할 거라 믿지만, 정말 그럴까? 궁금증이 남을 수밖에 없다. 대기업에서 티모시와 같은 인재들은 사업의 결과가 아니라 회사에 소개한 비즈니스에 대하여 보상을 받는다.

각 팀에게 할당된 프레젠테이션 시간은 한 시간이었다. 티모시는 놀라울 정도로 주어진 시간을 모두 활용했다. 40분 동안 재정적인 사안을 설명했고, 나는 졸음이 올 것 같았다. 티모시는 팀원들 중 유일하게 말을 하고 있었고, 청중에게 빽빽하게 쓴 슬라이드를 모두 보여주고 있었다. 별로 도움이 될 것 같지 않았지만, 어쨌거나 나에게는 좋은 일이었다.

그다음은 런던 팀의 차례였다. 다행히 이 팀은 한 시간을 모두 사용하지 않았다. 그들의 프레젠테이션은 유럽식 효율성의 모델이었다. 깔끔하고, 매끄럽고, 경제적인 모델에 중점을 둔 프레젠테이션이었다. 이 팀은 이전 항공 프로젝트의 3차원 디지털 프레젠테이션을 사용하는 '와우 효과'를 끌어왔다. 인상적이었다. 골드해머와 그린버그 캐피털을 합친 것보다 항공 경험이 더 많았다.

골드해머처럼 그들도 결국 모든 발표자들이 직면하는 유혹에 굴복했다. 복잡한 재무 수치를 열심히 설명했고, 자신의 팀이 거래를 어떻게 처리할 것인지를 설명했다. 그들에게 이번 프로젝트는 생산을 위한 작업이고, 지금까지 작업했던 여타의 공항 프로젝트와도 다를 바 없었다. 만약 프로젝트를 따낸다면, 공장에서 찍어낸 듯 다른 사업과 똑같이 진행하리라. 지역의 공동체에도 관심이 없었고, 경제적 영향에도 전혀 관심이 없어 보였다. 그들은 단지 프로젝트 자금, 즉 얼마나 빨리 자금을 투입하고, 작업을 끝내고, 철수할 수 있을지에만 집중했다.

그들의 자신감에 감명을 받지 않을 수 없었다. 만약 거래를 따낸다면, 훌륭하게 해낼 사람들이었다. 아마도 쉽게 프로젝트를 따낼 수 있었을 것이다.

그들은 멋진 유럽식의 프레젠테이션을 마치면서(멋진 자료와 영국 억양, 멋진 미소가 돋보였다) 마지막으로 덧붙였다.

"그러므로 우리는 이 명망 있는 프로젝트에 참여하는 것을 자랑스럽게 여길 것이며, 여러분의 결정을 듣기를 간절히 기다릴 것입니다."

함정에 당한 것이었다. 프레젠테이션 후, 절박함을 보여주는 행동이었다. 사이먼 제프리스가 앞에 나아가 인사를 했다. 전형적이었다. 그는 프레젠테이션에 감사하고, 일주일간의 검토 과정에 대해 알려준 뒤 빠르게 회의를 끝냈다.

---- **07** ----

심판의
시간

모든 일정이 끝나고, 나는 그린버그의 로스앤젤레스 사무실 창밖을 바라보며 앉아 있었다. 나와 또 다른 다섯 명이 전화를 기다리고 있었다. 거래 성사 여부를 알릴 바로 그 전화 말이다. 한편 제프리스는 선정한 위원들을 사무실로 모았다. 아마도 마지막 세부 사항을 논의하기 위해서였을 것이다.

나는 로스앤젤레스를 바라보며 지난 몇 달간의 작업과 프레젠테이션, 그 영향을 되새겼다. 나는 두 달 동안의 노력을 20분 52초 동안의 군살 없이 우아한 발표로 압축해냈다. 이제 모든 것이 한 통의 전화로 알려질 것이다. 그 순간 전화벨이 울렸다.

나는 회의실 테이블에 앉았고, 제프리스가 건 전화는 스피커 폰으로 연결되었다. 제프리스는 말했다.

"지금 데이비스 필드로 내려가면, 말했던 대로 터미널 페인트는 닳아버렸고, 낡은 전망대는 썩어가고 있어요. 활주로의 중요한 부분들을 포함해 거의 모든 것이 구멍이 뚫려 있죠. 누가 그곳에 제트기를 착륙시키고, 그곳에서 서비스를 받고 싶겠습니까? 누가 그곳에서 회의를 하려고 하겠습니까? 아무도 그러고 싶지 않을 겁니다."

꼭 드라마에 나오는 대사 같았다. 그냥 빨리 결정된 내용을 듣고 싶었다.

"내가 새로운 데이비스 필드 개발에 열을 올리고, 새로운 공항과 건물로 이어지는 새로운 입구와 새로운 시설을 바라는 이유가 바로 이것입니다. 이곳은 세계 최고의 사설 공항 중 하나가 될 수 있습니다. 그래서 적합한 팀을 선택해야 합니다. 지난주 그린버그의 발표는 환상적이었습니다. 맞지 않는 부분도 있었지만 정말 즐거웠습니다. 어려운 결정이었어요. 하지만 승자는 한 명이니까요."

제프리스가 말을 멈추었고, 우리는 고통스럽게 기다렸다. 그는 목을 가다듬고 말했다.

"축하합니다!"

사무실에 기쁨의 탄성이 쏟아졌다.

사막에서 시작된 나의 여정은 완성되었고, 내 방법은 검증되었다. 내 공책에 쓰인 방법은 더 이상 혼자 끼적인 기록이 아니었다. 사무실에 있는 수천 장의 색인 카드가 아니었다. 단순히 학문적 개념이나 이론의 묶음이 아니었다. 단순히 해야 할 것과 하지 말아야 할 것의 체크리스트가 아니었다. 미적분이 수학 문제를 해결하는 시스템이고, 토목이 다리를 건설하는 시스템인 것처럼, 나의 STRONG 기술은 설득을 성공시키는 시스템이었다. 효과가 있었다.

7장

이제
시작하라

사회적 역학관계를 다루는 법은 직관적으로 배울 수 없다. 10년 전, 나는 내가 불리한 위치에 놓이는 상황을 여러 번 겪었다. 나는 낮은 사회적 지위를 받아들여야 한다고 생각했고, 프레임을 통제하기 위해 내가 할 수 있는 일은 거의 없다고 생각했다. 그때는 프레임이 무엇인지조차 몰랐다. 내가 왜 처음부터 전통적인 영업 방식을 싫어했는지, 아니, 심지어 증오했는지는 설명할 수 없다.

다만 원하는 것이 무엇인지 알고 있었다. 사람들을 언짢게 할 정도로 매달리고, 거래한 것을 후회하게 만드는 방식은 싫었다. 나는 베타 트랩에 갇힌 압박적인 방식이 만들어내는 불안과 두려움이 싫었다.

그래서 내 설득의 기술에는 스스로를 낮추고 상대에게 매달리는 법 따위는 없다. 당신은 상대를 일방적으로 밀어붙이는 것이 아니라, 사회 역학의 기본 규칙을 사용하여 사람들과 상호작용을 해야 하기 때문이다.

몇 년 동안 나는 미국과 세계 곳곳에서 투자자들을 설득해왔고, 크록 브레인은 어디에서나 똑같다는 사실을 배웠다. 미국인의 크록 브레인과 프랑스인의 크록 브레인은 다르지 않았다. 모든 크록 브레인은 똑같은 반응을 보인다.

- 지루하면 무시한다.

- 위험해 보이면 싸우거나 도망친다.
- 복잡하면 (정보 손실의 원인이 되는) 정보를 대강 요약하고 심하게 왜곡된 형태로 전달한다.

나의 접근 방식은 대화를 게임처럼 만들어 크록 브레인을 존중하고 상대에게 이 게임에 참여할 것을 권한다. 그러면 이는 당신과 대화하는 사람들에게 새롭고 다르게 느껴질 것이다. 왜냐하면 실제로 이런 접근법은 새롭고 색다르기 때문이다. 프레임 기반의 상호작용은 사람들에게 천편일률적인 반응과 압박 전술을 강요하지 않는다. 대신 감각을 자극하고 사람들을 훨씬 더 사교적인 방식으로 끌어들인다. 이 접근법은 로봇처럼 비슷비슷한 세상에서 당신을 다른 사람들과 구별해 준다.

나는 혼자 이 사실을 배웠고, 시행착오를 겪으며 잘못을 바로잡는 데만 1만 시간이 걸렸다. 처음에 나는 중요한 거래를 심각하게 망쳤다. 파트너나 소규모 그룹과 함께 작업했어야 했는데, 내 방법을 이야기하면 사람들은 두려워했다. 그때의 나는 모델을 제대로 작동시키지 못해서 이 기술이 혼란스럽고 예측 불가능하다고 생각했다. 지금의 방법은 혼란스럽지도 예측 불가능하지도 않다. 이제 프레임을 쉽게 통제할 수 있고, 모든 상황에서 나에게 집중하게 만들 수 있다.

01

프레임은
왜 중요한가

  가장 기본적인 의미에서, 내가 말하는 프레임이란 무엇일까? 프레임은 모든 사람들이 문제에 대한 관점을 이해하기 위해 사용하는 심리적 체계다. 프레임은 판단에 영향을 미치고, 인간 행동의 의미를 변화시킨다. 만약 친구가 눈을 빠르게 감았다 뜬다고 가정해보자. 우리는 이 행동이 물리적 프레임이라고 생각하는지, 아니면 사회적 프레임이라고 생각하는지에 따라 다르게 반응할 것이다. 들이받고, 부딪치고, 충돌하고, 박살이 났다는 단어들은 어떤가? 이 단어들은 당신에게 자동차 사고의 심각성을 말해준다. 프레임은 모든 사회적 상호작용의 근본적인 의미를 형성한다.

예를 들어, 우리가 모여서 발표를 하거나 회의를 하거나 영업을 할 때, 정보를 대량으로 투척하고 이를 상대의 머리에 그대로 옮길 수는 없다. 정보가 가득 담긴 화물 컨테이너를 고객이나 투자자에게 보낸 다음 "저희가 보낸 정보를 봐주세요. 당신이 무엇을 얻을 수 있는지 확인하세요."라고 말할 수 없는 것이다. 그들은 정보를 모두 흡수할 수도 없고, 있다고 하더라도 충분한 시간이 없다. 그래서 발표자는 어떤 정보를 강조할지 결정해야 한다. 정보가 많을수록 더 쉽게 해결할 수 있는 수학이나 공학 문제와는 다르다. 당신의 거래 중 어떤 부분이 대뇌피질을 자극해 냉정하게 정보를 분석하게 하고, 어떤 부분이 크록 브레인의 뜨겁고 생생한 반응을 이끌어낼지 알아야 한다.

그래서 프레임 통제가 중요하다. 서로의 뇌 구조로 인해 발생하는 소통의 격차를 메우며, 정보를 걸러내고 의미를 제공하는 역할을 하기 때문이다. 프레임은 하나의 해석을 다른 해석보다 더 중요하게 생각하도록 만들며, 복잡한 문제를 단순화한다. 이 과정에서 프레임은 하나의 관점을 구성한다.

그리고 프레임을 올바르게 설정하면 회의의 흐름을 주도하게 된다. 모든 상황을 다양한 각도에서 볼 수 있다. 그래서 다른 누구도 아닌 당신이 프레임을 가져야 한다. 프레임을 조종한다는 것은 곧 당신의 말을 어떤 시각에서 해석할지 정한다는 것이다.

프레임은 상대가 당신의 말을 정해진 방향으로 해석하도록 유도하고, 그가 당신의 말을 다르게 해석할 여지를 주지 않는다.

예를 들어, 1984년 미국 대통령 선거 당시 로널드 레이건의 나이에 대한 우려가 상당했다. 그런데 대통령 후보 토론에서 월터 먼데일Walter Mondale과 함께 연설한 레이건은 이렇게 말했다. "나이를 이 선거운동의 쟁점으로 만들지 않겠습니다. 정치적인 목적으로 상대의 젊음과 경험을 이용하지 않을 겁니다."

프레임 통제가 큰 효과를 보인 사례였다. 레이건은 사회적 대면의 근본적 의미를 바꾸고 알파 지위를 확보함으로써, 다른 청중들이 따르고 뒤처질 수 있는 강력하고 쉬운 관점을 구축했다. 이 사례에서 두 번째의 중요한 교훈이자, 사회적 역동성에 대한 중요한 지혜를 얻을 수 있다. 유머와 재미, 가벼운 생각이 설득의 중요한 요소라는 것이다.

1장에서 이야기했듯이, 최근 몇 년 동안 타인을 설득할 때 우리가 겪게 되는 근본적인 문제를 알게 되었다. 우리에게는 세부 사항과 추상적인 개념으로 가득 찬 고도로 진화한 대뇌피질이 있는데, 이 대뇌피질은 우리에게 유리한 결정을 내리기 위하여, 거의 모든 것을 두려워하고 아주 단순하고 명확하며 직접적이며 위협적이지 않은 아이디어를 요구하는 크록 브레인을 설득한다. 이 깨달음은 나를 프레임과 지위의 세계로 이끌었다.

나는 이 책의 초반부터 사회 역학에 대한 두 가지 주요 통찰을 제시했다. 첫째는 구조적인 것으로, 크록 브레인에 대한 아이디어를 뜨거운 인지를 만들어내는 방식으로 제시해야 한다는 것이었다. 즉, 대뇌피질의 차가운 분석을 피하는 것이다. 대신 시각적, 정서적 자극을 이용해 상대방의 원초적이면서도 뜨거운 버튼을 누름으로써 욕구를 만들어야 한다.

두 번째는 절차에 관한 것이다. 언제나 상대방의 권력 프레임을 주시하고, 더 강하고 더 나은 프레임으로 프레임 충돌을 이겨야 한다. 그다음에는 사소한 부정과 저항을 통하여 프레임 통제를 강화해야 한다.

하지만 프레임을 성공적으로 통제하고, 알파의 우월한 지위를 얻어내고 사회 역학을 다루는 데 꼭 필요한 세 번째 요소가 있다. 바로 유머 감각을 잃지 않고 상황을 즐기는 자세다.

부정과 반항을 지속해야 하는 이유는 사회적 상황을 재구성하고 보상을 제공하기 위해서이다. 즉, 당신이 그들을 설득하는 것이 아니라, 그들이 당신을 설득하게 해야 한다. 당신의 시간이 더 가치가 있다는 것을 알리고, 당신의 지위를 낮추는 함정에서 기꺼이 물러나 불리한 지위를 거부해야 한다. 하지만 이 모든 상황에 유머를 사용해야 한다.

중요한 것은, 긴장을 풀기 위해서 유머를 사용하는 것이 아니라는 것이다. 그보다는 긴장은 되지만, 당신이 즐길 정도로 자신감이 있다는 신호를 보내는 것이다. 선택지를 많이 가지고 있는 사람은 긴장하지 않고, 자신을 너무 심각하게 생각하지도 않는다.

또한 프레임을 짜는 것이 게임이라는 것을 알려주고, 다른 사람들도 참여하게 하라. 만약 당신이 신과 같은 카리스마 있는 상대방에게서 권력 프레임을 빼앗고, 상대가 다시 권력 프레임을 되찾아 간다면 게임이 더 재미있어지지 않을까? 프레임의 달인들과 이야기해보면, 사람들이 당신의 프레임 게임에 참여하도록 재미있는 방식으로 긴장감을 조성하는 것이 성공의 비결이라고 말할 것이다.

대부분의 구매자, 고객, 투자자들은 권력 프레임을 사용하려고 할 것이다. 실제로 당신은 자주 권력 프레임을 마주할 것이다. 걱정할 필요는 없다. 권력 프레임은 권력을 깨뜨리고, 흥미와 보상을 유발하며, 시간 프레임을 활용해 쉽게 해결할 수 있는 어설픈 프레임이다.

권력 프레임을 깨트리고, 흡수하고, 통제하기는 쉽다. 하지만 여기에 능한 사람은 많지 않아서, 권력 프레임이 깨지면 고객은 큰 충격을 받을 것이다. 그들을 안심시켜라. 이용하지 말라. 구매자의 경험에 따르면, 대부분의 세일즈맨은 구매자의 변덕과 명령에 복종한다. 구매자들은 불편한 장소에서 만나자고 하고, 기다리라고 하고, 갑자기 시작하자고 한다. 변덕스럽게 멈추라고 하고, 어떤 일을 하라고 시키고, 더 많은 정보를 달라고 하고, 여러 가지를 요구한다. 이런 변덕에 복종하지 않는 당신 같은 사람을 발견하면, 그들은 재미있는 사람이라고 생각하고 주목할 것이다. '다른 사람들과 달리 깊은 인상을 남기겠답시고 고개를 숙이지 않네? 이 사람은 뭐지?'라고 생각할 것이다.

프레임의 힘을 인정하고 지위를 장악하는 것과 그 방법을 사용하는 것은 별개의 일이다. 프레임의 달인이 되는 것은 쉽지 않다. 생각하고, 노력하고, 의지를 다져야 한다. 하지만 보상은 크다. 좋은 소식은 이 길이 재미있는 여정이 될 것이며, 제대로 한다면 계속 재미있을 거라는 것이다. 어느 시점에서 재미가 없다고 생각되면 뭔가 잘못된 것이다. 이때는 프레임에 대해서 알고 있는 동료나 친구와 함께 한 발짝 물러나 생각하라. 기차가 어디에서 선로를 벗어났는지 찾아보라. 나는 몇 번이고 이 과정을 반복했다. 겸손하게 대안을 생각했다. 고객과 면담을 하거나 거래를 성사시키려 하면서 일반적인 업계의 관행을 살펴보았다.

프레임의 달인이 되면, 겉보기에는 모르더라도 삶에 놀라운 변화가 생겨날 것이다. 시간이 지남에 따라 일과 여가 활동의 속도가 개선됨을 느낄 것이다. 강력한 프레임은 목표를 향해 앞으로 나아가도록 해주며, 당신이 하는 일에 더 집중하도록 만들어준다.

프레임은 자연스럽게 인생에서 가장 중요한 것, 즉 인간관계에 집중하게 하고, 사회적 상황에서 중요하지 않은 일에 집중하거나 부담을 갖지 않게 해준다. 강력한 프레임은 약한 프레임과 불필요한 세부 정보를 차단한다. 프레임은 길을 알려주기 때문에 당신의 분별력, 판단력, 결정력, 행동력도 크게 개선될 것이다.

나는 이 책에서 계속해서 프레임의 구조와 지위를 장악하는 방법에 대해 이야기했다. 여기에 익숙해지려면 실천이 중요하다. 이 책은 잠시나마 길잡이 역할을 하겠지만, 가능한 한 빨리 잊어라. 당신의 기술은 책상에서 공부를 하거나, 독서를 하거나, 더 많이 배우기 위해 인터넷에서 검색을 하는 데에서 오는 것이 아니라, 연습에서 온다. 앞에서 말했듯이, 사회 역학을 다루는 법은 직관적으로 배울 수 없다. 하나 또는 여럿의 동료와 함께 배워야 한다.

다행히 프레임 통제 방식은 책에서 소개된 각 단계를 열심히 따라한다면 배울 수 있다. 여기에 유머 감각이 뛰어나고, 긍정적인 사람이라면 자연스럽게 익힐 수 있다. 당신이 그런 사람이라면 큰 어려움이 없을 것이다.

02

연습하고
또 연습하라

누군가 나에게서 프레임과 사회 역학, 그리고 이를 활용하기 위한 방법을 배우겠다고 하면 나는 항상 가장 먼저 이렇게 경고한다. 프레임 기반의 사회적 역학은 강한 '약'과 같다. 당신은 청중이 예상하는 비즈니스 세상의 오래되고 상투적인 농담을 던지는 대신, 그들의 뇌를 통제하는 원초적인 프로그래밍에 빠져야 한다. 당신은 그들과 의식 및 무의식의 차원에서 소통하고 있다. 만약 당신이 잘못한다면, 예를 들어서 유머와 침착함, 우아함을 잃는다면, 보안요원이 당신을 끌어낼 것이고 당신은 쫓겨날 것이다. 나는 나 때문에 해고를 당했다며 분노하는 내용의 메일을 받고 싶지는 않으므로, 다음의 조언에 주의를 기울여 주길 바란다.

다음은 설득의 기술을 익히기 위한 단계이다.

·1단계: 베타 트랩을 인식하고, 피하는 법을 배운다.

이것은 프레임 기반의 사고방식을 가질 수 있도록 마음을 훈련시키는 위험하지 않은 방법이다. 일상적인 이야기를 하면서 베타 트랩을 찾아보라. 행동을 제어하도록 설계된 모든 것을 식별하고 베타 트랩을 피할 방법을 생각해 보라. 이 단계의 핵심은 어디에나 있는 트랩을 잘 찾는 것이다.

아무것도 하지 않는 것이 당장 해가 되는 것은 아니지만, 부를 때까지 로비에서 기다리라는 말을 들으면 시험대에 오른 것이다. 베타 트랩에 발을 들이는 순간, 다음 베타 트랩은 훨씬 더 크고 극복하기 어려워진다는 것을 기억하자.

·2단계: 차근차근 베타 트랩을 피하라.

처음에는 불편하게 느끼겠지만, 곧 자연스러워지고 아무렇지 않게 될 것이다. 동료와 함께 베타 트랩을 피하는 연습을 하라.

이 방법은 이 책의 앞부분에서 말했듯이 단순해야 효과가 있다. 나는 10년 넘게 이 방법을 연습해 왔고, 베타 트랩을 피할 수 있는 능력과 기본적인 네 가지 프레임만 사용해서 살아남아 성장했다. 너무 복잡하게 하거나 당신의 기술 부족을 걱정할 필요는 없다. 자연스럽게 깨우칠 것이다. 재미를 느끼는 것이 성공의 비결이다.

• 3단계: 사회적 프레임을 식별하고 이름을 붙여라.

당신 삶의 모든 단계에서 당신에게 접근하는 프레임에 주목하라. 권력 프레임, 시간 프레임, 분석 프레임은 어디에나 있고, 매일 당신과 충돌할 것이다. 이들을 확인하고, 설명하고, 동료와 상의하는 능력을 길러라. 독특한 프레임의 언어를 사용하여 프레임을 식별하는 것에 능숙해질 것이다.

• 4단계: 안전한 목표, 즉 당신에게 직업상 큰 위험이 없는 사람들과 프레임 충돌을 시작하라.

당장 내일 회사 대표의 사무실로 들어가 그의 샌드위치를 빼앗고, 책상 위에 발을 올려놓고, 당신의 보너스에 대해 이야기하라는 것이 아니다. 동료와 함께 상대방의 프레임을 재미있고 가벼운 방식으로 깨보자. 유머와 부드러운 태도가 반드시 필요하다는 것을 기억하라. 유머가 없다면, 당신은 무례하고 오만해 보일 것이고, 상대방과 재미있고 활기찬 사회적 교류를 하는 대신 크록 브레인의 부정적 반응을 유발할 것이다.

・5단계: 사회적 프레임 통제를 위해 사용하는 약한 반항과 부정의 행위는 어느 정도의 갈등과 긴장을 유발한다.

이것이 중요하다. 그래서 푸시와 풀이 필요하다. 부드럽게 상대를 밀고 당기면 상대방의 크록 브레인은 모든 것이 괜찮다고, 즉 현재는 위험이 없다고 안심할 것이다. 이 단계에서 어려움을 겪고 있다면 당신이 상대의 방어적인 반응을 유발하고 있기 때문이다. 즉 너무 강하게 접근한다는 것이다. 만약 그렇다면 잠시 멈추어라. 무언가가 잘못되었다는 뜻이므로 앞으로 전진하려고 노력하지 말라. 함께 노력할 다른 동료를 찾거나, 다른 사회 환경을 선택하거나, 다른 장소에서 연습하라. 아니면 처음부터 다시 시작하라.

・6단계: 프레임 통제는 재미를 빼앗기에 강제할 수 없다.

다른 사람은 프레임 통제를 즐길 수 없다. 이것은 서커스가 아니다. 이 게임은 당신의 개인적인 즐거움을 위한 게임이다. 우리가 게임을 하는 이유가 무엇일까? 도전을 즐기면서도 공정하게 이길 수 있기 때문이다.

만약 당신이 자기도 모르게 프레임을 밀어붙이고 있었다 하더라도, 다행히 수습할 방법은 있다. 그저 좀 더 밝은 표정을 지으면 된다. 프레임 충돌을 일으키는 말을 할 때는 눈을 반짝이면서 진심으로 미소를 지어라. 상대방은 당신의 선한 의지와 유머 감각을 느끼고 긍정적으로 반응할 것이다.

 무엇보다도, 이것은 기존의 영업 기술이 아님을 기억하라. 고객으로부터 사업을 따내기 위해 뒤통수를 치고 호되게 공격할 필요는 없다. 여기에는 압박도 없고, 무력을 행사할 필요도 없으며, 불안감도 없다. 이것은 당신이 만나는 모든 상대를 참여시킬 수 있는 재미있는 게임이다. 그저 모든 순간을 즐기면 다른 사람들도 함께 즐길 것이다. 즐기기만 하면 성공할 수 있다니 참 좋지 않은가? 이보다 쉬운 일이 어디 있을까?

• 7단계: 다른 프레임의 달인과 함께 일하라.

 이제 기본적인 기술을 익혔으므로 더 나은 사람을 찾아라. 예술이나 운동과 마찬가지로 견습생은 혼자서 하는 것보다 남에게 배울 때 더 실력이 오른다. 다른 사람들과 함께 노력하라. 무술 유단자처럼 기술을 가다듬고 연마하는 것을 멈추지 말라. 단순함을 유지하고, 자신에게 맞는 몇 가지 프레임을 고수하고, 복잡함을 피하라.

 당신이 프레임의 달인이 된다면, 그 여정마저도 어느 때보다도 즐겁게 느껴졌을 것이다. 나는 가끔 일하면서, 심지어 수백만 달러가 걸린 비즈니스에서도 재미를 느꼈다. 당연한 일이다. 당신이 규칙을 정한 다음 필요에 따라 규칙을 바꾸어도 상대방이 화를 내지 않는 재미있는 게임이다. 상상해보라.

유일한 규칙은 다른 사람들이 따를 규칙을 당신이 만들 수 있다는 것이다. 당신이 주제를 정하고 프레임을 통제하기 때문에 절대 질 수 없는 게임이다. 재미가 없을 수 있겠는가?

이 방법을 배우면서 내가 겪은 어려움은 남들과 방법을 논의할 수 있는 공통 언어가 없다는 사실 때문이었다. "조심해! 권력 프레임이야. 이 프레임 충돌에서 이기기 위해서는 강력한 도덕적 권위와 권력을 휘두르는 프레임을 사용해야 해."라고 간단하게 말하는 것이 아니라 길게 풀어서 설명해야 했고, 덕분에 절묘한 순간을 잡지 못하고 기회를 잃었다. 프레임 통제의 언어를 배워야 하는 이유는 이 때문이다.

앞으로 동료와 이런 식으로 대화해보자.

"이 사람들은 로비에서부터 회의실까지 베타 트랩을 설정해요. 즉시 시간 프레임을 설정하고 물러나세요. 그러면 이들이 당신을 권력 프레임으로 공격할 겁니다. 그 프레임은 보상 프레임으로 부수세요. 그다음에는 몇 개의 푸시/풀 패턴으로 프레임을 쌓으세요."

또는 "분석 프레임이 등장합니다. 강력한 흥미 프레임을 구축하고 영역의 스타 파워를 장악한 후 물러나세요."

이 책에서 설득의 기술을 익히고 프레임 사고방식을 더욱 성숙하게 만들어 줄 공통적인 어휘를 소개했다. 중요한 용어는 다음과 같다.

- · 프레임 통제
- · 권력 파괴 프레임
- · 프레임 충돌
- · 보상
- · 베타 트랩
- · 지위 장악
- · 영역의 스타 파워
- · 푸시/풀
- · 알파
- · 뜨거운 인지
- · 크록 브레인
- · 대뇌피질

이 용어들은 다른 사람들에게는 보이지 않고, 당신에게도 보이지 않던 사회적 현상들을 표현하는 단어들이다.

당신의 삶과 경력이 발전할수록 당신이 짊어지고 있는 책임에 비례하여 당신이 마주할 어려움은 커질 것이다. 프레임의 달인이 되면 그러한 부담이 가벼워질 것이며, 다른 사람들이 당신을 신뢰할 수 있는 현명한 리더로 인식하게 될 것이다. 또한 당신이 의식적으로 프레임 통제를 하지 않을 때에도 당신의 사회적 가치를 훨씬 더 높은 수준으로 유지할 수 있을 것이다.

프레임을 통해 다른 사람들이 상황과 기회를 볼 수 있도록 도와주면 사람들과의 상호작용이 어렵지 않게 느껴질 것이다. 다른 사람들은 어떤 환경에서든 자신에게 동의하는 사람과 시간을 보내기 쉽고, 당신이 그런 사람이라고 생각할 것이다.

이제 가서, 프레임을 통제하는 방법을 몸으로 익혀라. 기회가 있을 때마다 연습하고, 재미를 느껴보자. 당신이 성공하기를 바란다. 당신에게도 이 방법이 도움이 되었으면 좋겠다.

뇌과학이 밝혀낸 마음을 사로잡는 6단계 법칙
설명하지 않고 설득하는 법

초판 1쇄 발행 2025년 5월 29일

지은이 오렌 클라프
옮긴이 박준형
펴낸이 최현준

편집 강서윤, 홍지회
디자인 홍민지

펴낸곳 빌리버튼
출판등록 2022년 7월 27일 제 2016-000361호
주소 서울시 마포구 월드컵로 10길 28, 201호
전화 02-338-9271
팩스 02-338-9272
메일 contents@billybutton.co.kr

ISBN 979-11-92999-74-6 (03320)